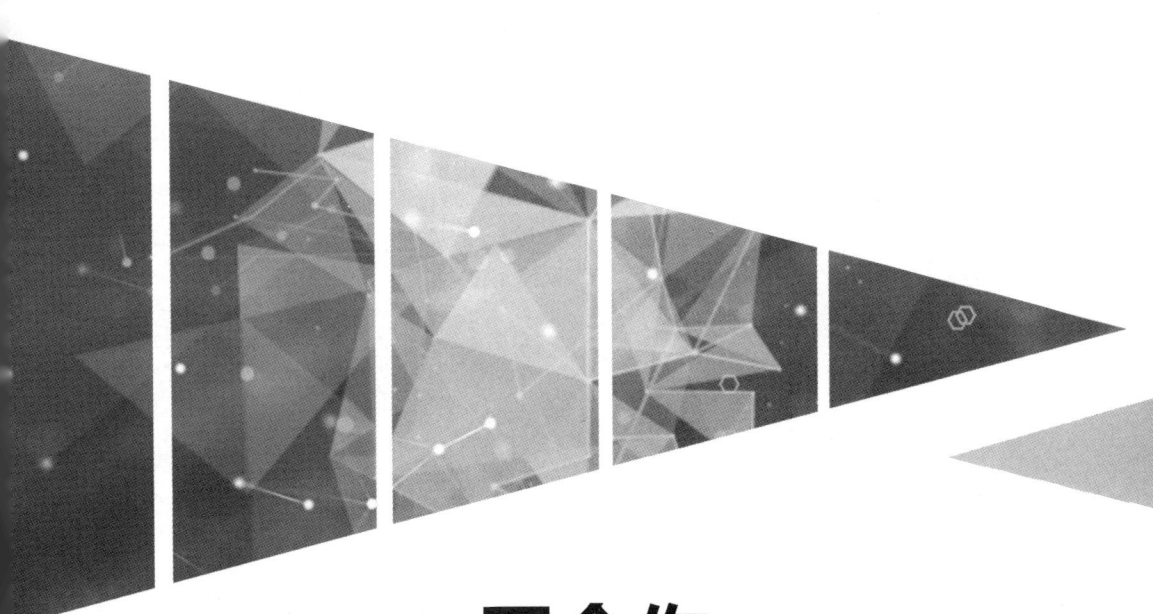

五合作：
新时期地方大学办学模式实践创新研究

陈永正 / 主编

吴雪　牛风蕊 / 副主编

海峡出版发行集团 | 福建教育出版社

图书在版编目（CIP）数据

五合作：新时期地方大学办学模式实践创新研究/陈永正主编．—福州：福建教育出版社，2019.7
ISBN 978-7-5334-8474-3

Ⅰ．①五… Ⅱ．①陈… Ⅲ．①地方高校—办学模式—研究—中国 Ⅳ．①G649.22

中国版本图书馆CIP数据核字（2019）第122171号

Wu Hezuo：Xinshiqi Difang Daxue Banxue Moshi Shijian Chuangxin Yanjiu
五合作：新时期地方大学办学模式实践创新研究
陈永正　主编
吴雪　牛风蕊　副主编

出版发行	福建教育出版社
	（福州市梦山路27号　邮编：350025　网址：www.fep.com.cn）
	编辑部电话：0591-83727542
	发行部电话：0591-83721876　87115073　010-62027445）
出版人	江金辉
印　　刷	福州泰岳印刷广告有限公司
	（福州市鼓楼区白龙路5号　邮编：350003）
开　　本	710毫米×1000毫米　1/16
印　　张	15.75
字　　数	225千字
版　　次	2019年7月第1版　2019年7月第1次印刷
书　　号	ISBN 978-7-5334-8474-3
定　　价	43.00元

如发现本书印装质量问题，请向本社出版科（电话：0591-83726019）调换。

内容提要

随着国家创新驱动战略的实施,供给侧结构性改革和产业转型升级对以创新为核心的支撑性要素需求的逐步增加,高校与经济社会的互动日益频繁。在我国2595所高校中,地方高校占90%以上,是区域创新不可或缺的参与主体。与部属高校相比,地方高校具有鲜明的地域性特征。在长期办学的过程中,地方高校形成了"办在地方、管在地方、服务地方"的办学特点。近年来,随着高等教育改革发展的不断深入,以"互联网+""人工智能"为代表的新一轮科技革命和产业变革的发展,对高等教育的发展模式提出了新的挑战。高等教育宏观社会环境的深刻变化要求地方高校积极融入区域创新体系,积极承担促进国家和区域经济社会发展的新使命。

"合作"是地方高校自我提升的重要路径,通过积极开展与多元主体的协同合作,实施产教融合,带动地方高校在人才培养、科学研究、社会服务和文化传承创新等各项事业的全面发展。本书以"合作办学、合作科研、合作育人、合作服务和合作发展"的"五合作"为论述重点,以福州大学、福建农林大学和闽江学院为基本案例,分析三所地方高校在履行服务社会职能的过程中,如何根据学校的特点"立地"办学,实施多元合作的办学路径,推进与经济社会的互动融合,以期为地方高校探索办学模式转变、拓展办学渠道、提升办学实力等提供更多的思考。

目 录

绪 论 ………………………………………………………………… 1
  一、问题的提出 …………………………………………………… 1
  二、文献述评 ……………………………………………………… 9
  三、核心概念梳理与辨析 ………………………………………… 28
  四、研究方法 ……………………………………………………… 33
  五、研究结构和框架 ……………………………………………… 33

第一章　高校"五合作"办学思想的逻辑关系与理论创新 ………… 35
  第一节　地方大学"五合作"办学思想的理论基础 …………… 35
  第二节　地方大学"五合作"办学思想的运行机制 …………… 43
  第三节　地方大学"五合作"办学思想的制度创新 …………… 51

第二章　模式创新：合作办学 ……………………………………… 56
  第一节　大学内部管理机制问题和原因分析 …………………… 57
  第二节　合作办学：大学内部管理机制创新路径选择 ………… 62

第三节　合作办学模式的成效和推广 ················· 67

第三章　人才培养：合作育人 ························· 80
　　第一节　现代大学人才培养的现状与问题分析 ·········· 80
　　第二节　合作育人：地方大学人才培养的路径选择 ······ 88
　　第三节　合作育人的成效与推广 ····················· 94

第四章　协同创新：合作科研 ························· 113
　　第一节　合作科研的意义与现状 ···················· 114
　　第二节　合作科研实践探索 ························ 124
　　第三节　合作科研的困境和未来发展 ················ 134

第五章　合作服务 ·································· 149
　　第一节　合作服务：地方高校服务社会的重要模式 ····· 149
　　第二节　地方高校合作服务的实践探索 ··············· 157
　　第三节　地方高校合作服务的未来 ··················· 176

第六章　目标追求：合作发展 ························ 185
　　第一节　高校与经济社会合作发展的现状反思 ········· 185
　　第二节　合作发展的内涵、任务、模式及意义 ········· 190
　　第三节　合作发展模式的成效、问题及对策 ··········· 199

结论 ··· 221
参考文献 ··· 232
后记 ··· 241

绪　论

一、问题的提出

改革开放以来，我国高等教育事业获得了长足发展，取得了令人瞩目的成绩，实现了历史性跨越。在快速实现高等教育大众化的过程中，我国高校招生规模稳步增长，高等教育整体质量不断提高，初步形成了适应国民经济建设和社会发展需要的多种层次、多种形式、学科门类基本齐全的高等教育体系。随着高等教育改革发展的不断深入，高校内外部的交流、融合、合作、发展的趋势日益明显，高校内部办学模式、育人思路、科研发展和服务体系都出现了不同程度的合作，合作是为了更好的发展。"合作"成为当前高等教育发展的风向标。

（一）大学职能的演变发展是地方大学办学模式改革的必然要求

从历史来看，众所周知，大学的发展史本身就是大学职能的演变史。从中世纪欧洲大学"主要是培养专业人才的职业学校，只是在有限的意义上可以说它是为学习本身的概念而存在。大学在满足专业、教会和政府对各种人才的需要的过程中不断发展"。[①]"人才培养"这一大学的基本职能伴随大学的

---

①　［美］伯顿·克拉克. 高等教育新论［M］. 王承绪，徐辉，译. 杭州：浙江教育出版社，2001：29.

产生而产生，也随着大学的发展不断深化发展，并进一步衍生出另外两大职能。18世纪以后，工业革命和科学技术的发展，使得大学越来越无法仅仅专注于"象牙塔"的知识传授而游离于社会科学技术发展之外。1810年德国柏林大学的建立，培养学者和学术研究开始成为大学发展的另一重要目标，实现了从"大学是传授知识的场所"到"大学是研究高深学问的机构"的功能衍变，拓展了大学的职能。科学研究和大学的联姻，开创了世界高等教育的新篇章。为了使教育适应农业经济发展的需要，美国国会于1862年颁布了旨在促进美国农业技术教育发展的《莫里尔法案》（Morrill Act），拨地兴办赠地学院，以培养农工建设人才。虽然《莫里尔法案》并没有要求赠地学院直接为社会服务，但直接为社会服务却成为赠地学院的目标。《莫里尔法案》颁布以后，威斯康星大学进入迅速发展时期。同其他赠地学院一样，威斯康星大学注重农业和工艺教育，坚持为本州的经济发展服务。1904年，范·海斯（Charles R. Van Hise）出任威斯康星大学校长。在任威斯康星大学校长的15年间，他把大学直接为社会服务的理念发扬光大。海斯指出："州立大学的生命力在于她和州的紧密关系中。州立大学教师应用其学识与专长为州做出贡献，并把知识普及全州人民。"威斯康星大学的出现强调大学必须为社会或社区服务，这种办学理念进一步打破了大学封闭的体制，更加促使大学从"象牙塔"走出来，与社会生活融合，催生了大学服务社会的第三职能，从而标志着高等教育发展史上一个新时代的到来。

　　从当代大学发展历程来看，目前英德美等发达国家大学的办学宗旨大多将社会服务职能放在重要位置。日、韩、新加坡等亚洲国家的大学也把社会服务作为大学的重要职能，与社会的联系也是十分紧密的。大学的社会服务职能已成为大学教学、科研、社会服务三种职能中发展变化最快的一个。虽然，从历史上来看，科学研究和为社会服务两大职能都是人才培养的拓展和衍生；大学职能无论如何发展、深化、拓展，都离不开人才培养这一基本职能，但是，不可否认的是，随着社会经济发展，大学越来越无法独善其身，走入社会，应社会要求和服务社会的职能在当前变得越来越重要。可见，当代大学只有打破传统教育理念，实现大学教学、科研与社会服务的一体化[①]，才可能在现代社会中立于不败之地。

作为地方高校来说，地方高校因应地方发展需要而产生。一方面，地方经济社会的发展越来越需要地方高校的人才和智力支持；另外一方面，地方高校要在有限的教育资源上实现发展，只有融入地方经济社会建设的大战场，通过对地方社会提供服务，聚集资源，拓展发展空间，增强高校的社会功能和社会价值，在地方社会经济的发展过程中扮演助推器的作用。所以，对于地方大学而言，如何把人才培养、科学研究更好地融入到为区域地方经济服务的职能中来，成为地方大学办学模式改革的必然取向，也是地方大学在因应大学职能转变演化过程中的自我路径的选择。

（二）社会改革发展新形势是地方大学办学模式改革的外动力

近年来，国内经济增速由过去的高速增长逐步回落，进入新常态发展阶段。虽然经济运行总体平稳，主要指标也还处在合理区间内，但是经济下行的压力增大，各地发展不平衡因素依然较多。因此，在不断推进"新四化"的进程中、在回旋空间中，激发中国经济发展的巨大潜力，关键在于创新驱动，更突出的是要使科技创新和体制创新相互融合、相互激发。要在基础研究和应用研究两头发力，大力促进科技成果转化为现实生产力。创新驱动的根本要靠人才，人才的培养和集中地在于大学，高级人才的培养离不开高等教育事业的发展。尽管有世界金融危机等的影响，但中国高等教育迈向国际化的步伐并未放缓，大学开放与交流的合作态势不可阻挡，这也是中国高等教育发展的必然选择和必经之路。

因此，深化社会改革，"科教兴国"和"人才强国"两大战略已经成为社会改革发展的共识，国家也相继提出了"科教兴国"与"人才强国"战略。

---

① 洪俊. 斯坦福大学社会服务职能研究［D］. 石家庄：河北师范大学硕士学位论文，2007：2-3.

科教兴国以教为基，人才强国以人为本，高等教育既居于整个教育的龙头地位，又是培养高层次人才的专门场所。"科教兴国"战略要求高等教育强化经济、科技与高等教育一体化的途径，发挥好创新人才培养、服务经济发展、实现科技转化和社会变革的核心支撑功能。"人才强国"战略要求加快从"教育大国"向"教育强国"迈进，从"人力资源大国"向"人力资源强国"迈进。

首先，国家和政府要为高等教育改革发展目标重新定位，各级政府和全社会不断加大教育投入，推进教育的现代化、终身化，稳步提升全民的受教育程度，贯彻实施"特色立校、人才强校、开放兴校"办学理念，努力培养具有较强创新精神和国际视野的高级应用型人才。其次，简政放权，建设现代大学制度，要求转变政府职能，协调处理好政府、学校、社会的关系，强化政府统筹指导、宏观布局和质量监督功能，推动高校面向社会、依法自主办学、实行民主管理，发挥社会力量在高校公共治理、评估评价等方面的作用，为高校发展创造良好的外部环境。再次，大学的国际化战略和主动出击的意识越来越鲜明，区域高等教育一体化进程加快，大学国际组织成为大学国际化的重要合作形式，高等教育国际化和开放式办学日趋成为了社会各界的共识。中外合办大学的建成与运作，顺应了高等教育国际化的趋势，也为中国学生提供了更多教育选择。在高等教育国际化的进程中，我们必须要结合国情、校情，不断推进高等教育的创新和本土化，推进高等教育跨国界、跨民族、跨文化的合作和交流。

由于高等教育国际交流和合作的深入，我们对高等教育管理的内涵和外延有了新的认识，尤其对于高等教育质量的评价观也由过去单一的"高深学问"专业对口型人才向多样性复合型综合人才质量转变。高等教育改革发展目标的重新定位，为我国经济社会持续健康发展提供强有力的科技支撑和人才保证，两大战略的全面启动实施也为高等教育的发展提供了重要的发展机遇，同时政府职能的重新定位和管理方式的变革也对大学内部改革，适应社会要求提出了全新的要求。

(三) 大学自我革新的态势是地方大学办学模式改革的内驱力

当前我国大陆 31 个省市自治区共有各类高等学校 2000 多所，客观上形成了全日制教育和继续教育两个序列，研究生教育、本科生教育和高职高专教育 3 个层次，研究型、教学研究型、教学型和应用型 4 个类型，呈现出多层次、多元化的办学格局。但是，多层次、多元化办学格局的背后是各大学办学模式的严重趋同，专业设置雷同重复，人才培养类型单一，人才供需结构不对称，大众化与精英化教育错位等问题，不同程度地导致了资源浪费，千校一面的现象严重。对此《国家中长期教育改革和发展规划纲要（2010—2020 年）》中明确提出要加强规范和引导不同类型大学分层分类发展：不断完善中国特色现代大学制度。现代大学制度是建设中国特色高水平大学的根本保证，完善现代大学制度是新阶段大学自我革新的具体要求。尤其是在国家实施创新驱动发展、"中国制造 2025""互联网+"等重大发展战略的大背景下，培养科学基础厚、工程能力强、综合素质高的工程科技人才，对于支撑服务以新技术、新业态、新产业、新模式为特点的新经济蓬勃发展具有十分重要的现实意义和战略意义。地方大学如何在本轮的大学自我革新浪潮中，在建立现代大学制度的内驱要求中，找到自己的转型之路，是摆在地方大学面前的全新课题，也是全新的挑战。

分布于不同地区中心城市的地方高校无法在优质资源和重点项目上与传统研究型大学竞争，要想在现有的基础上有所突破，就必须定位准确，实现特色化发展。从这一点出发，地方高校最有效的途径就是把地方文化作为学校文化建设的基础背景和平台，凝练和发展地方文化，并形成自身的区位特色和文化特色。这样，才能增强地方本科院校的核心竞争力。这种竞争力是无法被复制和模仿的，它能够使地方本科院校在同类院校中脱颖而出，充分展现当地的地域经济文化优势，从而产生地方承托学校，学校引领地方的互动、双赢式的文化模式。所以，定位于展示地方文化，服务地方区域经济发展的地方大学，在自我革新和建立现代大学制度时，就有了自己的定位和发展方向,将更加侧重于服务地方经济和引领地方文化发展的应用型发展路径。

研究和实践表明,产学合作是地方大学实现现代大学制度,走应用型发展路径的重要渠道。我们知道,产学合作是大学职能应对社会需求的本质需要。菲利普·拉雷多(Philippe Laredo,2007)将大学第三职能分为8个维度(见表Ⅰ-1)。其中,人力资本、知识产权、衍生企业、与企业合作、与公共研究机构的合作等五个方面都是产学合作的范畴。而这五个方面对于地方高校的发展又是至关重要的。我们看到,地方大学的建立往往是因应地方经济和社会发展需要而产生的,这就意味着地方大学从产生之初就处于社会中心,和社会发展密不可分,所以地方大学在发展过程中就不断寻求和其他机构的合作,在不断实践中,寻求高校与高校、高校与企业、高校与政府之间的合作,促进了高等教育本身的发展,推动了产学研的有力结合,这些探索既增强了地方大学服务社会的能力,又在不断的合作和探索中寻求到了一定范围的独立发展。所谓"君子和而不同",大学与社会机构之间紧密合作,不仅不会影响高校的独立办学,还有利于高校整合办学资源,突出办学特色。

表Ⅰ-1 大学第三职能的维度及具体概念

维度	概念及内容
人力资本	转移博士生和毕业生所携带的知识
知识产权	指大学生产的编码知识,如专利、版权等
衍生企业	大学通过创业进行知识转移
与企业合作	指与企业共同研究或者将知识转移给企业,这被当作大学对现有经济行为者的吸引力所在
与公共研究机构合作	指研究活动的公共服务维度,非市场合作很重要,尤其是在关注社会、文化以及卫生方面(如新的治疗方案的临床试验)
参与政策制定	参与政策的制定或执行,如参与年度报告的指标建立,经常被称为"专家建议"

(续表)

维度	概念及内容
参与社会文化生活	运用大学硬件条件的便利性，如向公民开放博物馆、图书馆、体育设施、管弦乐之类的设施促进社区文化生活；学校主动参与法律援助之类的社会服务；开展"结构性"投资，将实验室向社会和文化活动开放，如博览会、音乐会、城市发展项目等
传播科学	参与一般新闻、媒体，建立"传播"与"互动"网站，参与针对儿童与中学生的活动等，致力于大学与公民的直接互动

（四）为我国多类型院校发展提供福建地方大学先行先试的案例

福州大学作为福建省唯一一所省属"211工程"院校，确立"创业型大学"的办学理念和办学模式，是福州大学在将教学、科研与知识资本化和区域发展相结合的过程中而产生的。2007年，福州大学与位居《福布斯》杂志中国顶尖企业第二位的紫金矿业集团联合创办紫金矿业学院，培养地质、采矿等矿业紧缺人才；2008年，福州大学与福建省交通运输控股集团联合创办八方物流学院，培养高层次物流人才；2012年10月，福州大学与泉州市泉港区人民政府、福建石油化工集团公司共同创办"福州大学石油化工学院（泉港校区）"；2015年11月，福州大学与泉州晋江市人民政府共建"福州大学晋江教科园区"；同时，与福建省政府部门和企事业单位成规模地培养海西重要产业和社会急需的专业学位研究生。对福州大学所在的海西区域而言，当资源潜力、地域特色、产业基础等传统要素的优势发挥到极致之后，区域的新一轮发展主要依赖于科技资源的投入和新兴支柱性科技产业的形成，而这在很大程度上有赖于地方院校和区域政府之间的良好互动和深入合作——地方院校要为区域发展培养适销对路的创新创业人才，科研重点应聚焦在与区域经济社会发展紧密相关的应用性学科领域，并为区域发展主动献策献智。同时，区域政府要为地方院校的创新发展提供实质的资源和政策支持。

福建农林大学利用自身的学科优势，积极实施开放合作战略，与圣农集团开展全面合作，成立二级学院——"金山学院"；共建实践教学基地和研究生工作站；共同研发，以技术入股，在育种、饲养、饲料加工、鸡病防治等方面开展合作；并成立专家组深入一线指导生产，选派专家担任技术中心经理、总经理助理等重要职务。同时陆续与光泽、政和、连城、安溪、长汀等县市签订战略合作协议，提供科技和人才培养等服务。在各县设立科研工作站，助推县市社会经济发展，成为学校进入福建省区域创新体系的窗口和重要基地，在提升区域创新能力、产学研结合、科技成果转化和人才培养方面取得显著的成效。同时，利用区位优势，引进了多个闽台合作项目。2010年8月，福建农林大学与泉州市安溪县人民政府合作创办福建农林大学"安溪茶学院"；2010年，学校联合中国台湾高校、研究机构和企业共建海峡创业育成中心，依托海峡创业育成中心，高效整合资源，充分发挥学校的社会服务职能。学校与西藏林芝地区、新疆昌吉州建立对口帮扶关系，签订战略合作协议，进行农林牧渔、人才培养、区域经济发展等多方面的合作；与宁夏、广西、重庆等地的政府部门或企业合作，开展专项科技服务工作；推广菌草技术援助西藏、新疆、宁夏；服务广西甘蔗、食用菌、茶叶、林业产业发展工作等，提升了学校在省外的科技影响力。

闽江学院在全国率先实施闽台高校"校校企"联合培养本科人才项目。在国内较早开办校企合作的软件人才培养基地，并主动与各级政府、高校、科研院所及企事业单位签订合作协议46个，形成长期稳定的产学研合作关系。与中国移动通信福建分公司、福建省测绘地理信息局等共建集产学研于一体的实验室等。充分利用学校与产业、行业、企业在教育环境、教育资源，以及人才培养方面的各自不同的优势，把以课堂传授间接知识为主的学校教育，与直接获取实际经验、提高能力为主的生产、科研实践，有机结合于学生的培养过程之中，增强学生的理论应用能力。此外，还与福州大学城内各高校以及美国南加州大学等共建或共享了图书、实验室、远程教学系统等教学资源。同时，开展合作育人实施交流生项目。向北京大学、南开大学等"985工程"高校以及中国台湾地区的中国文化大学、实践大学、中华大学、台南应用科技大学等高校派出交流生,创造"第二校园"经历,促进学生更全面地发展。吸引企业及社会团体设立奖学、助学和创业基金支持学校办学。2009年5月,闽江学院与中国台湾地区的中国文化大学、实践大学合作创办闽江学院海峡学院,采取"3+1培养模式"(3年在大陆学习、1年在台湾学习),培养本科应用型人才。

本研究将以福州大学、福建农林大学和闽江学院为基本案例,分析三所地方大学在履行服务社会职能的过程中,如何根据学校的特点寻求合适的合作伙伴,在合作办学、合作科研、合作育人、合作服务和合作发展五个方面各自的发展轨迹和特点。

二、文献述评

当前由于高等院校与社会发展关系越来越密切,高等教育与社会其他机构的合作也变得越来越习以为常,高等教育的"合作"研究最初是在产学研上的合作教育,也更多集中在工程教育领域,尤其是在高等职业教育领域内展开的。因此,对于高等教育"合作"研究基本上还是比较集中,合作办学和合作发展,尤其是产学研合作发展应用的研究比较多。但随着整个"合作"系统的广泛应用和开展,把高等院校和"合作"系统分成"合作办学、合作育人、合作科研、合作服务和合作发展"五个子系统,我们发现研究的范畴已经越来越深入和丰富,学术论文种类和涉及的内容维度越来越多。

(一)期刊检索统计表

仔细研究目前关于"合作"的研究文献(见表Ⅰ-2),虽然随着高等教育合作领域的拓展,关于合作方面的研究深度和广度也在拓展,但是主要还是集中在产学合作、校企合作、中外合作办学的研究上。同时,以高职院校的产学及校企合作研究为主。本研究将分别对五个子系统的合作进行综述,以期为本研究的开展提供理论依据。

表 I-2　知网与维普网中相关文献统计

检索项 检索词	题名		关键词	
	知网	维普网	知网	维普网
合作办学	4859	2120	768	690
合作科研	1770	1219	5	3
合作育人	461	356	87	62
合作服务	148	5	133	6
合作发展	1512	67	1646	92

（二）合作办学的研究

国内有关合作办学研究的文献，主要涉及中外合作办学、高校校际合作办学、高校与政府合作办学三类。而研究者主要集中在对中外合作办学的研究上。

1. 中外合作办学。

（1）从专著研究来看，国内研究中外合作办学的专著主要有以下几本。

《跨国高等教育与中外合作办学》通过研究跨国高等教育理论，针对在办学理念、体制、质量、政策等方面存在的主要问题提出了对策和建议，主张构建适合中外合作办学优化的办学模式。①

《高校中外合作办学模式与运行机制的研究》通过对上海中外合作办学的调研，详细展现了上海高校中外合作办学的现状，分析了上海高校的中外合作办学模式。作者提出了进一步推进中外合作办学的对策，展望了中国跨境教育的发展趋势。②

---

① 王剑波. 跨国高等教育与中外合作办学 [M]. 济南：山东教育出版社，2005.
② 龚思怡. 高校中外合作办学模式与运行机制的研究 [M]. 上海：上海大学出版社，2007.

《跨国教育发展理念与策略》通过对跨国教育的相关研究，探讨了跨国教育的概念和分析框架，展现了跨国教育的发展历程、理念与策略，提出了我国发展跨国教育的若干政策建议。①

《国际合作办学模式创新》通过展现美国、英国、澳大利亚等发达国家高等教育国际化的趋势，提出了坚持中外合作办学模式建构中的主体间性哲学思路。②

这些有关中外合作办学的专著尽管研究重点和研究方法各异，但是在研究视角的选择上却有着明显的相似之处。《跨国高等教育与中外合作办学》《高校中外合作办学模式与运行机制的研究》《跨国教育发展理念与策略》都不约而同地选择了"跨国教育"或"跨国高等教育"理论作为理论基础来展开对中外合作办学的研究。换言之，"跨国教育"理论是贯穿这些专著的基本理论脉络，这些专著都是以此来设计全篇的结构和框架的。因而，"跨国教育"理论以及与此理论相关的教育国际化、教育全球化等理论，可以被视为中外合作办学研究当中比较常见和广为接受的理论基础。显然，中外合作办学研究的理论视角具有拓展的空间，多元的理论视角能够更为深入地展现中外合作办学本身的复杂性和丰富性。

（2）从期刊论文研究来看，通过对中国期刊全文数据库（即"知网"）的检索，笔者共找到 2000 年 1 月至 2017 年 12 月篇名中含"中外合作办学"核心期刊论文 532 篇，并按照中外合作办学的现状分析、中外合作办学模式、教育主权问题、内部管理问题、世界贸易组织与中外合作办学的关系、高校的典型案例、其他方面（包括中外合作办学人才培养、外籍教师队伍建设、中外合作办学相关条例的解读等内容）等七类进行分析。

---

① 顾建新. 跨国教育发展理念与策略［M］. 上海：学林出版社，2008.
② 胡亮才. 国际合作办学模式创新［M］. 长沙：湖南师范大学出版社，2008.

表Ⅰ-3 2000年至2017年知网中含"中外合作办学"的核心期刊论文统计表

年份\分类	现状分析	中外合作办学模式	教育主权问题	内部管理问题	世界贸易组织与中外合作办学的关系	高校的典型案例	其他方面
2000	1	0	0	0	0	0	4
2001	0	1	1	0	1	0	2
2002	1	1	0	1	2	0	3
2003	5	0	4	3	2	2	7
2004	2	4	1	5	1	3	5
2005	4	1	1	2	3	4	4
2006	4	1	0	1	0	3	8
2007	3	1	3	5	2	2	12
2008	1	0	0	2	2	5	14
2009	4	3	1	6	1	7	17
2010	2	2	2	12	2	7	17
2011	3	2	4	10	3	5	22
2012	5	0	1	12	5	6	18
2013	6	2	1	9	2	13	18
2014	1	1	0	5	1	5	9
2015	3	5	3	6	4	9	11
2016	7	4	2	3	3	7	13
2017	11	6	4	9	5	8	15

从上面的统计可以看出，2000年以来，对中外合作办学的研究主要集中在现状分析、内部管理问题、高校的典型案例等。此外，随着对相关问题研

究的深入,研究主题逐渐丰富,已经涉及办学的各个方面,如外籍教师队伍建设、外语教学管理、办学者和师生权益保障、中外合作办学政策法规解读等。更多的研究者把中外合作办学置于时代背景下思考,而不仅仅是将其当做一种文化和教育对外交流的形式;研究视角也不再局限于教育学本身,经济学、管理学、法学等学科视角和研究方法被引入中外合作办学的研究中来。

对于中外合作办学发展阶段的划分,研究者观点各异。肖地生、顾冠华把中外合作办学的发展历程分为三个阶段:第一是改革开放刚开始时的探索阶段;第二是20世纪80年代末期到90年代初期的逐渐发展阶段;第三是《中外合作办学暂行规定》颁布后的稳定发展阶段。① 张晓鹏则以两部有关中外合作办学的法规为标志,把中外合作办学的法规建设历程分为三个阶段:1995年以前为中外合作办学的兴起及相关法规的调研和起草阶段;1995年到2003年为《中外合作办学暂行规定》的颁布和实施阶段;2003年以来为《中华人民共和国中外合作办学条例》的颁布与实施阶段。② 这些阶段划分对于笔者理清中外合作办学发展的历史脉络,从总体上把握中外合作办学的历史进程颇有帮助。

随着中外合作办学的发展,中外合作办学的立法与监管问题日益突出。有论者指出:"中外合作办学中的许多问题是在无法可依的情况下操作的,或者是个案解决,不能体现法律、法规的统一性和普遍性,这在一定程度上制约了中外合作办学的深入发展。"③ 中国加入世界贸易组织的相关承诺增强了中外合作办学政策的透明度和可预见性。中外合作办学的立法和监管问题成为研究者关注的重点。有论者主张,中外合作办学的立法应当坚持教育主权原则,提高立法层次,修改现有规章并进一步丰富其内容,针对《服务贸易

---

① 肖地生,顾冠华. 全球化视野下的中外合作办学[J]. 黑龙江高教研究,2003(5).
② 张晓鹏. 内地中外合作办学与香港非本地课程相关法规比较研究[M]//袁振国编. 中国教育政策评估(2006). 北京:教育科学出版社,2006:191-196.
③ 张蕾. 中外合作办学实践中的法律问题及法律建议[J]. 高等教育研究,2001(3).

总协定》的规定完善中外合作办学的法律、法规和规章。① 如何发挥市场机制的作用，如何利用非政府组织介于市场和政府之间的特性来完成监管的专业职能，而让政府机构专注于行政职能建立专业性职能与行政性职能分开的监管模式，是中外合作办学不得不考虑的一个问题。"对中外合作办学的规范与监管必须充分重视合作办学的市场化特征，坚持以经济手段为主，以行政手段为辅，以市场规范为先，以政府监管在后，合作办学才有望走向健康发展的道路。"② 对中外合作办学的监管包括办学过程中出现的违规、违法行为的监管，对机构财务运行情况的监管和对办学质量的监管，③ "加强监管的更关键步骤将是在确保中外合作办学机构（项目）依法自主办学的前提下，建立、完善相应的社会监督和消费投诉仲裁机制"。④ 中外合作办学是在不同组织和国家之间进行的，工作环境开放，影响因素多，不确定性高，工作重复性低，创新性高，办学风险高，因此深入理解中外合作办学风险管理的特点对办学的成功起着重要的作用。⑤ 这些观点涵盖了中外合作办学立法和监管工作的各个方面。

2. 其他形式的合作办学。

（1）高校之间的校际合作办学是一种特定的办学形式，它表现为两个或两个以上的高校在教学、科研和社会服务等功能活动上进行合作。通过共同投入和努力，达到一定的办学目标或行动目标。这一办学形式的特点主要有两方面：其一，办学主体是高校。在校际合作办学中，可能有企业、社团、政府机构等参与，但这些机构或团体通常处于辅助地位，而合作的主体——主要的发起者、实施者应是高校。其二，在这种合作中，合作者之间始终保

---

① 胡焰初. WTO《服务贸易总协定》与中外合作办学的立法 [J]. 武汉大学学报（社会科学版），2002（2）.

② 许圣道. 以市场手段规范中外合作办学行为 [J]. 大学教育科学，2004（4）.

③ 徐洁. 我国中外合作办学的现状及其存在的问题 [J]. 中国高教研究，2003（10）.

④ 董秀华. 上海中外合作办学现状与未来发展透视 [J]. 教育发展研究，2002（9）.

⑤ 冯伟哲. 中外合作办学风险管理的特点 [J]. 黑龙江高教研究，2004（3）.

持独立的身份和地位，不会因合作弱化一方的地位和身份，更不会因此被合并。

（2）高校与政府合作办学形式多样。体现为：一是在异地设立以本科基础部教学为主，兼有若干个实体学院的分校区，如中山大学的珠海校区；二是在异地举办分校，建成学科相对齐全的普通本科高校，如浙江大学宁波理工学院；三是在异地设立研究生培养基地，如清华大学深圳研究生院；还有一种是异地接纳十几所，甚至几十所高校进入的虚拟大学园，如深圳虚拟大学园，通过网络和各大学连接，为各院校在异地开辟一个场所，架起院校与社会、企业间联系的桥梁，开展技术创新和人才培训。在上述几种形式中，异地举办全日制普通本科高校尤其引人关注。

（三）合作育人研究

产学研合作教育诞生于美国，已经有一百多年的历史。美国是目前世界上实施产学研合作教育规模最大的国家。它曾经为美国在一定时期培养了社会发展所需的人才，促进了经济和社会的快速发展。基于产学研合作教育本身的特征及其曾经给美国发展带来的成效，美国已把产学研合作教育纳入其战略范畴，认为这是新型的教育方法和手段，有助于解决当今高技术化社会带来的种种问题，有助于为社会和产业培养大量创新型高技术人才，从根本上加强美国在国际经济中的竞争力。

产学研合作教育在美国已经发展得很成熟，但也存在着一些问题亟待解决、改进和完善。例如：大学需要与工商业机构和其他组织建立更多的伙伴关系，为更多学生创造工作机会；更新技术，更有效地利用网络改进和优化合作教育计划；完善对合作教育中学生的学习评估；增加教师来支持和参加合作教育的各项活动等等。[①] 加拿大、日本、澳大利亚等国产学研合作教育起步较晚，但是都根据本国的实际发展状况形成了有特色的适应于本国的合作

---

① 张炼．美国合作教育最新发展与面临的问题 [J]．职业技术教育，2004（16）．

教育体系，并取得了不俗的成绩。并且随着本国经济的发展，合作教育也在进行着不断的改革，以求能够培养出适应社会和经济需要的人才。当前，各国政府都在不断地进行法律的修改和完善，从而使得产学研合作教育能够在更完善和合理的法律的保护下展开。对与产学研合作教育相关的管理体制也在进行灵活的调整和改变，从而适应不断更新的合作教育模式，为合作教育的开展提供支持和保障。完善评价体系仍然是国外各国合作教育发展的重要内容。过程评价和总结评价并用，从而及时准确地发现产学研合作教育存在的问题，促进合作教育的不断改进和完善。

当前我国产学研合作教育的研究主要体现在以下几个方面：产学研合作教育的问题和对策研究，产学研合作教育校本发展现状研究，产学研合作教育的政策法律分析，产学研合作教育模式类型与发展趋势，产学研合作教育运行机制问题及对策，产学研合作教育的管理制度建立，产学研合作教育评估，产学研合作教育的课程改革，产学研合作教育教学及教师资格问题等各个方面。并且随着产学研合作教育在我国的不断深入发展，有关产学研合作教育的研究也在不断地细化分化。

根据教学与科研所起的作用不同，我们可以把产学研合作分为以下几种类型：教学主导型合作教育模式、研究主导型合作教育模式、创业主导型合作教育模式。教学主导型合作教育模式特点是以人才培养为主要目的，联合开办专业是合作教育最常见的一种形式，根据产业发展对人才的新要求，学校与产业双方共同制订教学计划、共同参与教学活动、加强实践性教学等；研究主导型合作教育模式的特点是在产学研合作基础上开展合作教育，产学研合作是合作教育的基础和保证，已成为产学研合作教育的主导模式；创业主导型合作教育模式的特点是利用青年学生思想活跃、思维敏捷、敢想敢为等个性特点，以科技创新活动为载体，进行创业实践，在实践中接受自我教育，旨在进一步加强学生与社会的联系，培养学生的创造能力和创新精神。[①]

---

① 刘缨，胡赤弟. 高校产学研合作教育模式探析[J]. 黑龙江高教研究，2004（8）.

陈解放（2006）在《合作教育的理论及其在中国的实践》一书中，分析了合作教育理念在美国发展的哲学基础以及在中国发展的历史基础，并指出合作教育是现代市场经济发展所必须的人才培养模式。将我国产学研合作教育的模式归纳为三大类型：全日制交替模式（Full-time Alternating）、半日制交替模式或平行模式（Parallel）以及综合交替模式（Combination Alternating / Combination Parallel）。① 吴平（2008）则将目前在我国的综合性大学中实施的产学研合作教育总结为六种模式：在项目基础上开展合作，共同培养学生科研意识和组织能力；在校内外建立稳定的教学实训基地；量身打造，订单式培养的合作模式；以大学的优势学科为依托建立高新技术科技园；共同成立研发中心；直接服务于企业的生产和管理实践。② 近几年的硕博士学位论文中，以产学研合作教育为题的论文几乎都讨论了产学研合作教育的模式分类及其特征。但因分类的依据不同，模式分类也各有不同。

马涛、何仁龙（2007）认为：正确的价值观能使对事物发展趋势的预见和对价值成果的积极追求有机统一。两人从价值内涵的分析入手，通过对产学研合作教育价值的分析，考察产学研合作教育价值观的嬗变，进而分析产学研合作教育价值观嬗变的影响因素，为我国产学研合作教育的模式变革和产学研合作教育的政策构建提供了"价值观"方向的理论基础，以期为我国合作教育的理论研究和实践发展提供借鉴。王沛民（2008）认为这些年来在实施产学研合作教育中"对人的培养上放松、疏忽得很厉害"，理念上重视但实际却探讨得很不够。同样，同济大学的章仁彪（2008）也指出现在的产学研合作，实际上是急于把"产"搞上去，让"学"和"研"一起来为"产"服务，而忽略了"学"和"研"的发展。他提出大学育人要为企业服务，企业也要为大学育人做出贡献，需找到学校与企业之间共同的利益机制。

上海第二工业大学的曾令奇（2005）认为我国合作教育的运行机制有四

---

① 陈解放. 合作教育的理论及其在中国的实践［M］. 上海：上海交通大学出版社，2006：5.

② 吴平. 我国高校产学研合作教育模式探析［J］. 高校教育管理，2008（3）.

个力：一是靠来自企业、高校和学生的动力来驱动运行；二是靠市场调节手段来调节运行；三是靠约束与激励力来维持运行；四是靠措施来保障运行。①浙江林学院的童晓晖（2010）提倡运用生态学原理、教育生态学的观点研究产学研合作教育，他认为这有利于探讨和阐明生态化合作教育理念的内涵与特征，从而使合作教育在先进理念的指导下得到可持续发展。

武汉理工大学的陶沙（2003）在其硕士学位论文《产学研合作教育法规的研究》中阐述了构建产学研合作教育法规的作用及意义，通过对中外产学研合作教育法规的比较和对产学研合作教育法规的理论分析，提出了针对我国产学研合作教育政策法规实施的建议。

赵成（2006）提出建立校企合作委员会的策略以解决当前我国产学研合作教育管理上存在的问题。周华丽等（2010）倡议各校应该重视产学研合作教育的校本长效管理体系的构建。刘平、张炼（2007）在《产学研合作教育概论》设计构思了产学研合作教育质量评估指标体系，从学校参与、社会参与和学生培养三个方面对产学研合作教育质量进行了分层和综合评估。

上海工程技术大学的季萍（2003）探讨了产学合作教育中的教育评价问题并提出了合作教育中教育评价的内容。朴英仙（2005）对我国高等教育评价中介机构进行了典型分析。通过选择"普通高等学校本专科教学工作评估专家委员会"等评价中介机构为案例进行分析并得出一系列结论。王燕、王益玲、李卫东（2008）论述了影响产学研合作教育质量的师资方面的问题，指出目前我国大学的中青年教师的综合实力尚不能满足合作教育培养创新型人才的要求。

此外，随着产学研合作教育的研究越来越广泛和深入的开展，对产学研合作教育的元研究也显得尤为重要。华南理工大学的李元元、邱学青和李正（2010）对产学研合作教育的内涵作了更深一步的探究，指出了产学研合作教育的本质和内涵，并提出了我国产学研合作教育未来的发展趋势：学科领域

---

① 曾令奇. 合作教育的运行机制初探［J］. 中国高教研究，2005（3）.

的延伸、全球性的扩展以及教育群体的扩大化。

通过整理分析文献，可以总结出我国产学研合作教育的研究经历的过程大致可分为三个阶段：国外产学研合作教育的介绍→国内外以及国内外校际比较研究→国内和校本研究。随着我国对产学研合作教育研究和应用的不断深入，当前，我国对产学研合作教育的研究重点正逐渐从国外转向国内，从宏观转向微观。

（四）合作科研

随着大学与社会的边界越来越模糊，大学科研功能在国家发展和社会进步中的地位日益凸显，加之大科学时代的来临，各种内外部因素都在推动大学逐渐脱离传统的、个体的、自发式的科学活动，在学科内、学科间、组织间、组织内以及科学家之间建立广泛的交流与合作，合作研究作为必不可少的科研形式已渗透于大学及其科研组织的每一个细胞。基于合作特性对人类行为及社会发展的广泛影响，大学科研合作的相关研究必然涉及多学科领域的研究，大学科研合作研究本身就是一种需要联合各方力量进行协同工作的合作研究。总体来说，大学科研合作的相关研究涉及三大领域：大学产学研合作创新研究、大学科技创新团队研究、大学跨学科合作研究，这三大领域的研究成果形成了大学科研合作研究的主体。

1. 大学产学研合作中的制度建设。

在大学产学研合作创新研究领域，许多学者对我国产学研合作的相关政策进行了系统研究，按照政策的形成、演进和不断完善的历史过程将我国产学研合作分为4个阶段[①]：1985—1992年为"以改革推动产学研初步结合阶段"；1992—1999年为"探索市场经济体制下产学研结合新形势阶段"；1999—2006年是"明确提出探索新型产学研协作机制阶段"；2006年至今为"把

---

① 孙福全等. 产学研合作创新：模式、机制与政策研究 [M]. 北京：中国农业科学技术出版社，2008：95-99.

产学研结合提升到国家战略高度阶段",并对各阶段的政策出台和实施以及存在的问题进行了分析和研究。对大学产学研合作创新模式的研究是这一领域的热门问题,孙福全等人将其归纳为8种模式:技术转让模式、委托研究模式、联合攻关模式、内部一体化模式、共建科研基地模式、组建研发实体模式、人才联合培养与人才交流模式、产业技术联盟。

此外,在产学研合作创新的运行机制方面也有许多研究成果,朱桂龙和彭有福提出了产学研合作创新的三种机制,即激励机制(包括利益分配机制和动力机制)、监督机制(包括外部监督机制和内部监督机制及其运行模式)、更新机制,更新机制是指产学研合作创新过程中需要对各要素进行不断更新。① 马学和刘艳辉等认为产学研合作运行机制是依据合作内部的系统性原理建构的,它包括动力机制、激励机制、约束机制、组织和协调机制。② 王雪原、王宏起、刘丽萍认为产学研的内在运行机制应该是动力机制、伙伴选择机制、分工机制、协调机制、学习机制和利益分配机制的有机结合。③ 孙福全等在以上诸观点的基础上创立了产学研合作创新的三种机制——引发机制、催化机制、阻化机制,并结合产学研运行的三个阶段——合作前期、合作中期、合作后期的不同特点分析三种机制在合作的不同周期发挥的不同作用。

除此之外,对产学研合作创新方面的研究还包括了产学研合作创新的影响因素分析、产学研合作创新的绩效评价研究以及此方面的国际经验借鉴。总之,大学产学研合作创新研究不论在理论建构还是实践探讨上都已取得了相当丰富的研究成果,其中的很多内容对本研究的开展奠定了一定基础。

2. 大学科技创新团队的制度演进。

大学科技创新团队研究也是与大学科研合作研究相关性很大的领域,主

---

① 朱桂龙,彭有福. 产学研合作创新网络组织模式及其运作机制研究[J]. 软科学,2003(4).

② 马学,刘艳辉,胡宝民. 产学研合作运行机制的机理分析——兼论河北省产学研合作的现状及应对策略[J]. 河北学刊,2006(1).

③ 王雪原,王宏起,刘丽萍. 产学研联盟运行机制分析[J]. 中国高校科技与产业化,2006(3).

要体现在科研团队的创建、运行管理和科研绩效等方面的研究。王金凤、卜祥云对创建科研创新团队的影响因素进行了分析,认为团队的构成要素、团队负责人的选择、团队的组建方式以及团队的绩效评价和激励机制是影响团队建设的重要因素。① 张美书对成功科研创新团队的特征进行了研究,认为清晰的目标、相关的技能、相互信任、良好的沟通、高昂的士气、最佳的生产力是导致团队业绩大于个人业绩之和的根本原因,并提出组建科研创新团队对提升高校科研水平具有直接的战略意义,具体体现为五大优势:技能互补优势、学科交叉优势、沟通快捷优势、业绩高效优势和竞争力强大优势。② 李巨光将科研团队与一般团队进行比较,发现科研创新团队的突出特点是:具有特色鲜明的研究方向和明确的研究目标;人数不多、技能互补的扁平式结构;成员相互尊重、相互信任、相互承担责任,能够充分发扬学术民主;领导是学术带头人;持续产生新成果,尤其是重大科技成果的高效研究群体。科研团队绩效评价的特殊性在于:评价主体的多样性、评价客体的双重性(团队与成员个体)、评价方法的差别性和评价结果的导向性。③ 于建朝、胡宝民共同研究了高校科研团队共生演化过程及其机制的形成,通过建立高校科研团队的共生演化模型,并分别以两科研团队共生和多科研团队共生为例进行模拟仿真,研究科研团队之间的共生演化机制及其演化结果。④ 此外,对大学科技创新团队的研究还涉及团队的知识转移困境问题、团队知识共享的激励策略分析、师生共建科研创新团队的探索以及科研团队成长机制研究等,这些研究都对于本论文的构思具有一定借鉴意义。

3. 大学跨学科合作的障碍分析。

大学跨学科合作研究是与创新团队研究相关的一个重要问题,这方面的

---

① 王金凤,卜祥云. 高校创新型科研团队建设路径选择 [J]. 河南科技,2009 (7).
② 张美书. 科研创新团队——高校提升科研水平的战略选择 [J]. 科技管理研究,2009 (5).
③ 李巨光. 基于科研团队特点的绩效评价体系初探 [J]. 管理观察,2009 (6).
④ 于建朝,胡宝民. 高校科研团队共生演化过程与机制探讨 [J]. 商业时代,2009 (12).

研究是目前学者广泛关注的焦点，尽管它在我国的出现还只有30年历史。20世纪80年代初，在北京召开的我国首届交叉科学学术讨论会探讨了当代交叉科学的形成、历史、地位和未来发展趋势，对我国发展交叉科学的前景及如何发挥交叉学科对社会发展作用等问题进行了广泛深入的讨论。之后出版了两本关于交叉学科的专著，分别从"自然科学的学科结构及其演化"和"交叉学科的历史、形态、作用、功能、机制、方法、趋势"来展开讨论。20世纪90年代以后，跨学科的探讨从跨学科学到跨学科的应用，探讨的角度从理论到实践，探讨的问题从方法到应用等，都有了明显的扩展，并且发表了相当数量的关于跨学科研究的论文。①

进入21世纪以来，跨学科的研究取得了更加显著的成果，柳洲、陈士俊等人专门对跨学科科研团队的相关问题进行了探讨，认为学科交叉是处于特定社会环境之中的两个或两个以上的学科、围绕一定的问题发生的非线性相互作用的过程，学科交叉可划分为浅层的交叉、深层的交叉和完全交叉等多种形式。跨学科的合作也容易出现一些需要引起重视的问题，如团队内部学科交叉在语言、认知图式、价值观等方面的障碍，团队外部环境也存在体制和机制的障碍，还有激励机制的障碍等。要克服这些障碍，需要营造以人为本、相互关爱的工作氛围，建立科学高效的激励和评价机制，加强适合学科交叉的科技管理体制的建设等。②

周朝成从学科文化与组织的视域探讨了当代大学中的跨学科研究问题，他认为跨学科研究组织必须致力于形成共同的组织目标，并在组织结构上既要开放组织边界、增强流动性，又要适应大学科层结构的背景，实现跨学科组织的重点化。他还提出要将跨学科研究组织置于校一级水平进行管理，将矩阵结构与科层行政结构进行有效结合。在组织权力上诉求于学科文化的对话框架，通过学术委员会治理方式消解学术权力的冲突，同时还要强化跨学

---

① 刘仲林. 跨学科学导论[M]. 杭州：浙江教育出版社，1990：7.
② 柳洲，陈士俊等. 跨学科科研团队建设初探[J]. 科技管理研究，2006(11).

科研究组织的权力配置，建立执行委员会或者管理委员会等进行相应的治理来消解行政权力的冲突。①

此外，学界经常将跨学科研究与研究型大学结合起来进行研究，作为学术中心和智力源泉的研究型大学承担着科学研究与高等人才培养的双重职责，广泛的跨学科研究是研究型大学科研创新的重要动力。程妍的研究表明，目前我国研究型大学的建设和发展存在许多跨学科障碍，要克服障碍就必须从具体的学科设置上进行跨学科改革，她对跨学科的门类设置提出了系统化、理论化的构建方案，并建议通过跨学科学术组织和研究团队的建设、跨学科结构的矩阵构建、跨学科研究资助体系建设以及高等教育的体制改革等措施促进跨学科研究的发展，推动研究型大学向世界一流大学的目标发展。② 跨学科研究的不断深入将促进科研合作在学科领域的扩展与突破，为科研合作打开了一扇大门，同时，跨学科组织的建立不仅为科研合作搭建了资源共享平台，而且为科研合作及科技创新的实现创造了良好的制度环境。

（五）合作服务和合作发展

大学的作用和功能日益拓展，大学走入社会，和大学内外的各种重要力量相互作用相互影响着。大学在承担国家和区域经济发展、为民众创造工作机会、提升国家竞争力等方面发挥越来越重要的作用。所以高等教育与社会经济发展的关系，提高高校为地方经济和社会发展服务的能力成为研究的重点。

教育、人力资本、经济发展和就业结构等几个因素互动变化的基本脉络，在不同的国家由于各自国情的不同而各有差异。一般而言，后发国家相对于先行国家，更倾向于利用后发优势，创造有利于经济发展阶段演进和就业结

---

① 周朝成. 当代大学中的跨学科研究——学科文化与组织的视域［D］. 上海：华东师范大学博士学位论文，2008：2.

② 程妍. 跨学科研究与研究型大学建设［D］. 合肥：中国科学技术大学博士学位论文，2009：2.

构变迁的教育条件和人力资本。因而,他们在教育和人力资本发展阶段相对于具有同等经济和社会阶段的先行国家,具有超前性的特点。对于后发国家而言,在教育发展当中还有一个特殊的问题,即它们要在经济追赶之前率先实现人力资本的追赶,并以此作为经济进一步发展的条件。而人力资本的快速积累关键是教育的发展,教育的加速发展来源于教育制度上的创新。①

高等教育与地方经济互动关系主要表现在促进知识经济发展。目前,美国、欧洲等发达国家和地区科技对经济增长的贡献率已高达60％至80％。②有学者认为教育投资对经济增长的推动作用约为34.9％,可见,实施以市场为导向的经济体制改革后,教育投资对经济增长的推动作用有了明显的增强,教育对经济增长的规模效应是十分突出的,教育对经济增长的贡献不可忽视。③ 高等教育发展成为经济发展的基础性、先导性决定因素。④

我国正处于市场经济体制完善阶段,高等教育对经济发展的作用更加不可忽视。一般而言,高等教育发展受需求规律影响,经济发展与高等教育增长呈现正相关规律(表现为增长波峰及周期高度同步、增长率的正相关性、增长波动同步趋向平稳),正相关度为1∶1至1∶3,并受条件制约规律的限制。

教育对地方经济发展有着很大的作用,教育发展的差异必然成为导致地方经济发展差异的重要因素之一。教育发展对地方经济发展差异的作用主要体现在两个方面:规模效应和结构效应。也就是说,教育发展的总体规模和

---

① 胡鞍钢,熊义志. 大国兴衰与人力资本变迁[J]. 教育研究,2003(4).
② 许长青,马玉女. 高等教育发展的经济地理学分析[J]. 辽宁教育研究,2005(1).
③ 庞资胜,孙强. 教育产业与经济增长关系实证分析[J]. 云南大学学报,2006(28).
④ 谢仁业. 中国经济与高等教育相互关系与作用[M]//建设有中国特色社会主义高等教育理论研究课题组. 建设有中国特色社会主义高等教育理论研究(第三集). 北京:高等教育出版社,1996:123-134.

结构特征两方面共同作用才是导致经济发展差异的教育层面的影响。①

高等教育对地方经济发展主要作用归结为：一是培养人才，满足地方各层次人才需求；二是开展继续教育，营造学习型社会、学习型区域、学习型城市，构建终身学习体系；三是创造新知识，构建区域创新系统；四是开辟新产业，尤其在构建区域文化产业方面更具有强劲的优势；五是开拓职业新领域，实现学生就业结构从"就业型"向"创业型"转变，减少社会就业压力；六是加快科技成果的转化，促进生产力的发展。②

（六）校企合作方面的研究

进入 21 世纪，我们国家关于高等职业教育的理论研究也进入了一个新的阶段，许多理论研究文章对高等职业教育的办学特色以及功能定位、发展模式、培养目标、专业结构设置、教学方法、教材教辅和师资队伍建设等问题进行研究，但研究的中心都离不开高等职业教育办学模式和人才培养的产学研合作问题。

1. 关于国内职业教育中校企合作办学的研究。

对高职院校的产学研办学模式研究比较有典型意义的是 2004 年 7 月由高等教育出版社出版的、中华人民共和国教育部高等教育司和中国高等教育学会产学研合作教育分会主编引领工程系列之一的《必由之路——高等职业教育产学研结合操作指南》。这本书对我国目前的职业教育人才培养的模式进行了详细的概括和阐述，指出我国人才培养模式有订单式人才培养模式、"2＋1"模式、"学工交替"模式、全方位合作教育模式、"实训—科研—就业"模式、双定生模式、校企双向介入模式、结合地方经济全面合作模式、以企业为主的合作办学模式等九种基本模式。易顺明等人在《面向行业需求的高职院校产学研合作教育新模式》中提出了面向行业以"科研＋双向培训"为引

---

① 陈志刚，王青. 教育与区域经济发展差异——基于江苏和江西的实证分析［J］. 中国人口·资源与环境，2004（04）.

② 许长青，马玉女. 高等教育发展的经济地理学分析［J］. 辽宁教育研究，2005（1）.

擎的模式，它是一种行业与专业挂钩，以科研合作和校企双向培训为导向，突出企业对与高校合作的实际需求，建立一种企业和高校合作共赢的产学研合作新模式，该模式能够有效地解决产学研合作教育中企业主体的利益问题，能最大限度地提高企业参与产学研合作教育的积极性，确保了产学研合作的正常开展。① 童靓瑛在《浅论高职院校产学研合作的新发展》中提出积极开展产学研结合，搭建高校、社会、企业共赢平台，是高职教育的兴校之道。② 陈国荣等人在《关于产学研合作模式的探讨》中提出产学研合作的各种模式：（1）生产力转化模式；（2）校企共建研究机构模式；（3）共建企业技术中心模式；（4）共建实习基地模式。③ 目前，我国高职院校普遍推行的是工学结合、校企合作、顶岗实习的人才培养模式。

2. 关于国外几种比较典型的职业教育模式的研究。

从世界发达国家高等职业教育的进程来看，随着社会经济发展，科技进步等人类的生产活动的不断发展，对职业技能人才的需求也越来越多，目前形成了各具特色的职业教育模式。比较有代表性的模式有以下几种。

一是德国的"双元制"办学模式。所谓"双元制"是指国家通过公立职业学校和私营企业两个不同的办学主体的分工与合作，在同一时间段共同对学生实施职业教育的模式。学校的学生具有双重的身份，他们既是企业的学徒职工，又是职业学校的学生；他们既要根据与企业签订的培训合同到企业接受实际训练，又要在学校里接受职业理论和相应文化的教育。

二是美国的"合作教育"办学模式。其办学模式是学生自入学起授课半年后，便把企业的实际训练与学校的教学交替进行，交替时间为两个月左右，直到毕业前半年，再集中到学校上课，完成相应的学业。这种办学模式以培

---

① 易顺明等. 面向行业需求的高职院校产学研合作教育新模式［J］. 沙洲职业工学院学报，2007（1）.
② 童靓瑛. 浅论高职院校产学研合作的新发展［J］. 商场现代化，2008（5）.
③ 陈国荣等. 关于产学研合作模式的探讨［J］. 重庆科技学院学报（社会科学版），2008（9）.

养技术型人才为目标，通过学校和工商企业、服务部门等校外机构的合作，将理论学习与实际操作有机地结合在一起。

三是以英国和澳大利亚为代表的以就业为导向的"工读交替制"办学模式。"工读交替制"就是所谓的"三明治"或"夹心饼干"式模式，就是把学生在校的课程学习和课程相关的工业、商业或行政领域的工作结合起来。工作的时间为一年，学生在就读课程期间的工作可以在一个时段内进行，也可以在两个时段内进行，每个时段大约为半年，这就意味着课程学制有可能延至四年。但是不管用哪种方式完成"三明治"课程，学生都应该在最后一年回到学校完成规定的学业。可见，英国或澳大利亚的高职办学模式是通过既要在企业工作又要在大学读书来完成的，是充分利用两者的资源来完成学生学业。

四是新加坡的"教学工厂"办学模式。"教学工厂"既是一种教学模式，又是一种教学思想，也是一个概念。它是把教学与工厂紧密结合起来，把学校按工厂模式来办，把工厂按学校模式来办，给学生一个工厂的生产环境，让学生通过生产，学到实际知识和技能。"教学工厂"模式，是将学校与工厂这二元统一领导，统一组织，并按统一的教学计划进行，更加突出地把技能教育摆在了首位上，以便理论与实践相结合。

（七）已有研究评述

应该说关于大学"合作"的研究在高等教育理论研究和实践应用中并不算少数。但是我们发现，已有的研究已经从不同的视角展示了大学办学模式的"合作"，前人研究都从不同角度呈现真理的颗粒，这些为本研究提供了充分的理论基础，我们认为，"合作"研究和实践的愈演愈烈是大学日益走入社会的产物，是大学社会服务职能进一步拓展和丰富的表现，也是大学进一步拓展其职能，承担社会责任的新形式。但是，我们也会发现，目前国内关于"合作"的研究还基本停留在各自为政的情况，鲜有把各种"合作"作为大学办学模式改革进行整体性的研究。

随着社会变革和竞争的加剧，大学不可避免地要参与在人才、资源、资金等细分市场的竞争。高等教育办学规模的扩大，政府对大学资金投入有限，加剧了大学在所处竞争环境中的危机感和紧迫感。"独立作战""单兵种作战"和传统的关门闭户办学模式显然与现代大学发展的特点不相适应。竞争产生合作，合作促进竞争，大学合作已由原来的个体之间、单一组织之间的竞争发展为合作联盟之间、联合组织之间的竞争，竞争的双方都在不断壮大和强化自身的队伍，一组一组的"黄金搭档"加入到另一组一组的"豪华团队"，形成更加强势的合作阵容，并与同样强势阵容的团队展开竞争，结果在无形中将合作的门槛越抬越高。换言之，当今的合作不同于以往的合作，是因为今天的竞争不同于以往的竞争，以往的以消灭对手为竞争目的的"分蛋糕"做法根本无法应对今天的竞争环境，而必须参与合作，共同把"蛋糕"做大，才能实现共赢。在不同层次合作门槛日益抬高的今天，研究大学合作的实际影响力和效应就有必要从单一层面的研究深入到多方面多层次的整体性的立体型研究上，要把院校"合作"的不同层面和不同类型院校"合作"的差异性作为研究的突破口，以更多的关注院校研究和"合作"研究的内在逻辑关系和现实发展案例。本研究"五合作：新时期地方大学办学模式实践创新研究"将对这方面的问题予以深入探讨和研究。

三、核心概念梳理与辨析

（一）"五合作"的内涵

1. 合作的内涵。

"合"最早见于金文，在《尚书》中是指相合、符合；《微子》解释为会和、聚合；《说文解字》指"合口"，是上唇与下唇、上齿与下齿的合拢。张立文指出："所谓合：其一，是诸多性质不同或对立的要素、事物所构成的和合体，即统一体；其二，是指相互差异、对立的东西互济互补，以达到平衡、均平、和谐；其三，是平衡、和谐为了形成新的和合体，即新东西、新事物的产生。"①

根据《辞海》的解释："合作即是指为了共同的目的，一起工作或者共同完成某项任务。"② 它着重强调完成某项任务，是要有共同的奋斗目标；同时是一起或者共同完成的，是各合作方协调一致，共同完成任务，一般没有主次之分。由此可见，合作强调的是共同的目标和平等的权利与义务，不同于协作的某一方处于次要地位。

2. "五合作"的内涵。

"五合作"是合作办学、合作育人、合作科研、合作服务和合作发展的简称。在高校"五合作"办学思想中，各合作方为共同目标而形成共同体，共享资源、信息，共同承担权利和义务，共同行动，以实现单个合作方无法实现的最优目标。首先，高校"五合作"办学是基于合作方不同的特点的异质性而存在"共同需求"，恰恰这个异质性有助于合作关系的建立。合作天然需要合作各方的异质性。其次，高校"五合作"办学合作方是平等"共在"的，而非一方牺牲自我成全另外一方，也非放大一方缩小另一方的，是在合作各方共生互动中，使得每个"自我"得以充分的展开与其他同在的关系，并且，在与其他方相互作用中得以建立与自身的关系、实现"自我"价值。最后，高校"五合作"办学合作是互惠共赢的，且是在一定的合作运行机制下规范开展的。

（1）合作办学：合作办学是指企、事业及科研单位介入学校办学和管理，进行中外、境外合作办学，校企合作办学，校地合作办学等，旨在打破原来学校各自封闭办学、自成体系的状况，优化高等教育结构和学校学科建设环境，促进教学及学术资源共享，促进高校与社会的联系，提高办学质量和效益。

---

① 张立文. 和合学 [M]. 北京：中国人民大学出版社，2006：381.
② 《辞海》（上册）[M]. 上海：上海辞书出版社，1999：912.

(2)合作育人：高校以培养符合社会需求的高素质人才为基本目标，充分利用企业、科研机构、政府部门、行业协会以及其他高校等主体在人才培养所需的资金、设备、师资、实践环境等方面的优势，开展各种方式的合作育人，包括科研育人、实践育人、环境育人、创业育人等模式，通过合作双方优质资源的联合、协作或整合、相融，形成育人合力，把以课堂传授知识为主的学校教育和解决实际问题为主的生产、科研和管理实践有机结合起来，共同服务于学生成长成才，构建开放、集成、高效的合作育人机制，实现高等教育价值体系中全面育人的根本目标。

(3)合作科研：主要指企业、高校及科研机构这三个方面的技术创新主体要素的联合，通过结合地方政府的需求，就地方经济社会发展重大问题开展科研合作；通过高校和高校之间开展合作，集中学科、人才科研优势，联合开展重大课题研究；通过将高校、科研机构的高智力、高技术人才和技术创新成果与企业的生产资料、管理营销机构结合起来，经过不断开发研究，使高新技术转化为具有较高经济效益的现实生产力，即转化成商品或产品，满足社会需求，实现科技与经济的结合，消除科技和经济两张皮现象，逐步形成科研—产品—市场—科研的良性循环。

(4)合作服务：合作方以集群化、合作服务的模式，在服务企业，服务行业，服务国家战略，服务地方政府，服务国际社会和港澳台方面为社会更好地直接或间接服务。强调分工、整合合作方的有限资源，提高了有限资源的使用效率，节约成本，更有效地促进社会经济的发展。在联合或者联盟方式中，各高校在更高层次、更广范围合作，差异化发展，优势互补，降低创新风险，加快创新速度，提高创新能力，获取竞争优势。合作服务具有互动创新性、效益累积性和服务与发展统一性等。

(5)合作发展：通过多种方式和层次的合作，实现高校发展社会化、国际化，提升高校社会服务能力和办学水平。高校服务社会发展，与企业和地方政府的互动合作促进经济社会发展，这是形成合作发展目标的一方面，而在服务社会发展过程中，高校同时也获得自身发展和水平提升，可以缓解办学资源不足的问题，提高资源利用率，拓展办学空间等，这又构成合作发展目标的另一方面。

(二) "五合作"的内在逻辑关系

1. 合作育人是根本。

人才培养是大学的核心功能，是无法替代的，但是其职能内涵却是常变常新的。随着时代的发展，在经济全球化、社会知识化、文化多元化和网络信息化的冲击下，随着科技成果转化为现实生产力的速度加快，社会产业结构和人力资源需求结构调整得越来越频繁，培养适合经济社会发展需求的各种人才就显得尤为迫切。这也是"五合作"办学思想的起点，从某种意义上说，也是目标。合作办学是基于不同层次人才的培养要求而进行的，合作科研的最终目标也是为了服务人才培养的，在人才培养的规格上，应积极探索合作育人模式，充分利用高校与企业等多种育人主体在培养人才方面的优势，实现学校教育与社会实践的协同配合。合作服务是通过高素质人才来实现的，从而实现合作各方的多赢，各自发展。

2. 合作办学是基础。

合作小学是对高校办学层次的拓展，是基于社会需求，遵循高等教育办学规律，或是高校发展的战略需求，如中外、境外办学；或是拓展培养人才的层次，更贴近企业需求，如校企合办二级学院；或是结合高校自身的学科优势，进一步增强服务地方经济的能力，如福建农林大学安溪茶学院，依托学校传统优势学科，以茶产业链的拓展与安溪县合作进行校地合作办学等等。无论哪种形式，合作办学是高校结合新形势发展的需要，从自身发展出发，进一步发展的表现，它是增强高校育人能力的需要，是服务地方经济、促进发展的重要途径，也是强化高校科研优势的方式之一。

3. 合作科研是支撑。

高校正逐步成为国家知识创新的中心和推动科技成果向现实生产力转化的重要力量。特别是科技高度发达的当代，高校应当在发展中扮演知识创新的中心、知识企业的孵化器、高新技术的辐射源和高新技术开发区的智力支柱等多重的角色。"五合作"办学思想下包括的校所、校企、校校、校地等多种形式的合作科研，是促进高校扮演好多重角色的必然要求。但总体来说，科学研究是培养现代人才的重要途径，合作科研也不例外，它是支撑高校育人、服务地方经济的重要途径。

4. 合作服务是使命。

"五合作"办学思想下的高校合作育人、合作科研都是为社会服务的，只不过合作服务是直接的，而合作育人、合作科研是间接的。高校作为教学中心和科研中心，充分利用自身的学科优势和人才资源为经济社会提供全方面的服务，成为社会发展的"动力站"，是高校的一项神圣使命。

5. 合作发展是目标。

无论合作主体是哪些，合作内容是什么，合作模式怎么样，通过什么方式进行合作，其最终目的是实现各合作方的共同愿景，满足"共同需求"，实现多方互惠、多赢，实现自身发展。

总体来说，合作育人、合作办学、合作科研、合作服务和合作发展是统一的，共同构成了一个有机的整体，贯穿于高校办学的全过程。首先，它们的目标是一致的，都是为社会发展服务；其次，它们的手段互补，合作育人虽然是以培养高素质人才为主，但人才的培养需要科研育人、实践育人、环境育人和创业育人等多种形式相辅，才能培育出企业需要，能够推动社会发展的综合性人才，同样合作育人、合作办学和合作发展也有助于发展科技和服务社会。

合作办学、合作科研、合作服务、合作发展、合作育人的"五合作"模式环环相扣，相互依存，相互促进。合作办学目的旨在整合科研资源，发挥人才优势，既加强了高校、企业、科研机构和企业间的科研交流合作，也在科研合作中共同服务，促进了社会和自身的发展。在这个过程中，同时达到了合作育人的效果。高校"五合作"办学思想包括合作科研、合作办学、合作服务、合作育人、合作发展五个方面的内容，同时，"五合作"办学思想也构成了校校合作、校企合作、校地合作、校所合作以及高校与国际之间合作的纽带,"五合作"办学思想加强了办学经验的交流与沟通。

四、 研究方法

本研究将综合教育理论与管理,运用定性分析的方式,对创业型大学的概念、演化、内部组织结构、运行机制进行系统研究,涵盖了历史文献法、案例分析法、田野调查法等多学科研究方法。

(1) 历史文献法。本研究通过图书馆、网络等途径搜集了国内外专家学者关于高校合作办学的相关研究资料,分析归纳多方研究成果对我国各种类型的合作办学形式进行描述分析,同时总结分析各种高等教育理论对合作办学的阐述和地方政府有关政策,界定了本研究的切入点和研究范围。

(2) 案例分析法。在本研究相关章节中,以福州大学、福建农林大学、闽江学院为典型案例,系统地考察和分析了这三所本科院校在合作办学的过程中,在模式创新、人才培养、协同创新、创业教育和服务社会等方面进行的系统探索,希望挖掘福州大学、福建农林大学、闽江学院走合作办学之路时所积累的经验,为我国研究高校"五合作"办学模式和相关实践提供切实的依据。

(3) 田野调查法。通过对参与合作办学的领导、教师进行访谈,了解合作办学的第一手资料,并且进行实地考察,了解合作办学的进程和各项管理制度;同时对其他类似的合作办学进行调查,了解运行情况和运行结果,加以比较和借鉴。

五、 研究结构和框架

研究框架和结构是要服从研究目的和研究方法的 。本研究认为:选择、确立高校"五合作"办学模式,是福建省地方本科院校实现由大变强、提升服务海西建设能力的有效途径。本研究将在梳理和总结高校"五合作"办学模式的逻辑关系和相关理论文献的基础上,梳理高校合作办学兴起、内涵变化和发展模式的历史脉络,结合福州大学、福建农林大学、闽江学院在实践合作办学过程中,在模式创新、人才培养、协同创新、服务社会、共赢发展等方面的实践行动,力求探索出可供福建省地方本科院校发展借鉴、实现由大变强跨越式发展,有效提升服务海西建设能力的办学理念和发展模式。在此基础上,本研究的结构和框架如下图所示:

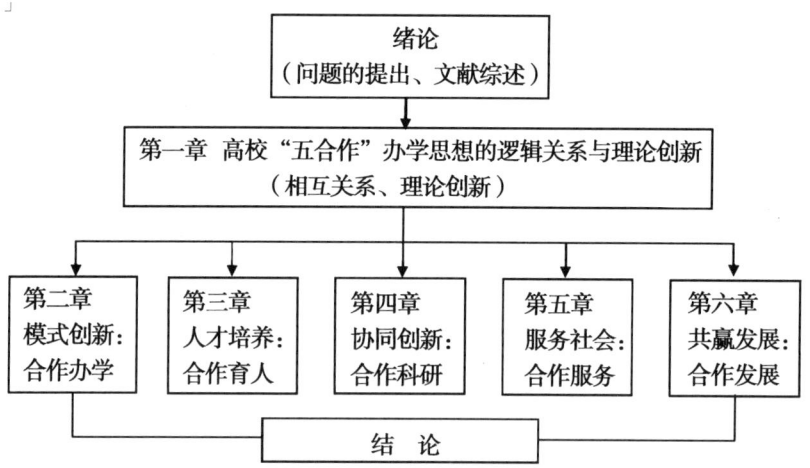

图 I-1 本研究的结构和框架

第一章　高校"五合作"办学思想的逻辑关系与理论创新

高校是培养人才、实现知识生产和创新、服务社会经济发展的重要力量。面对大科学时代和知识经济社会的到来，开展广泛的合作，突破校内外机制体制壁垒，并通过合作释放人才、资源等要素的活力，走提升办学质量的内涵式发展道路已经成为摆在地方高校，面前的重要的课题。在现实实践中，面对内外发展环境的深刻变革，特别是生源市场、资金来源和就业市场的严峻挑战，高校单枪匹马对抗性竞争发展已经行不通，转变发展战略，各种联合办学、大学集群、大学共同体、共建、联盟等形式孕育而生，探索各种合作，提高育人质量，加强战略竞争的优势，加速知识聚集、生产和传播，提升地方高校服务区域经济发展的能力，谋求生存，实现可持续发展。

第一节　地方大学"五合作"办学思想的理论基础

唯物辩证法认为，人对客观事物的认识分为感性认识与理性认识两个阶段，只有理性认识阶段才能产生"思想"。"五合作"办学思想，它来源于实践，并受实践的检验。"五合作"办学思想的提出是基于高校办学实践的具体事实，是主体思维认知与情感、追求相结合的结果，从高校发展的内在规律以及所处的社会环境出发，是综合其运行逻辑和相应条件变化关系的高度概括而形成的理性认识。

科学把握大学的两重性是高校"五合作"办学思想认识的前提。大学的本质属性（自然属性）在于其知识属性。大学的最基本要素是知识，大学就是各类知识分子进行知识生产、传播、保存和评价等活动的地方，围绕知识进行的活动是大学赖以存在的基础。① 大学是社会有机体的一部分，也是特殊的一部分，其特殊性就在于其知识属性。大学通过高深知识的传授、选择、生产、应用发展与创造培养具有复合性知识结构的人才。与此同时，大学也具有社会属性。大学并非是一种"自在"的机构，而是社会的产物，是随着社会变迁而不断运动和发展的。其要义在于，大学必须依赖社会提供的资源与支持条件发展的同时，要适应社会、服务社会、引领社会的变革和发展，要满足时代对大学人才培养的要求。"五合作"办学思想正是在高速发展的社会以及大数据时代的冲击下，应对各种挑战，高校办学实践经验的总结与提升的结果。

一、共生共赢是"五合作"办学思想发展的逻辑起点

近年来，"大高等教育主义""开放办学""多元办学"等理念盛行，这些与"五合作"办学思想的许多观点相一致，"合作性"是其办学思想形成的核心。在实践层面，各高校也积极进行多主体合作办学具体的探索，涌现出了中外合作办学，校企合作办学和校地合作办学等各种模式，随着合作主体、合作内容以及合作方式的不断拓展与深化，逐步推动高校"五合作"办学从理念雏形到实践探索再到逐步形成。

"共生"一词最初源于生物学领域，由德国植物病理学家安东·培里给予了界定，把"不同生物一起生活"称为"共生"。在人文社会科学领域，有的学者则把共生定义为："人类社会中人与人之间的一种相互需求、相互依存的生存状态或生存结构。……共生至少有三个基本层面的涵义：一是两个以上独立主体的共同存在；二是这种共同存在是相互需求的、动态的、活生生的；

---

① ［美］约翰·S. 布鲁贝克. 高等教育哲学［M］. 郑继伟，张维平，徐辉，等译. 杭州：浙江教育出版社，1987：19.

三是共生包含了合作与竞争。"① 还有的学者提出："'共生'之'生'的含义，不是指'发生、出现'，而是指生存、生长（发展）；'共生'之'共'的含义不是指'趋同、相同、齐一'，而是指共处、共存。"② 明显，在高校"五合作"办学实践中的合作方是在本体性开放的前提下，进行互动，是一种对称性互惠共生，在这一体化互动中，尊重彼此的独立性和价值，相互依存、共同发展。

互利共赢是合作的基础，更是目标所在。它涉及"利益"，是兼顾合作各方的利益，确保并促进主体各方基本利益的实现。互利共赢是现时代的价值追求，更是合作的必然结果。全球化趋势下，不遵循合作性原则最终必然导致全球贫富差距扩大，以及各种全球化问题，排他性的利己必然导致人类的整体困境。脱困的唯一途径就是调动各种力量，按照彼此预先认同的规则来共同应对危机，同时，需要将各个个体共赢思想内在化和制度化。

在高校"五合作"办学实践中，同样显示了互利共赢对于维持合作的必要性。各合作方在制度、文化、功能等方面的截然不同，虽然在合作过程中带来各种挫败和冲突，但这种异质性下的"共同需求"——天然的利益重叠是主流，而非需要克服的项目。成功的"五合作"办学实践，各方利益必须获得满足，同时，合作各方在彼此利益满足中扮演重要的促进因素。在每一次共同行动中，各方行动都是无私的又是自我满足的，唯有如此，才是真正意义在发挥各自优势下，互利共赢践行"五合作"办学。

基于实践探索积累，高校"五合作"办学思想成因，是因存在发展势差和办学资源困境而在与相关存在合作主体间的"共同需求"，另外"五合作"办学意味着巩固传统优势的同时，将高校自己掌握的隐性优势显性化，在

---

① 吴飞驰. 我看见了看不见的手 [EB/OL]. http：//www. zq99. com/zqjdzz. asp. 20. 转引自：李燕. 共生教育论纲 [D]. 济南：山东师范大学博士学位论文，2005：20.

② 李德顺. "和而不同"——共生意义上的普遍价值（修订稿）[EB/OL]. http：//www. cass. net. cn/chinese/sl4 _ zxs/facu/lideshun/035—lunw. htm. M0l. 转引自：李燕. 共生教育论纲 [D]. 济南：山东师范大学博士学位论文，2005：63.

"五合作"办学中共享,伴随着资源外泄、被"搭便车"甚至在科学探索中,不可避免存在失败的可能等风险的考量,因此,形成共同认知,承担共同责任是影响"五合作"办学成败的关键因素;在合作办学中,相关利益分享机制构建是另外一个决定性要件;"五合作"办学实践是一个系统过程,该过程必然要有相应的投入,这也体现合作各方对于"五合作"办学的重视程度;最后,制度安排也是影响合作的主要因素,体现了合作各方组织文化、环境、组织间关系等多重因素的影响。

二、大学职能拓展是"五合作"办学思想发展的内在驱动

"五合作"办学思想是大学满足自身发展需要和适应社会发展需要的双重属性的实践总结,是大学功能既要适应大学内部系统环境又要顺应大学外部社会发展环境的需求。自中世纪以来,大学存在的时间超过了几乎任何形式的政府和社会组织,这一奇迹的创造根源于其独特的组织生存方式——知识研究、探求和运用,即大学的知识属性与社会属性的统一。这集中体现在完成大学自身使命和履行社会职能上。随着时代的发展,社会大系统催生了大学职能,并不断丰富。大学从最初唯一的教学职能不断向外延伸,形成了"人才培养、科学研究、社会服务"三大基本职能为主的复杂的大学"职能系统"。此外,大学的职能还有诸多学者提及的国际合作、创造新产业、改造社会、守望社会良知、社会阶层再生产等等。

(一)人才培养

现代意义上的大学诞生于文艺复兴时期的欧洲,欧洲南方大学是在南部亚平宁半岛贸易的发展和城邦建设的推进下,社会对专业人才的需求激增发展起来的,他们开始聚集在一起,共同聘请教师传授知识、讲解技能。欧洲北方大学模型则是以教师为中心,阿伯拉尔等一大批知名学者汇聚在以法国

巴黎为中心的欧洲北方，吸引了四面八方的学生前往塞纳河畔。① 我国则遵循马克思主义关于人的全面发展的理论，确立了通过教育促进学生全面发展的教育方针，《国家中长期教育改革和发展规划纲要（2010—2020年）》再次强调，人才培养是大学工作的中心。

纵观大学800多年的发展，其间虽然受到皇室、教会等各种力量的影响，但大学作为教师和学生学习共同体的本质没有变，培养人才始终是大学的首要功能。当前，随着知识经济、信息经济的快速发展以及各国综合国力竞争的日益激烈，高等教育培养各类人才的任务更加艰巨。这就要求大学充分履行职能，积极利用各种资源，积极为公民提供公平的接受高等教育的机会，合作育人。

（二）科学研究

明确赋予大学科学研究功能的思想始于德国，德国思想家、教育家如洪堡、费希特等，着手建立柏林大学等一批以科学研究为主要功能的新大学，强调通过科学研究和科学发现获得知识是大学的重要功能。英国的牛津、剑桥等世界知名大学则践行科学研究之所以是大学的重要活动，是因为它能够对教学进行及时补充和更新的理念。美国虽然继承了德国大学的模式，形成若干研究型大学，但依然保留了以科学研究促进人才培养的传统。我国在20世纪90年代提出建设世界一流大学的目标，启动"211工程"和"985工程"，投入大量的人力、物力、财力，许多大学的学科建设、师资队伍、科学研究、基础条件都得到极大改善，缩小了与世界一流大学之间的差距。

但同时，我们必须看到：第一，技术发明和科学研究是大学的重要功能，但这一功能不能脱离人才培养而独立存在。正如英国著名教育学家纽曼所指出的："如果大学的主要职能是从事科学研究，那为什么还要有学生呢？"大学和一般科研机构、企业等的根本区别就在于，大学的首要功能是教书育人

---

① 张陈，崔延强. 现代大学的基本功能：人才培养、科学研究、服务社会 [N]. 人民日报：2010-12-31.

而不是科研。第二，高校科研合作既不同于企业的科研合作，也与独立科研院所的研发活动存在明显差异。之所以需要与社会多方开展合作科研，原因在于：大学科研仍然以基础研究为主，以生产公共知识的非功利性科研劳动为特征，距离科技成果转化成为现实生产力，直接推进社会科技进步方面还存在着"最后一公里"的问题，迫切需要大学进一步强化技术、资本、人才、服务等创新资源的深度融合与优化配置；大学担任着科学研究和人才培养的双重使命，培养适合社会需要的人才需要多方参与；学科分化、综合与交叉的发展趋势要求大学科研人员自由流动、频繁交流、自由组合，甚至需要企业、地方政府、国家乃至境外科研力量的参与。

（三）服务社会

从 19 世纪中期到 20 世纪中期，美国通过《莫里尔法案》及赠地运动为大学增加了农业学院、工程学院、家政学院、企业管理学院等类型，极大地促进了大学与社会的融合。① 我国真正意义上的大学从 19 世纪末诞生之初，就肩负着挽救民族危亡的重要使命。100 多年来，服务国家、造福社会一直是我国大学的重要功能。但也要看到：第一，大学不同于企业，它服务社会的方式是间接的而不是直接的，服务社会的功能主要通过人才培养和科学研究来实现。第二，服务社会不等于一味满足社会需求，大学还肩负着社会批评的功能。在实践中，应将二者结合起来，要争取多方合作，实现校校、校地、校企等多种形式的合作服务以更好地发挥大学服务社会、引领社会的功能。

教学、科研、服务社会等职能因系统外力的牵引作用而有各自向外发生位移的趋势。伯顿·克拉克将科研与教学的这种分离关系描述为两种力量之间的纷争：一种是来自科研活动的力量具有把科研从教学和学习赶走的趋势，称为"科研漂移"；另一种是来自教学授权的某些推力要求教学撤离科研，即"教学漂移"，似乎科研和教学两方面都有要求从它们的连结体中撤离的动力。

---

① 张陈，崔延强. 现代大学的基本功能：人才培养、科学研究、服务社会［N］. 人民日报：2010-12-31.

同时，科学研究越来越成为大学尤其是研究型大学直接服务社会的主要形式，成为大学——产业——政府这一外部系统"三螺旋结构"的重要力量。

前面三大职能的判断是目前世界范围内对高等教育功能与作用的经典表述。大学在诞生之日起，就承担着文化使命，只是与其他职能比起来，认识还不充分。作为一个国家、地区经济社会发展的主要支撑和软实力的基础，大学通过明德和求善来承担其文化使命。它的基础是道德、核心是价值、纽带是知识、高度是思想、创新是扬弃、融合是交流，正是这些决定了大学在承担该项职能时需要包容、开放和融合，而非形单影只的单方面劳动。

不论三大职能之外的社会职能是否已经成为真正意义上的大学社会职能，也不论对这些职能的分析是出于应然还是实然的考虑，核心问题在于现代社会对大学的要求更具多样性和复杂性，导致大学职能的多元化和大学承担社会责任的多样化，这些职能的拓展都不约而同地指向大学系统运行的"内适性"和"外适性"的统一，指向大学朝着"合作"方向的内在需求，因为大学走出象牙塔，走进社会是大学自身发展的需要，更是大学职能多样化和丰富性的直接表现。

三、地方大学发展的现实需求是"五合作"办学思想发展的外在推动

首先，地方大学加快推进创新驱动战略步伐需要多维合作理念。当前，世界科技发展呈指数函数增长，创新周期缩短，科技发展向极限化逼近，实施创新驱动发展战略，抢占未来经济科技发展先机是大势所趋。地方高校要在"破除一切制约创新的思想障碍和制度藩篱，激发全社会创新活力和创造潜能，提升劳动、信息、知识、技术、管理、资本的效率和效益，强化科技同经济对接、创新成果同产业对接、创新项目同现实生产力对接、研发人员创新劳动同其利益收入对接"①方面发挥优势，就必须要融合多元主体，吸纳

---

① 中共中央、国务院关于深化体制机制改革加快实施创新驱动发展战略的若干意见[EB/OL]. http：//www.gov.cn/gongbao/content/2015/content_2843767.htm.

各种创新资源的交叉融汇,形成优势互补、配合协作、联合推进的创新驱动格局,要打破体制机制壁垒,实现大协同,充分发挥自身学科综合交叉、智力密集、学术交流广泛的优势,在服务产业、企业、地方政府和国家中,探索全方位、立体化、多渠道的合作模式,释放知识、技术、人才、信息资源的潜力,综合利用校内校外两种资源,提升创新能力,缩小与国际高水平大学的差距,在竞争中赢得主动权和竞争力。

其次,地方大学承担服务地方经济的历史新使命需要寻求多方合作。建设创新型国家,建设人力资源强国,全面建成小康社会,办人民满意的高等教育,高校职能的有效担当就显得尤为重要。在新常态下,地方高校适应经济发展方式转变,适应经济结构调整,不断深化综合改革,扎实走内涵式发展道路,发挥高等教育作为科技第一生产力和人才第一资源重要结合点,培养社会主义合格建设者和可靠接班人是首要任务。走出校园、走进社会,积极开展合作成为高校主动迎接新挑战,破解新困境的迫切需要。更深层次看,地方高校的人才培养、科学研究、社会服务、文化传承创新不是低层次的,必须要有引领经济社会发展的胆识、魄力和能力;高校的自身的定位不能简单停留在高校内部,要将高校置身于经济社会发展的主战场,置身于改革开放的大局中,从国家战略需求的高度考虑自身的使命,承担起应有的职责;更关键的在于跳出高校自身的框框,以开放的视野、合作的姿态实现高校职能的担当。

最后,地方高校在新时期下更需要用合作的思维来实现统筹和共享办学资源。由于历史的原因,我国高等教育采取的是中央和省级两级管理、省部共建的管理模式,地方高校受地区财力限制,在教育经费投入上相对较为短缺。加上政策的局限性,使得地方在重点学科、重点实验室等建设上滞后,国家级高水平科研平台较少,高层次人才引进困难等系列问题频出。在这种情况下,地方高校只有密切与外界各方的合作,聚集地方需求、对接产业技术,对自身的教育资源,包括人才、学科、科研的投入,包括基本建设经费、教学科研设备等进行统筹,引进外部资源加强合作,取长补短,追求互利共赢、合作共享，克服恶性竞争，从竞争走向合作，从独占走向共享，推进地方高校可持续发展，增强创新和服务能力。

第二节 地方大学"五合作"办学思想的运行机制

从大学职能和地方大学发展特色而言，合作是地方大学发展的必由之路，是地方大学未来特色办学的立足之本，是实现地方大学科学发展与提高核心竞争力的必由之路。但是作为地方大学如何"合作"？"五合作"思维如何在现实社会和大学发展中得到运行，其运行中需要如何选择合作对象、如何规制实现路径，以及如何将"五合作"发展进一步维护发展？这是本节需要探讨的问题。

一、高校"五合作"办学思想的选择机制

选择适当的合作伙伴是成功实施"五合作"办学的关键。一个成功的"五合作"办学案例，必须依赖参与方群策群力、彼此信任，以及相互学习，最终实现互惠共赢。因此，对潜在的合作方要做全方位的定性和定量的评价分析，坚持以互补性、协同性以及兼容性等原则进行筛选。应紧紧把握以下几个方面：是否有助于共同需求驱动，是否有共同认知达成，是否有共同责任承当，是否有共同利益分享。

（一）共同需求驱动

"需求"的驱动是个人和社会发展前进的动力。人类的需求总体上可以分为两类：私人需求和公共需求。私人需求具有满足个体利益或少数人利益的特点，利益指向内在的主体的需求，企业属于私人需求的主体，以获得利润为自己发展的动力。公共需求则是满足众多个体组成的集合体的需要所产生的需求，利益指向集合体的共同需求，同时满足个体的需求，具有利他性[①]。

[①] 刘京焕. 公共需求研究[M]. 北京：中国财政经济出版社，2000：17.

合作办学的相关主体从需求来看，都具有交叉部分。高校作为满足该公共需求的主体，其办学属于满足学生求知需求、企业用人需求以及社会发展需求。政府，按照委托—代理理论的观点，政府是整个委托—代理关系链条中的中介，其既是社会的代理人，又是社会的委托人，因此，政府是以满足社会发展需求为本位。① 政府与学校主体之间除了有自己的需求外，存在"共同需求"；企业合作的成本、收益决定企业的合作意愿，其需求在于能否从合作中获得利益满足企业的需要——获得满意的人才，减低人力资源开发成本，获得高校的技术支持和培训服务等，扩大自身的社会影响和产品的市场占有率等，显然与高校办学存在需求的交叉点；自身之外的其他高校，这种既是竞争对手又是合作伙伴的关系决定了在开放办学理念的大背景下，为了扩大办学资源，对接社会发展和高等教育发展的客观要求，选择合适的合作伙伴进行合作办学不失为明智的选择等等。

总之，"共同需求"是"五合作"办学选择的原动力，是相关利益主体长效合作行为的前提条件。

（二）达成共同认知

共同需求的存在是客观的，对其的认识需要一个从客观到主观认识的过程。按照信息论的观点，认知即信息加工的过程。政府、企业、科研机构、其他相关院校等主体对"五合作"办学的"认知"，是指合作办学相关主体对高等教育的认识和定性的过程。具体来说，"共同需求"是高校"五合作"办学实践的动因，存在于大学与大学之间、大学与科研院所之间、大学与企业之间以及大学与地方政府之间等等，践行"五合作"办学，相关利益者从意识到客观的"共同需求"，到主观上的"共同的认知"，既要对自身的条件有明确认识，也必须要了解对方的情况，还要能清楚地认识和估计与合作目的之间的差距，才能最后达成认识上的"行动意向的一致"。"无论行动者之间是否具有共同利益，只要在它们在主观上就某项行动达成了一致的意向就能

---

① 张康之，张乾友. 共同体的进化 [M]. 北京：中国社会科学出版社，2012：198.

开展共同行动。反之,即使它们之间存在着共同利益,如果缺乏一致意向,也无法开展共同行动。"① 显然,行动意向的一致是共同行动的必要条件,只有相关合作主体达成共同认识后才有可能实现整合资源,共赢发展。

认知差距主要是用来描述相关利益体之间资源的异质性。高校与企业、与科研院所、与地方政府沿着不同的路径,用不同的方式来理解和评价世界,实现自身的发展,甚至高校之间也存在着差异。必须承认,合作方之间的发展势差是客观存在的,这种势差的性质决定了合作方之间的关系的博弈,相互信任的建立,共同认知的达成是各方在付出与取得之间做出的平衡选择。

(三)承担共同责任

各相关合作主体达成行动意向的一致,并不意味着他们会进行共同的行动,还需要各相关合作主体共同承担相应的责任。在合作中,常常因为各主体"泄力"而导致问题频出。管理主体上,管理僵化,政策不到位,权责不清;学校主体上,自主性匮乏,内驱力不足;企业主体上,收益度不高,"搭便车"现象严重,科研机构积极性不高,合作名存实亡等等。因此,高等学校作为"公共品"其职责主要是通过高质量人才培养来服务学生和服务社会,这就需要学校积极主动与社会外界加强联系,挖掘合作潜力,不断地与各合作主体平等协商,达成共同行动。

共同责任需要共同制度保障。共同的制度安排体现了"五合作"办学实践契约的形式。合作方都具有独立的法人地位,彼此任何一方都不隶属于他方,而共同的制度安排是"五合作"办学实践运转的基础。由各具独立法人地位的各合作方组成的系统是松散的,为实现"共同需求",应确保各方优势互补能力的发挥,确认各方的权、责、利,就必须有对合作内容明确界定,设计合理科学的治理结构,通过制度安排保护合作伙伴的利益,促使"五合作"办学稳定发展。同时,设计科学的激励和惩罚机制,确保合作方各司其职,共同责任的承担,实现顺利合作。

---

① 张康之,张乾友. 共同体的进化 [M]. 北京:中国社会科学出版社,2012:198.

(四) 分享共同利益

各相关主体基于不同的利益诉求而参与到"五合作"办学中来，因此，根据各相关主体参与程度和贡献程度，应建立有效的利益分享机制。利益分享机制是基于利益分享经济观而进行的制度设计，根据参与"五合作"办学主体的贡献率以获得相应的收益，具有激励和约束的功能。通过利益共享机制能使积极参与的各相关主体获得相应的收益，保障了合作的持续性。

二、高校"五合作"办学思想的实践机制

合作方式实现机制是基于合作各方的合作需求，即"共同需求"，立足各方实际，涉及合作内容的选定、合作组织模式的选择、合作途径的确定等等而建立稳定互动关系。如合作组织模式上，前面已经论述的高校牵头的协同创新中心、以海峡创业育成中心为代表的高校产学研用结合模式、高校科技教园区和"6·18"虚拟研究等形式，至于要采取哪种组织模式，除了受到种种时代特征、国家发展战略等因素影响外，最主要的是必须根据具体的情况来定。地方大学高校"五合作"办学实践，是基于实践中的发展"瓶颈"和那些影响其性质的"远距离关系"的再审视后的运作。

(一) 合作对象实现：从单一到多元

这里的高校"五合作"办学多样化具有以下几个层面的含义：第一是指办学合作方的多元，除了国家办学外，即是各地方高校在财政支持下自主办学，还可以实现高校与企业或政府的合作办学（如福建农林大学安溪茶学院，是与安溪县政府合作，以茶产业办学思路进行的合作办学），高校与企业合作办学设立二级学院，高校与国外、境外合作办学等等的多元合作主体。第二，合作内容的多样化，除了在合作办学、合作科研、合作服务、合作育人、合作发展框架中的宏观合作外，在合作模式上也应是根据具体实践，不断进行创新的过程，使得"五合作"成为一个不断完善的动态体系，唯一的衡量标准是能够促进"共同需求"的实现。第三，合作途径上既可以是个人合作，也可以是团队合作；合作方式上，既可以是战略合作、项目合作、课题合作，也可以是长期合作或者短期合作；在合作协同度上可以是紧密合作也可以是松散合作。

（二）合作路径实现：从冲突到协调

随着改革开放进一步深入，经济转型和产业结构调整进入攻坚期，高校"五合作"办学是基于应对这些新形势而形成的"共同需求"的战略考量。合作各方既存异质性，彼此有矛盾，又需要"共生"发展。政府从宏观的社会大局出发，着眼于社会经济的长远发展和社会和谐治理，包括对经济转型及产业结构调整、教育政策的宏观调控等等；科研院所与高校作为公共部门，既依赖政府的支持，又要适应市场的需求；企业以追求盈利为目的，着眼于现实利益；在合作中的冲突尤为明显。一定程度的不一致、内部分歧和外部争论，恰恰是与最终将群体联结在一起的因素有着有机的联系。[①] 作为高校的核心职能——培养各级人才，人才培养规格需求要与社会趋势一致，要与市场，特别是企业需求相对接。这就迫切需要高校加强办学自主性的同时，主动加强与社会的联系，建立合作关系，各司其职，形成合力。而这种从冲突到协调是一种理性的制度安排，是一种约束机制的构建。正是这种合作实践机制的生成，明确了各合作方的权、责、利，才能为共同行动奠定基础。

（三）合作方式实现：从被动到自觉行动

受到历史传统文化、时代特征等多种因素综合影响的高等教育，其发展离不开公众的集体认同，积极的"公众舆论"是整合资源，发展高等教育的重要前提。因此，促进公众对高校"五合作"办学的集体认同就显得尤为迫切。首先，高校本身需要注重内涵发展，实现从规模扩张发展阶段过渡到优化结构，提升质量，从而更好地发挥高校职能，特别是在地方社会经济建设的主战场中发挥排头兵的作用。其次，各合作方要打破封闭式发展的道路，要积极利用已有的存量资源，提高存量资源的利用效率，同时促进新增资源

---

① ［美］L. 科塞. 社会冲突的功能［M］. 孙立平，等译. 北京：华夏出版社，1989：17.

的整合，实现资源的优化配置与共赢。再者，从全球化视角来看，高素质人才在促进经济社会发展中的作用越来越重要，不但是高校发展的重要目标之一，也是科研院所、企业甚至地方经济发展的核心推动力量，各方要在新一轮的发展中抢占高地，合作办学、合作育人、合作科研、合作服务，最终实现合作发展。因此推进公众对高校"五合作"办学的集体认同，意味着要从被动的适应形势需求转到全民共识和自觉行动。

三、高校"五合作"办学思想的维护机制

高校"五合作"办学的合作伙伴选择机制、合作实践机制很重要，设计和建立有效的合作维护机制也同样不容忽视，维护机制包括信任机制、协调机制和奖惩机制，只有维护机制的充分实现才可能保证选择机制和合作实践的顺利进行。

（一）信任机制

信任机制是一种有效加强各合作方成员之间及时的信息沟通和交流，并在程序公平和平等对话的基础上，确保合理公平的进行资源共享和利益分配的机制。信任机制是高校"五合作"办学得以实践产生和发展的前提。根据具体情况，设计合理的信任机制是合作成员间互利互惠、确保"五合作"办学稳定发展的保障。

建立高校内有效的信息沟通机制。高校中的信息与信息交流对于信任是极为重要的，如何在高校中实现良性的、积极的信息沟通成为构建信任体系中首先要解决的问题。实现积极的信息沟通主要通过以下三方面来实现。一要加强双向沟通。不论是高校组织内部还是外部，沟通都必须是双向的。存在沟通反馈的双向沟通能够提高沟通内容的接收率，活跃沟通的气氛。沟通反馈是对整个沟通过程形成控制的有效手段，通过沟通反馈，沟通主体能了解沟通的状况，并对下一次的沟通做好准备。二要选择恰当的沟通方式、沟通工具。不同的沟通方式、沟通工具具有不同的特点，也会产生不同的效果。高校组织内外部的感情交流、言语传播等经常采用口头沟通的方式；而组织

内或组织之间传达文件或通知等一些重要、需要备案的信息经常采用书面沟通的方式。单独采用口头沟通或书面沟通都不会产生最佳的沟通效果，多数情况下要同时使用这两种方式，要经常在社会发布新闻，及时与社会沟通，同时在高校内举行各种座谈会和情况通报会，加强媒体和网络宣传。三要建立和健全信息工作队伍。既有专职的也有业余的，形成网络化，使高校管理人员能够及时了解师生的信息。

健全制度建设机制，提高高校组织及组织成员的可信任度，高校组织的可信任度是高校组织值得社会、家长、学生及其他高校组织信任的程度。提高高校组织的可信任度要从提高高校的教育能力信任、教育管理制度信任、教育道德信任和教育发展信任入手。高校教育能力信任是指社会、家长、学生对于高校教育水平与教育绩效的积极自信的期待。高校的教育能力包括教育教学的定位能力、选择能力、建构能力、组织能力、创新能力、管理能力和保障能力。高校教育管理制度信任是指以教师群体为代表，以学生群体为主体，对学校管理制度的认同，从而产生内在激励性。内容包括制度建设的科学性、民主性、激励性、公正性。高校教育道德信任是指以教师群体为代表，以学生群体为主体，弥漫于校园、传达于社区的高校全体成员道德品行在社会上的良睦认同。其内容包括为人之德、为师之德、为生之德、学习之德、创造之德、生活之德等。高校教育发展信任是指人们对于高校发展潜能、发展优势、发展方向、发展速度以及发展效能的认同。

（二）协调机制

互信是"五合作"办学各成员合作成功和稳定发展的关键因素，而创造信任的有效手段就是各合作方有效的交流和沟通。协调机制是"五合作"办学的必要条件。包括协调与合作体外部环境的关系，增强合作的适应性和创新力；协调合作主体之间的关系，增强合作形成"合力"；协调合作体内外部、各自内部人际关系，增强凝聚力和驱动力等等。深度合作办学协调机制是为了解决合作过程中出现的各种冲突和矛盾，充分调动合作双方各自系统内部的积极性与创造性，完成产学研合作任务。

协调组织机制主要包括引导机制以及调节协同机制。引导机制主要是指我国各级政府积极号召促进校企合作办学和推动产业创新,制定相关的法律法规、政策规划来进行指引产学研合作朝着正确的方向发展。调节协同机制是为了平衡、疏通高校和企业这两个不同组织体系的个体直接的合作关系,扫清价值观念和合作理念方面的差异,解决校企深度合作办学过程中不断出现的各类问题,减少和避免高校和企业之间的各种冲突,畅通合作双方的互动沟通渠道,调整产学研前进方向,加强合作组织的内部调节和内部管理,最终实现校企合作办学的目标。

(三) 奖惩机制

科学有效的奖惩机制,可以增加合作体的利益,可以激发各合作方的积极主动精神,还可以增强内部的凝聚力。奖惩机制的设计不但要坚持科学的原则,还要做到在有根有据的基础上,实现奖惩方式的多样化。建立合理的奖惩制度,形成有效的激励机制可以调动广大教师的积极性。如建立教学常规化目标考核奖惩制度、教学成效奖惩制度、绩效管理工资考核奖惩制度、突出贡献奖励制度、科研开发奖励制度等,逐步形成比较完善的奖惩激励制度体系。建立奖惩激励制度体系必须有很强的可操作性、适应性和可接受性,并做好三个结合:第一,结合上级部门对学校的教学目标要求和学校发展的总目标;第二,结合院系、教研室和任课教师完成教学目标的总体效果;第三,结合本校财力和政府支持。建立奖惩机制,把教师的工作成绩与教师工资待遇、晋升、进修和荣誉直接联系起来。坚持定期考评,对执行教学常规好、完成教学科研任务比较突出的院系、教研室、任课教师给予奖励;对执行教学常规差、没有完成教学科研目标的院系、教研室、任课教师给予惩处。

奖惩激励制度体系必须多管齐下,物质、精神手段综合使用。制订奖惩激励制度要切合学校和院系实际,如物质奖励主要满足教师生活、工作急需的要求,精神奖励是物质条件达到一定水平后或财力不足时急需调动广大教师的积极性所采用的方法。由于奖惩激励是对教师工作表现的直接反映,在奖惩中要做到不同的奖惩应有不同的要求和标准,奖惩标准应统一、合理,评比的规则、程序应严密、科学，竞争机制应公平、公正、平等、客观。在奖惩的形式上，既要体现奖惩项目的多样性，又体现物质、精神相结合的原则。在调动广大教师积极性方面，运用奖罚激励的方法和策略是多样的。了解教师的需求，并真正满足他们自我发展的需求，注重"自主管理"和人性化，尽可能给教师员工创造良好的工作、生活和发展环境，通过合理运用奖罚激励策略，艺术性地激扬所有员工的士气，达到员工、学校、社会共赢，这才是运用奖罚激励机制的较高境界。建立责任制，加强工作的监督、检查，建立科学评估体系，并顶住各种压力，做到领导干部和教师一个样，量化考核，认真执行，就会取得预期的效果，达到调动广大教师积极性的目的。

第三节　地方大学 "五合作" 办学思想的制度创新

制度创新的实质就是在一定的制度环境下，创新主体为了获得更大的潜在利润而设计并实施的一项新的制度安排。制度创新的过程本质上是制度的供求状态由均衡到不均衡，再由不均衡到均衡的过程。① 制度创新的本质在于用一种能产生更有效率和效益的制度代替原来的制度，与此同时，不可忽略的是，基于制度创新成本的存在，一项制度变革是否能称为创新关键在于该制度是否能带来更高的效益。高校"五合作"办学思想所蕴含的制度创新主要体现在非正式制度创新和正式制度创新两个方面。

一、非正式制度创新

非正式制度，又称非正式约束、非正式规则，是指人们在长期社会交往过程中逐步形成，并得到社会认可的约定成俗、共同恪守的行为准则，包括

---

① 何自力. 比较制度经济学 [M]. 天津：南开大学出版社，2003：294.

价值信念、风俗习惯、文化传统、道德伦理、意识形态等。① 高校"五合作"办学思想中非正式制度创新主要体现在激发合作共同愿景的构建,即上文提及的"共同认知"。其作用主要表现在:一是如果合作双方缺乏共同的愿景,一方对另外一方的行为判断就很难形成稳定的预期,自然就无法达成对合作预期效果的合理认知,最终影响对合作行为的积极选择;二是当新的信息与各合作方主观预期发生冲突时,共同愿景可以修正、调试甚至缓解原制度下的认知带来的不适应和不稳定;三是共同愿景强调的是各合作方的异质性,并在此基础上对合作利益的相关信息做出自己的解读,形成各合作方自己独特的见解,以便各合作方进行比较、交流、互补和整合,实现思维的互补和智慧的碰撞。

我们认为"五合作"办学理念通过把以人为本、以生为本的理念贯穿到办学的全过程,并通过合作对象选择、合作实践的推行和合作维护制度的保障把"以人为本、以生为本"的理念传递到社会各界中。"以人为本"是把人作为社会的主体和中心,充分肯定人在社会中的地位和作用,把人作为思考和行动的出发点和落脚点,不仅主张人是发展的根本目的,回答了为什么发展、发展"为了谁"的问题;而且主张人是发展的根本动力,回答了怎样发展、发展"依靠谁"的问题。它摒弃传统的把人作为工具和手段的物本主义倾向,在社会发展中以满足人的需要、提升人的素质、实现人的全面发展为终极目标。② 自古以来,教育就存在着个人价值与社会价值冲突和选择的问题,但教育应以人为本,实现人的发展。作为高等教育实施主体的高校,最重要的任务就是要培养出满足时代发展所需的人才。尽管现代社会的快速发展赋予高校培养高素质人才、科学研究和服务社会、文化传承之外的其他职能,但其核心的职能永远是培养人才,即培养符合经济社会发展的各级各类

---

① 百度百科. 非正式制度 [EB/OL]. http://baike.baidu.com/link? url=MGmRjENz3X2_rHiTvUgNh10ipO98eViX-AyNDwGqLtEZHgMwp5kdD9ZRu3PS6Y2W1TU65XblDRCqBFO1p1ndh_2013.05.02.

② 李抒望. 解读新的发展观 [J]. 中共石家庄市委党校学报,2004 (1).

人才，为学生个体的全面发展和整体素质提高服务。高校"五合作"办学也一样要以此为核心。对社会来说，人是社会发展的根本动因和动力，是人的活动创造了社会的历史。只有人的目的达成了，才有社会的可持续发展，企业也同理。在高校"五合作"办学中折射的以人为本、以生为本理念，简单地说，就是合作是为了怎么样的发展，发展是依靠谁和发展为了谁的问题。

所以，培育共同愿景，形成共同认知，对形成各合作方成员普遍认同的行为规范有重要的意义。上述提及的合作伙伴选择机制就是为了实现共同培育愿景。除此之外，合作目标的制订、构建双向学习的渠道、拓展深度会谈的沟通模式等等都是为了更好地达成"合作共识"，减少合作过程中的障碍性因素，最大程度地提升合作的空间。

二、正式制度创新

正式制度，指的是一些成文的规定，包括中央和地方的法律、法规，包括企事业部门的规则制度。高校"五合作"办学思想下的制度创新体现在从科层管理走向共享管理。科层管理以组织的结构为立足点：明确的工作任务和职责，并按照等级高低安排这些工作，通过上下级报告机制和控制关系组成的命令链建立起问责制度。① 该制度下人们是否需要与他人合作就显得不那么重要，个人完全可以在预期的未来完成自己的个人目标。而基于合作理念的"共享管理"强调的是促进各类知识的交流与共享以实现创新。

高校"五合作"办学思想正是基于"共同需求"，在各合作方信息、技术、资金等方面的传递、分享、交流的共享管理，实现共同愿景。高校"五合作"共同需求建立在服务经济的需求上，高校依托自身的优势与特色，走产学研相结合之路，服务社会是现代高等教育的本质规律要求。"五合作"办学实践更是对这个规律的进一步拓展。一方面，高校的职能实现要依托区域

---

① [英]安东尼·史密斯，弗兰克·韦伯斯特. 后现代大学来临？[M]. 侯定凯，赵叶珠，译. 北京：北京大学出版社，2010：148.

经济发展，才能整合资源，培育出符合现代经济社会发展需要的人才；另外一方面，只有打破封闭式办学理念，避免经院式的就教育谈教育的套路，才能整合校内外乃至国内外优质教育资源，在人力资源开发、加速科技成果向现实生产力转化、大学科技园建设等方面深化发展，拓展自身的社会服务功能，既增强学校自身办学活力，又提高社会服务水平。信息化时代，大学正逐步走进经济社会的中心，高校应主动承担起推动地方经济发展的责任，在经济建设的主战场发挥更大更重要的作用。

"五合作"办学思想下的共享管理，在实践中表现为要建立有利于共享的评价和激励机制，确立促进各合作方隐性优势的共享机制，要营造合作的制度环境，最重要的是建立自由流动与高度合作的弹性化组织模式制度。地方大学"五合作"共享管理需要建立在各方对于引领社会的理念基础上，共同主动愿意引领社会发展，而不是被动服务社会，这是高校"五合作"办学表现出强大的生命力与影响力重要因素之一。美国"硅谷现象"和英国"剑桥奇迹"是高校贴近技术创新的主战场，为经济社会发展服务的最好注解。高校为经济社会发展提供坚实的人才、智力支撑，实现与经济社会发展的和谐互动，逐步"成为社会知识工业的神经中枢"，成为社会发展中新的经济增长源和强大牵引力。高校"五合作"办学实践对社会的引领功能，还体现在大学应成为人们的精神家园。在知识经济的现代社会，变化成为一种常态，面对多元化的社会价值冲撞，迫切需要大学对社会变化做出前瞻性快速反应，对社会做出理性审视，对社会文化进行价值定向，扮演引导社会发展的牵引性动力系统的角色，才能守护人类的精神家园。同时，科学、民主、创新的大学精神理念，开放、平等、自由的学术氛围，不断激励着新思想、新学术的产生，引领文化，成为了社会文化发展的中心。

总的来说，高校"五合作"办学思想还在不断完善中。它是个不断发展的系统，随着实践的深入，其所蕴含的制度创新也在不断增加。"五合作"办学思想是知识与社会的双向建构。探讨大学与知识的社会建构，所要解决的根本问题包括知识与社会之间、大学与人之间、思想与存在之间错综复杂的关系。① 大学应关注知识内在的"育人价值"还是外在的"工具价值"？是知识的存在状态的"内循环"还是带有应用目的的"外循环"等？一直以来都是理论界争论的焦点。"五合作"办学思想是知识理性与社会理性的高度统一，在坚持高校主体地位的基础上，注重知识的内在育人价值，追求高深知识的内在逻辑统一性，同时强调知识应该为解决实际生活问题服务，以促进社会发展而研究、探求知识，实现知识"自为"与"他为"的存在于大学中，即应开阔视野，脱离大学从更高的高度看待大学的发展，综合利用各种资源，构建知识与社会的双向通道，实现与外界合作办学、合作育人、合作科研、合作服务和合作发展。

---

① ［美］帕特丽夏·J. 加姆波特. 大学与知识：重构智力城 [J]. 李春萍，译. 北京大学教育评论，2004（10）.

第二章　模式创新：合作办学

在计划经济时期，我国高等学校办学格局形成了以下模式：政府包揽办学，既统筹过多，又管得过死；国家政府部门和地方政府条块分割，分别办学、分别管理。这种办学模式是在新中国社会主义建设初期建立的高度集中的计划经济体制下形成和发展起来的，在历史上曾发挥过积极作用。但是，随着我国社会主义市场经济体制的建立，高等教育体制方面存在的政府统管过多、过死，条块分割办学，资源配置不合理，教育布局结构不协调等问题；高等学校规模小、效益差，缺乏应有的活力等弊端越来越突出，严重制约了我国高等教育的发展。

改革开放以来，与经济体制改革相适应，国家积极稳妥地推进办学体制改革，改变了单一的政府包揽办学的体制，逐步形成了以政府办学为主体、公办学校和民办学校共同发展的格局。

福州大学早在 20 世纪 80 年代初就开始进行与煤炭部、电力部合作办学的有益探索。20 世纪 90 年代初，全国各地已经不同程度地对高等教育的办学体制、投资体制、管理体制、招生和毕业生就业制度、学校内部管理体制、高等教育结构布局等方面进行了有益的改革探索。为了改变过去计划经济体制下形成的国务院业务（行业）主管部门和地方（省级）分别办学、分别直接管理高等学校（"条""块"分割）的局面，北京、上海、广州、武汉等城市的一批高等学校先后在 20 世纪 80 年代末 90 年代初进行了与企业、科研院所合作办学的改革尝试。

1994年国务院颁发《中国教育改革发展纲要》实施意见指出，要"逐步改变高等学校条块分割、小而全的状况，优化高等教育的结构与布局，提高办学效益。中央各部门所属高等学校要扩大服务面向和经费来源渠道，加强与地方政府、企业及社会各界的合作与联系，改变单一的办学模式和单一的经费来源状况，增强学校适应社会多方面需求的能力"。北京、上海、广东、四川等省市积极探索，创造了"共建、合并、联合、协作、调整（后为划转）"的改革经验。[①]

至此，我国高等教育办学体制、管理体制改革在实践中已取得实质性进展。20世纪末中国提出建设世界一流大学的发展目标，我国高等教育经历了规模扩招、大众化的进程，高等教育布局和结构进一步调整，办学模式的改革和发展日益活跃和明显。

第一节 大学内部管理机制问题和原因分析

大学作为一种学术性组织，离不开管理。大学管理是大学组织的内在需要，管理的最终目的是为了更好地完成大学的使命。改革开放以来，随着市场经济的发展和管理理念的变化，我国的高校内部管理体制改革成果显著，但是由于在内部管理的深层次问题上缺乏突破性思维，高校内部管理体制改革依然存在着很多问题，严重影响着大学办学活力。

普遍意义上的大学内部管理体制涉及两方面：一是大学内部组织结构，包括组织结构的设计、职能的变动及各组织机构间职责、权限、隶属关系的划分与界定等；二是大学内部组织运行规则的界定，组织运行规则应组织结构的变动而变动，在组织结构不变的情况下，表现为组织规章制度的建立。

---

① 顾正萍. 适应与选择——我国高校办学模式趋同的分析与思考［D］. 上海：复旦大学硕士学位论文，2010.

人们通常把组织的运行规则称之为"机制",相应地把组织结构称之为"体制"。①

《国家中长期教育改革和发展规划纲要(2010—2020年)》明确提出:要"完善中国特色现代大学制度、完善治理结构、适应中国国情和时代要求,建设依法办学、自主管理、民主监督、社会参与的现代学校制度,构建政府、学校、社会之间新型关系"。

大学内部管理机制是在现代大学制度基础上进一步完善,形成新型的内部管理机制,探索大学内部治理结构改革已成为高等教育可持续发展的必然选择。联系当前高等教育实际,大学内部治理存在的问题与未来走向,成为引人深思和高等教育必须面对与回答的问题。

一、内部管理理念滞后

(一)目标及战略规划缺乏可持续性

从当前我国大学内部管理体制改革的主要内容及进程来看,各个大学之间表现出高度的同一性。大学内部管理体制改革在一定程度上打破了制约大学发展的种种障碍,使大学更适应市场经济的发展,激发了大学的活力,但是大学尚未表现出一个法人实体所应有的作为,政府也未把大学看作一个独立的法人实体。这就导致大学缺乏自主发展意识。

大多数大学都有目标与规划,如办成一流大学等的目标及几年计划、规划等。但是,许多大学的目标和规划存在以下问题:一方面所出台的目标和规划缺乏深入调研,大学间同质性过高,结合地方特色不够明显;另一方面缺乏对可持续性的规划,目标和规划要落到实处,就必须有相应的体制机制与之配套,从而保证大学发展的可持续性。

所谓"百年树人",大学的发展效果不可能立竿见影,需要长期的投入、

---

① 李桂红. 我国大学内部管理体制改革的问题与对策 [J]. 理工高教研究, 2004, (02).

积累和建设。而作为大学的目标和规划，能否得到强有力的支持和长期的政策支撑，往往与政府的政策密切相关，由此需要考量所设计目标和规划的可持续性。

（二）缺乏主动服务区域经济社会发展的意识

美国经济学家舒尔茨的人力资本理论表明，大学与经济社会发展的关系越来越密切。一方面，经济发展需求影响并赋予大学新的特征；另一方面，大学在促进经济发展的过程中也实现着自身的发展。大学与外部社会的紧密关系往往通过产学研用一体化的方式展开，从而促成了大学与工业企业、产业以及产业集群的深度融合，逐步实现大学与外部社会在资源、信息、人才等诸方面的良性互动，"大学已经成为社会的服务站"，同时，社会为大学提供强大的支持。

但是，受传统办学体制的影响，我国地方高校仍然存在封闭办学的惯性。一些高校领导担心实施合作办学会分散精力，冲击学校正常的教学秩序，会影响人才培养质量和干扰学校重大科研项目的进行。一些教师、研究人员仍然习惯于将自我封闭在"象牙塔"内，在自己熟悉的研究领域进行知识传授、从事研究工作，没有深入考虑人才培养、科研成果对当地社会的进步、经济的发展起到的实际作用，忽视了自己培养的学生的社会适应性以及科研成果实际的应用价值，导致人才培养难以满足社会需求，研究成果与区域经济社会发展关联度不高，出现与区域经济社会发展相脱节的现象。

（三）缺乏市场竞争、合作和危机意识

在当前高校内部管理体制中，行政化管理色彩浓厚，在高等学校的管理和运行中普遍存在以行政权力为主导、以"官本位"为价值取向、以政府意志和行政级别决定办学资源分配等的倾向。大学无论是作为为社会培养专门人才的教育机构，还是进行文化传承和创新的学术研究机构，都不应以行政权力为主导。

应当说，行政管理是高校系统运行所必需的，但行政化却是万万要不得的。行政化的弊端在于行政权力过多干预了学术权力，大学没有以教师、学

生以及学术研究为核心来运作,而是出现了行政权力中心化的越位和错位,表现为以下三个方面。

一是行政管理职能扩大。对院系内部事务,特别是学术问题管理过多,过于死板,一手包办了许多本来应该由院系自主决定的事务,并且为管理而管理,对是否有利于增强院系的办学活力,是否有利于院系发展考虑甚少,限制了院系的自主性和创造力。二是行政管理部门集权化。管理者掌握一定的权力本无可厚非,但必须用科学、民主的方法来制定决策。将权力集中在少数人手中,忽略大多数人的意见,不但导致行政权力滥用,做出的决定往往也不合实际。三是行政管理途径单一。普遍采用行政命令的管理办法,其他手段如公共决策等都被抛弃,严重影响高校自身管理制度的完善。四是管理架构基本是政府管理模式的翻版。高校内部只有构建充满活力,有效运营的组织体制,才能保证高校日常工作的有序进行并为高校发展提供足够动力。但我国目前部分高校管理者不能够以科学的理念做指导,看不到发展的前景,导致日常工作缺乏应有的独立性与自主性。①

二、内部管理体制僵化

受计划经济时代的高等教育管理体制的影响,高校在外部管理方面呈现"条块分割"的特征,在内部管理方面形成了封闭办学的特征,办学模式弊端日益凸显。在高校的外部管理方面,高校一般直接隶属于中央或省级教育主管部门,与地方政府没有直接隶属关系。高校直接受上级教育主管部门的领导与指导,在经费投入、政策扶持、考核评比等方面对其主管部门有很强的依赖性,高校与企业、科研院所、地方政府等的利益关联度不强。在高校内部管理方面,高校教学管理、科研管理、经费筹措机制没有真正与市场经济接轨,也没有在横向上与地方社会接轨,形成了自我封闭的办学模式,不利

---

① 张功员. 高校内部管理"去行政化"改革思路探讨[J]. 河南社会科学,2013(1).

于开放合作办学。

（一）教学管理体制制约

专业课程守旧，在传统课程体系和教学设置模式下，纵向来看，单一学科知识结构完整，衔接紧密，符合教学规律。但横向来看，各学科教学内容之间，互相没有关联性，各讲各的内容与实例，自成体系，缺乏系统性。专业整体的教学计划并没有整体宏观的控制。传统模式下培养的学生书本知识多，实践经验少，教学内容与工作任务脱节，学生到企业后短期内无法独立开展工作，还需要企业开展岗前培训，增加了企业的负担。

（二）科学研究体制制约

高校现有科学研究开放度不够，高校学科、专业设置，科研组织和管理方式，人才培养模式等与经济发展和企业需求结合不够紧密。在科研评价体制方面，不少高校还没有真正建立面向应用的考评机制，影响了科技人员服务企业、服务社会的积极性。科技转移体系也存在制约，目前高校知识产权归属、成果转化利益分配政策还不到位，对科技人员的激励效应不够显著，一定程度上束缚了产学研合作走向深入。

（三）经费筹措体系制约

大学经费筹措体制的形成既有其历史因素，也与社会经济体制有着密切的关系。在知识经济时代，经费筹措对于大学的生存与发展的重要性更加突出。世界各国大学经费来源有着不同的渠道，形成了不同的筹资体制。有以美国世界一流大学为代表的多元化筹资体制，有以政府拨款为主体，多渠道筹资并行的欧洲一流大学融资体制等等。我国高等教育投资体制多元化改革只是进行了从无到有的结构性突破，但是与之相适应的调节机制并没有真正建立起来。[①]

目前，高校经费来源还是依赖政府单一性的拨款和学费收入；企业、社

---

① 张继华. 美国高等教育经费筹措经验及我国高等教育筹资体制的完善[J]. 河北师范大学学报（教育科学版），2008（12）.

会团体或国际组织等对高等教育的投资渠道不畅、捐资积极性不高，整体投资比例过小；高校通过科研服务社会争取办学资金的空间狭小、竞争性不强。由此，政府投入和多元筹措渠道的有限性制约了地方高校办学层次和办学水平的提升。

第二节 合作办学：大学内部管理机制创新路径选择

在市场经济条件下，我国以公有制为主体、多种经济成分并存的格局已经形成，原有单一的办学模式已经不能满足社会多种所有制企业对高级专门人才的需求；特别是1998年以来，高等教育规模快速扩张，原来的办学模式也无力满足高等教育大众化的客观需求，国家财力也不可能支撑全部高等教育体系的建设和发展。随着市场经济体制改革的深入，大学日益走入社会中心，市场竞争意识和法则逐步渗透到高等教育领域。在大学组织面临发展资源稀缺的今天，大学与外部社会之间的互惠合作对于大学本身来说显得越来越重要。适应社会经济发展需要，推行合作办学，改革高校办学模式，既是建设现代大学制度的重要内容，又是大学内部管理机制的创新路径。

一、合作办学是实现现代大学制度的重要方式

建设现代大学制度，就是顺应现代社会发展要求，在政府的宏观调控下，面向社会依法自主办学、实施民主管理、全面落实大学作为法人实体和办学主体所应具有的权利和责任相统一的管理制度，反映了大学与政府和社会关系的治理模式、制度规范和行为准则。其内涵包括两个基本维度：第一个维度是关于大学的体制设计，涉及大学与政府的关系、大学与社会的关系、大学与大学的关系等；第二个维度是关于大学内部机制安排，主要表现为大学的内部治理结构。①

---

① 张密丹. 现代大学制度是高教改革的关键［N］. 光明日报，2011-7-11.

在现代大学制度视域下，大学自主办学是需要有社会参与和社会监督的，大学要建立起社会参与、社会合作制度，同时还强调行业、企业和学校的合作办学。合作办学让企业、事业及科研单位介入学校办学和管理，打破了原来学校各自封闭办学的状况，从"象牙塔"走入社会，是实现现代大学制度的重要方式之一。

（一）合作办学加强了大学和社会的关系

正确处理大学和社会关系是现代大学制度的重要内涵。合作办学直接服务于地方经济社会发展，进一步加强了高校与区域经济社会的联系。在合作办学过程中，地方高校把学科和专业建设与地方经济社会发展结合起来，带动地方经济的支柱产业发展，培育地方新的经济增长点，形成院校发展与地方发展的紧密联系。高校立足地方，利用自身所处的地缘优势，把学科和专业建设与区域经济结构、产业结构结合起来，瞄准区域经济社会发展重点，进一步凝练学科和专业方向，大力发展与区域主导产业、支柱产业和新兴产业密切相关的应用学科和专业，进一步突出学科和专业的地方特色，为地方经济社会服务。同时，地方政府在制定产业发展规划和发展地方产业的过程中也要充分考虑引导和培育地方高校的优势与特色，使之更好地服务地方经济社会发展。开展合作办学，高校能进一步明晰培养为地方服务的人才，为地方经济发展提供持续稳定的人才资源。地方政府能与高校共同创造有利条件，引导和鼓励更多的优秀毕业生面向地方就业，让更多的优秀人才投身到地方经济社会发展中来。①

（二）合作办学加强了地方高校与政府的联系

加强政产学研结合是合作办学的重要组成部分，也是实现现代大学制度的重要方式。政产学研合作能充分发挥高校的智库作用，让高校成为地方政府重大决策的智囊团。地方高校是一个区域知识积累、创造与传播的主体。

---

① 何银海，张勇. 校地合作共建视野中政府与高校的角色定位研究［J］. 中国高教研究，2009（9）.

合作办学打破了高校与地方的壁垒，积极利用自己的人才、学科等资源优势，主动围绕地方政府的重要决策、关注的社会热点焦点问题、中长期发展战略及地方传统产业升级、企业发展战略等重大问题，组织相关人员，开展地方经济社会发展重大理论和实践问题的研究。尤其针对地方区域经济发展、产业结构优化与升级、高新技术产业发展以及城市化、资源综合利用和经济社会可持续发展等重大课题和难题，做全面深入的战略研究，为地方政府的重大决策提供重要信息和智力支持等等。

（三）合作办学加强了高校与地方行业企业的联系

美国著名学者亨利·埃兹科维茨于 1995 年提出三螺旋模式①，即改变以往大学、企业和政府之间双螺旋模式，通过政府协调监督企业和大学的运作，大学为企业和政府培养具有专业知识的人才发挥影响力，企业则借助市场发挥其品牌优势和经济效益促进政府和大学的发展。Motohashi K. 等研究表明，校企合作对提高小企业的生产力起到常重要的作用。② Gulbrandsen M. 等调查发现大学教授产业基金与研究成果正相关。③ 除了发表学术著作，他们也更注重发表更多的企业研究成果。地方高校在政府搭建合作平台的基础上以产学研一体化的形式与企业开展合作，将高校的技术实力转化成现实生产力。本着优势互补和合作共赢的原则，高校与地方企业、产业和行业协会共同建立"技术入股，联合攻关，成果共享，风险共担"的产学研战略联盟，围绕企业核心技术进行长期的合作研究。高校以地方优势产业和特色产业发展为导向，瞄准原始性科技创新，努力取得一些突破，推动地方相关产业的发展壮大，为地方经济社会发展提供"原动力"。地方高校还可以通过与企业合作兴办科技产业，建设集开发研究、成果孵化和规模生产为一体的高科技

---

① ［美］亨利·埃兹科维茨．［荷］劳伊特·雷特斯多夫．大学与全球知识经济［M］．夏道源，等译．南昌：江西教育出版社，1999．

② Motohashi K, Yun X. *China's Innovation System Reform and Growing Industry and Science Linkages* [J]. Discussion Papers, 2005, 36 (8).

③ Gulbrandsen M, Smeby J C. *Industry funding and university professors' research performance* [J]. Research Policy, 2005, 34 (6).

产业基地，重点孵化高新技术企业，努力建设科技成果转化的大平台，探索高新技术企业孵化的新渠道，形成高校优势资源与企业和市场对接的新机制，推动区域经济发展。

二、合作办学模式提升了地方大学内部管理机制的活力

建立符合提高办学水平与效益要求的现代大学内部管理机制，进一步激发办学活力，提升高等教育质量，培养更多高素质人才，不仅是构建现代大学制度的基本内涵，也是大学适应高等教育发展运行规律和深化大学内部管理机制改革的目标所在。

20世纪90年代末，我国的高校教育由精英教育阶段走向大众化阶段，为我国社会主义现代化建设培养了大批高端人才。与此同时，我国的高校教育也显示出了一些弊端，表现为教学模式单一、教育经费不足、科研条件欠缺、学生创新能力不足。高校通过与国（境）外大学、企事业单位等合作，共同培育专门人才，共建实验室、基地，争取到社会在资金、设备方面的支持，也培养出大批应用型高级人才，实现由传统的封闭式教学向产、学、研共同发展及学校与企业互利共赢转变，极大激活了大学内部管理机制的活力。

（一）合作办学突破传统封闭式人才培养模式

传统人才培养的主要方式是高校自主培养，很少去考虑社会需求，专业的设置往往落后于社会经济发展的需要。学校缺乏对学生进行针对性的培养，学生毕业后很难进入企业，企业认为学校学生的培养和企业没有任何关系，以至于很多的企业把学生到企业去实习看成企业的负担，不愿意接收学生到企业去实习。通过合作办学，学校和企业变成了利益共同体，企业参与高校人才培养方案的制订和招生过程；学校根据企业的需要确定招生计划和学生培养方案，培养出来的学生能够直接进入企业；同时学校的教师可以到企业挂职锻炼，参与生产过程的操作、管理和设计，改变了原来传统的教学方法，将课堂教学与科研实践相结合，提高了教师的专业水平和实践水平；同时，将科研实践成果反哺到课堂教学活动中，极大地提高教学的生动性和实践性，

有助于培养创新型人才。

福州大学闽台人才培养合作项目试点采取"3＋1"的培养模式（即本科四年中在福州大学学习3年，赴台湾地区相关合作高校学习1年，通常在第三学年赴台学校），尝试多元化的学习实践，培养高素质的应用型海洋人才。2012年，福州大学海洋学院结合福建省产业布局，以海洋工程及海洋科学领域人才的培养为重点，相继开设了近海工程、海洋工程装备设计制造、海洋生物等7个专业，现有学生1200多名。同时，与台湾铭传大学、台湾东吴大学、台湾海洋大学、台湾师范大学等多所台湾高校及亚新等6家台企合作。在联合制订专业人才培养方案，联合组建教学团队，联合开展专业、课程、教材等教学资源库建设和实训基地建设上，大陆高校、台湾高校、台资企业三方人才培养的融合正逐渐成为现实。为了让学生适应台湾的学习生活，福州大学海洋学院从大一开始，就在课程安排上充分考虑两岸教学的衔接问题，进行两岸教师"1＋1"联合授课的探索。例如，2013级生物技术专业开设的专业课"微生物学"，就由福州大学林娟老师与台湾海洋大学曾惠中老师共同承担教学任务。

（二）合作办学创新科研管理模式

现代大学教育应充分发挥其人才、智力优势，承担知识创新、科技创新以及加速科技成果转化的任务，直接参与科技和经济领域的创新活动。合作办学是地方高校参与区域创新活动的重要途径。教师投身于与企业合作的科技活动中，这样，不仅可以促使教师加快创造出科技成果，提高他们的科学研究能力，而且为他们的科技成果市场化找到了良好的途径。

成立于2006年的福建农林大学海峡研究院，作为两岸农业学术交流、技术合作和人才培训的专门平台，推动着闽台农业的深入发展。研究院的主要职能包括组织两岸专家学者开展合作研究和交流；建立"海峡论坛"，每年定期举办海峡两岸专家学者参加的学术研讨会；开展两岸农业、科技、经济等方面的交流和合作，促进闽台合作发展；研究在福建建立台湾农业示范区的布局、项目、规模，创建具有龙头带动作用的大型台湾农业示范园区；组织加强两岸农业人才培训和技能交流，将有助于促进和推动闽台农业优势互补、共同发展，为两岸农业界专家学者、研究人员提供科研交流平台，成为提升闽台两地农业合作水平的"催化剂"。

（三）合作办学创新资源管理模式

在合作办学中，国（境）外大学带来的先进教育理念、管理模式和规则，地方高校具有自己的办学优势、人才优势、专业优势和科研优势；行业企业、事业单位具有产业优势、资源优势、市场优势，校企合作能够充分利用学校和企业的资源，实现资源的整合。比如，在科研合作方面，大学及科研机构承担企业工程项目及引进技术、引进设备的消化、吸收、创新改造任务；企业提供资金、设备等的支持。在合作育人方面，地方高校根据企业的需求培养学生，从而培养出企业和社会急需要的高技能、高素质人才。

闽江学院爱恩国际学院经过十多年的发展，在整体运营、管理职能设置、课程设置、成绩和学籍管理等方面都有所创新。学院整体运营是事业单位采取企业化运作，而资产国有又有利于保证教育机构的公益性和无私性，企业化运作则有利于提高管理效率和质量。设置管理职能时，学院有传统的部门和系别，执行日常教学运行和管理职能，又专设各部门的质量监督职能以健全教学质量监控的标准和体系。经过科学论证和研讨，对本科教学方案进行了调整，增设了部分语言课程，这既保障了原教学方案中专业课程的承接和权重关系，又尊重事实，能帮助学生克服使用第二语言学习专业课程的语言障碍。学生成绩管理方面，每门课程的考核包括出勤、作业、期中和期末四部分。作业成绩主要通过学生小组合作、实践调查、企划作业等实地操作获得，锻炼了学生组织策划和交流合作的能力；期中考试在中期检查了教学效果，既便于教师调整教学方式，也促使学生反省学习中的成败。通过这样不间断地努力探索，逐渐搭建起了能结合中外教学体制优势的管理架构。

第三节　合作办学模式的成效和推广

合作办学的产生和快速发展，对推进我国教育改革和对外开放，满足广大人民的教育需求，整合学校与境外高校、产业企业及地方政府的优质资源，改善现有的办学条件，提高师资队伍水平，形成多渠道、多模式发展教育的办学形式起到了积极的推动作用。同时通过合作办学，在搭建地方高校和境外高校、产业企业和地方政府的交流平台，促进地方高校教育的国际化、区域化，推动我国高等教育的深化改革方面也发挥了重要作用。按合作主体的不同，合作办学模式主要有中外合作模式、校企合作模式、校地合作模式。此外，还有一些具有地方特色的合作办学模式，如闽台合作办学。

一、合作办学的基本模式

（一）中外合作办学

目前所称的中外合作办学一般是指国家鼓励的在高等教育、职业教育领域开展的中外合作办学。中外合作办学是我国近年发展起来的一种办学形式，是在借鉴西方发达国家的跨国办学经验，引进国外先进的办学模式、先进的管理经验等基础上而发展起来的一种合作办学形式。目前，已成为我国跨境教育的主要表现形式以及对外交流与合作的重要途径，与我国公立高等教育、民办高等教育共同组成了我国高等教育的新格局。

改革开放以来，为适应时代发展对人才的需求，我国高等教育开始加快了国际化的步伐，由最初的主要以输送留学生到西方教育发达国家学习，发展到鼓励国内教育机构与国外教育机构进行合作办学，即中外合作办学。2003年教育部颁布的《中华人民共和国中外合作办学条例》指出：中外合作办学是中国教育事业的组成部分，确立了中外合作办学在高等教育中的地位和作用。同时，《2003—2007年教育振兴行动计划》中明确提出，要进一步扩大教育对外开放，推进教育国际合作与交流向全方位、多领域、高层次发展。2010年《国家中长期教育改革和发展规划纲要（2010—2020年）》对中外合作办学加强了总体规划，提出了明确要求，进一步推动了教育对外开放的广度和深度，标志着中外合作办学站在了一个新的历史起点上，进入了一个新的发展时期。目前，中外合作办学已经成为我国教育进行国际交流与合作的一种重要途径，成为我国高等教育国际化的主要表现形式之一。随着中外合作办学的快速发展，中外合作办学对满足广大人民群众多样化的教育需求、引进优质的教育资源、促进我国高等教育走向世界产生了积极作用和深远的影响。①

福建农林大学在 2003 年就与国外高水平大学进行了富有成效的合作办学探索。与加拿大戴尔豪斯大学（Dalhousie University）农学院联合，从 2003 年至今已经连续 10 多年招生，经教育部评估复核，项目运行时间到 2027 年。戴尔豪斯大学是北美地区知名的综合性大学，在加拿大排名 14 位，拥有 102 个本科专业，尤以农业、医学专业和学科出名。从 2011 年秋季开始，圣文森山大学（Mount Saint Vincet University，简称 MSVU）加入联合办学项目，构成三方合作办学模式，学生出国留学专业在原有的农学类专业的基础上，增加了管理学等门类的专业，进一步拓宽了学生的专业选择面。从 2013 年开始，教育部核准了福建农林大学与加拿大新不列颠哥伦比亚大学（University of British Columbia，简称 UBC）合作的生态学（自然资源管理）专业项目。加拿大 UBC 项目是福建农林大学中外合作办学的成功典范，是福建农林大学中加合作本科办学项目，实行"3＋2"培养模式。加拿大新不列颠哥伦比亚大学（UBC）全球最新排名第 20 位，拥有 200 个本科专业，尤以森林学、自然资源保护专业和学科而知名。以福建农林大学生态学专业为基础，充分利用福建农林大学和加拿大新不列颠哥伦比亚大学自然资源管理专业的优质课程与教育资源，通过创新教学理念，拓宽基础知识，强化英语训练，实行双校园、跨专业培养模式，培养掌握扎实基础理论知识和专业技能的国际化高级人才。该项目学生在福建农林大学学习三年后，在英语达到加方的入学标准的情况下，可申请赴加拿大新不列颠哥伦比亚大学学习。获准进入该校学习后，完成自然资源管理专业的学习。毕业生可获得后两年所选择专业的学

---

① 刘丽. 高等学校中外合作办学运行机制研究［D］. 成都：电子科技大学硕士学位论文，2011.

位和毕业证书（出国学生获得加拿大方文凭后，可申请该校入学注册专业的文凭），并在相关专业继续深造或就业。

（二）校企合作办学

立足地方经济发展，培养服务地方经济建设生产、管理等一线的高级应用型人才是地方高校创新办学模式的根本出发点。校企合作模式一般被认为是学校和企业两个不同主体在人才培养、科技开发以及技术服务等方面的合作互动，是一种利用学校和行业、企业不同的教育资源与教育环境，校企双向互动，优势互补，紧密合作，以培养应用型人才为主要目的教育模式。校企合作办学可以实现理论与实践、科学技术与生产实际相结合，双方相互促进，互惠互利。学校得到企业的资助、贷款、奖教学金等，并为学生创造良好的实习条件，提高学生的工作实践能力，增加了就业机会；而企业得到高校的人才支持和科技支持，提高了人力资源水平和经济效益。

国外的校企合作教育已形成了成熟的理论体系，并在实践中起到了积极的指导作用，发达国家能取得今天的经济建设成就与其推行校企合作有密不可分的联系。目前，大学与行业企业，大学与研究机构形成了有特色的合作教育模式。如德国的"双元制"、北美的能力基础教育模式、新加坡的教学工厂以及加拿大滑铁卢大学半工半读的合作教育模式等等，这些都是以行业标准和职业能力为要求，培养大学人才。我国合作教育起步虽然在20世纪80年代末，经历了引入、实质性探索和有计划、有组织的试点发展阶段。十年多来，尤其是自2009年中国产学研合作教育峰会后，掀起了一轮校企合作的热潮，合作模式也日渐丰富。

福州大学在办学过程中积极探索校企合作办学模式，形成了独特的"紫金模式"。紫金矿业集团股份有限公司是国内著名、国际知名、世界500强的大型国有控股黄金矿业企业，近年来发展迅速，对高级矿业人才有着非常急切的需求。福州大学自提出建设"创业型东南强校"的战略目标以来，就积极开展创业教育，对于培养具有扎实理论和较高实践能力的人才有着极为迫切的要求。基于共同的战略目标，双方很快达成共识，于2007年3月，双方共同签订合作办学协议，创办福州大学紫金矿业学院。几年来，这所学院走出了一条校企合作办学的新路子，创立了独特的"紫金模式"，即"由企业支持办学建设、由企业参与办学过程、由企业检验办学成效"的模式，打造校企深度合作教育联盟，双方联合成立理事会、共同制订并实施专业人才培养方案、联合建设实践教学基地、着力打造"双师型"教师队伍、改革创新毕业实践环节，在校企合作培养人才方面创立了一种全新的工程教育模式。在探索校企合作办学实践中，福州大学不断创新合作办学模式，着力培养服务于区域和国家战略性新兴产业的高素质人才，先后与福建省交通运输（控股）有限责任公司共同创办福州大学八方物流学院，培养高层次的物流人才；与新大陆集团合作成立了全国首家校企物联网学院——福州大学新大陆物联网学院，为物联网产业培养创新人才。

（三）校地合作办学

校地合作指的是院校与所处区域或其他区域范围内的地方政府的合作，其目的是正确处理地方高校发展与市场、地方的关系，为地方高校赢得更大的生存和发展空间，实现高校与地方政府"双赢"。《国家中长期教育改革和发展规划纲要（2010—2020年）》提出，高校要牢固树立主动为社会服务意识，推进产学研用结合。积极开展校地合作，以服务求发展，以贡献求支持，是地方高校应牢固树立的办学理念。当前，高等教育已从社会经济发展的边缘走向中心，与地方经济社会的相互结合、相互关联、相互促进达到空前的程度。一方面，政府高度重视对高等教育社会地位和作用的认识，强化政府职能，统筹规划地方高等教育，努力建立与地方经济社会发展相适应的高等教育系统，提升高校服务地方的能力。另一方面，地方高校也充分认识到地方经济社会发展是高等教育发展的动因和条件，加强与地方的合作和交流，自觉承担起服务地方经济社会的重大责任，实现高等教育与地方经济社会的互动双赢。高校开展人才培养、科学研究最终目的是为了更好地将人才、科技、智力、文化等优势转化为现实生产力，服务于地方经济社会发展。高校只有密切与地方的合作，才能寻找到自己新的发展空间，提高自己的竞争优势，增强办学特色。树立服务型教育理念，提高地方高校服务能力和水平，开展多方位、多层次的校地合作，是实现地方高校办学职能和提升区域教育竞争力的战略选择，也是地方高校内涵发展的应有之义。①

福州大学牢牢把握服务国家和区域经济社会发展的使命，积极开展校地合作。特别是实施高水平大学建设以来，学校加大学科的调整和整合力度，布局了一批面向国家和区域主导产业的应用学科和工程学科。近年来，发展石油化工工业是福建省确定的三大战略性支柱产业之一，石油化工专业人才旺盛需求与人才短缺的矛盾日益突出，石油化工产业的技术创新和产业升级亟须地方高等院校提供人才支撑和智力支持。为此，福州大学以石油化工产业发展需求为导向，与泉州市泉港区政府（泉港石油化工在福建省石油化工占据龙头地位）积极开展合作办学。2012 年 11 月，泉港区人民政府与福州大学、福建石油化工集团公司正式签订协议，共同创办福州大学石油化工学院，培养适应石油化工产业发展需求的技术型人才。在创办过程中，福州大学石油化工学院将在泉港校区通过与地方政府、石油化工大型企业等单位联合设立研究院，对石油化工企业生产过程中存在的问题开展研究工作，跟踪研究石油化工产业发展的前沿技术。并以此为契机，进一步创建石油化工研究院，联合中国石油大学共同组建协同创新联盟，共同争取国家和福建省的支持，以期推动产学研用有机结合，促进石油化工工业技术创新产业升级。2015 年 11 月，福州大学进一步推动校地合作办学，与泉州晋江市人民政府签约共建福州大学晋江教科园，根据区域经济社会发展和产业转型升级的需求，突出教学与实践、科研与产业紧密结合的办学特色，创新校地合作办学、协同育人、协同创新的新机制，为晋江经济社会的发展提供强有力的人才支持，为晋江产业结构调整，经济发展方式转变提供新一轮的技术支持。

福建农林大学在校地合作办学方面也进行了积极有效的探索。福建农林

---

① 陈·巴特尔，陈益林. 校地合作定位与区域教育竞争力提升策略研究［J］. 成人教育，2011（4）.

大学在涉茶科研、涉茶人才培养方面有较强的优势，而安溪作为中国乌龙茶铁观音之乡，茶产业的发展需要强劲的专业人才和技术支撑。2009年，福建农林大学与安溪县合作创建福建农林大学安溪茶学院，作为福建省高等教育办学模式改革试点。福建农林大学安溪茶学院隶属福建农林大学二级学院，总投入5亿多元，占地1200亩，建筑面积25万平方米，社会各界在政策、资金、教学条件上给予充分支持。该学院以本科教学为主体，向上招收研究生，向下延伸到高职教育，培养现代茶业发展需要的应用型、复合型人才。合作创办安溪茶学院实现了福建农林大学与茶产业的无缝对接，极大促进安溪茶产业的发展，为安溪乃至福建茶叶走向世界提供坚实的人才、技术支撑。

（四）闽台合作办学

目前，福建省内已有福建师范大学、泉州师范学院、闽江学院等27所高校，与台湾辅仁大学、中国文化大学等37所台湾地区高校以及75家在闽台资企业参与闽台高校联合人才培养项目。其中，闽江学院最早于2009年推出闽台高校分段对接联合培养人才项目，采取本科生"3＋1"方式，即学生在大陆学校学习三年，到台湾地区合作院校进行为期一年的学习。闽江学院开展分段对接联合培养人才项目的本科院校，为此专门成立了海峡学院。

闽江学院海峡学院目前承担着福建省"校校企"闽台联合培养人才试点项目、"闽台高校师生双向交流"教育改革试点项目的建设任务，是福建省委省政府坚决贯彻《国务院支持福建加快建设海峡西岸经济区若干意见》，充分运用福建与台湾地区地缘相近、血缘相亲、文缘相承、商缘相连、法缘相循的对台交往独特优势而开展起来的。该项目由闽江学院与台湾中国文化大学、台湾实践大学合作，通过闽台两岸高等院校优质专业合作，引进台湾高校优质课程体系、管理经验和国际化师资，培养服务于地方经济的、应用型本科高级专门人才。项目建立了台湾地区高校共同参与的工作机制，与台湾地区合作院校成立了联合管理委员会，形成紧密型两岸合作院校的长效合作机制。海峡学院现有工商管理、金融学、艺术设计（环境艺术设计）、艺术设计（服装时尚设计）、电子商务（资讯科技与管理）、保险（风险管理与保险）、国际经济与贸易、广告学（创意传媒）、财务管理、会计学等九个专业十个方向，初步形成学科体系框架。每个专业由台湾地区学校教师承担的专业课程超过了专业课程体系的三分之一，充分保证项目的优品优质。

在学校教学、科研奖励有关制度的基础上，学院建立由教学管理、学生管理、行政管理各项制度组成的制度群，完善科研配套和奖励制度，全方位加大项目的科研建设力度。2011年9月，海峡学院开始尝试引进国际化企业管理工具对学院内部管理体制及工作流程进行科学化、规范化管理，建立了KPI（关键业绩指标）体系，采用时间序列，结合党政联席会议、院务会、行政例会、教师例会等例会制度进行工作梳理，探讨本科教育内部管理体系流程再造实现的可能。作为首家闽台高校本科层面联合培养人才项目，福建省教育改革试点项目，经过多年运作，闽江学院海峡学院采取有效政策与措施，积极开展工作，取得了一定的成效，产生了良好的社会效应。

二、合作办学的特征

（一）内涵的一致性

坚持育人为本是合作办学的第一要素。高等学校无论选择哪种办学模式，都不应离开育人这个根本，不能偏离大学精神这个核心，当今社会发展不仅需要能从事基础理论研究的精英人才，更需要一大批战斗在工作第一线、综合素质高、动手能力强的复合型、应用型人才。合作办学人才培养的最大特点是重能力、重综合素质，并将提高学生的就业能力作为主要教育目标之一。

（二）办学的互益性

坚持双赢的互惠互利是保障合作办学持续发展的基础。关注双方利益，确保自己利益的同时不损害对方利益，并尽量实现对方利益的最大化，建立在双方受益基础上的合作才能长久。例如通过中外合作办学，引进海外高校先进的管理模式、办学理念以及优良的师资队伍，可以提高我国高校国际化人才培养质量。在校企合作中，高校要想扩大财力资源，为自身发展提供驱动力，需要积极投身到经济建设中，通过产学研合作的方式将新技术、新研究成果转化为科技生产力，为企业工业发展和创新提供坚实的基础和推动力，在促进企业发展的同时激活自己的资源，培养高水平的科研管理队伍，反过来给企业提供更好的服务，达到双赢的目的。

（三）模式的多样性

合作办学在促进高校科技创新、人才培养、企业产业、社会经济发展、科技经济发展方面有着重要的作用。国内合作办学经过多年的发展，在合作模式方面都获得了长足的进展，吸引了更多的高校、企业、科研所投身其中。当前，我国合作模式包括许多方面，有推进高校与地方、行业、企业合作共建，探索中央高校与地方高校合作发展机制，建设高等教育优质资源共享平台，构建高校产学研联盟长效机制；有发挥行业优势，完善体制机制，促进行业高等学校特色发展，培养高水平专门人才；有探索高水平中外合作办学模式，培养国家紧缺的国际化创新人才，建立具有区域特色的国际教育合作与交流平台，完善中外合作办学质量保障机制，提高中外合作办学水平；有加强内地高校与港澳知名高校合作办学，探索闽台高校教育合作交流新模式等等。

三、合作办学模式的成效和不足

（一）发挥合作办学主体优势，助推产业技术升级

服务区域经济社会发展是地方高校发展的使命，通过合作办学，双方优势资源互补，共赢共生。以福州大学石油化工学院为例，一方面，福州大学是福建省唯一一所省属国家"211工程"重点建设大学，学科实力雄厚，拥有化学一级学科和化学工程与技术一级学科博士授予权和硕士授予权，有16个二级学科博士点和硕士点，在人才培养层次上涵盖了从本科、硕士、博士等完整人才培养层次，能为培养高级专业人才提供有力的支撑。另一方面，泉州市泉港区创办石油化工学院也具有得天独厚优势。一是泉港区是石油化工高级人才需求和集聚的洼地，能为学生创设实践、学习的成长基地和就业空间。二是泉港区集聚了大型石油化工骨干企业，通过在大型骨干企业建立实

验室、研发中心等形式，协作开展前瞻性研究和技术攻关，形成政产学研用融合发展的技术转移模式，促进更多的技术、人才等创新要素向企业流动，形成与产业、区域经济紧密结合的成果转化机制，推动科技成果转化和产业孵化，为石油化工产业结构调整、行业技术进步提供持续的支撑和引领，有利于把泉港区打造成为石油化工产业技术创新的重要阵地。

完善地方高校学科结构，培养紧缺人才。通过校地校企合作办学，调整和完善学科专业结构。学科布局及其发展水平是高校办学特色、办学水平特别是服务社会能力的主要标志和重要体现，学科建设、专业设计是高校发展战略中的主体内容，要坚持在合作中寻找区域经济建设的需要，调整和优化学科结构布局，努力形成特色、重点和优势学科地位突显的学科体系。福州大学石油化工学院以学科建设为龙头、科学研究为支撑，推动校地合作办学，推进产学研一体化，全面提升科研水平和社会服务能力。石油化工学院本科新设立石油化工类专业，开设四个专业：化学工程与工艺专业（石油化工方向）、过程装备与控制工程（石油化工装备、化工仪表与自动化控制方向）、新能源与清洁生产、环境与安全管理。这种学科布局，填补福州大学在石油化工专业设置上的空白，促进化工专业结构更加优化，化工专业体系更加完善。另一方面，福州大学石油化工学院直接以为石油化工产业培养信念执着、品德优良、知识丰富、本领过硬的高素质专门人才和拔尖创新人才为目标，在很大程度上缓解了石油化工专业人才旺盛需求与人才短缺的矛盾。同时，联合办学又促进石油化工专业学科更好地与石油化工产业融合，突破制约高等学校创新能力提升的内部机制障碍，打破高等学校与其他创新主体间的体制壁垒，推动专业人才培养机制改革，弥补学校在双师型教师、办学资本、前沿信息、实践技术等方面的不足。通过学科交叉与融合、产学研紧密合作等途径，参与企业开展技术研发和技术攻关，营造有利于协同创新的环境氛围。

（二）增加地方高校办学的自主权和开放度

在合作办学的办学过程中，地方高校进一步更新内部管理理念，积极与国家合作教育接轨，引进先进的办学理念，突破传统办学体制束缚，加强开放办学，创新办学模式和办学机制，促进了我国高等教育的改革和发展。中外合作办学作为国家和区域高等教育国际化的一种新的办学形式，直接目的是引进学校外部优质教育资源，为区域经济社会发展培养出专业精深或具备国际视野的高质量应用型人才。它和公立高等院校、民办高等院校一起构成了我国高等教育办学主体多元化的新格局，改变了我国教育经费以政府财政拨款为主的投资体制；同时促进了政府职能的转变，改变了政府对教育的管理模式，增强了我国高等院校的办学自主权。

（三）合作办学认识偏差

近年来，合作办学在我国呈现出繁荣的景象，但仍处于起步探索阶段，因此，对合作办学认识存在一定偏差。

传统观念的影响给产学合作教育造成了诸多误区。在长期计划经济体制下形成的传统的封闭式的办学观念尚未从根本上得到扭转，企业、学校双方对产学合作的重要性认识存在偏差。合作办学对高等教育办学模式改革和创新的作用已不言而喻。但客观地讲，无论是政府、企业还是地方院校对校企合作的认识都不到位，存在着各自仅从自己的角度来认识、理解合作办学的问题，对合作办学的整体性、系统性、复杂性、长期性缺乏深刻认识，导致实际运行中存在诸多困难。

就校企合作而言，政府认为校企合作是学校与企业的事情，没有发挥政府的主导、协调作用，对校企合作缺乏有力的政策、资金支持；企业缺乏长远眼光，参与校企合作的动机不纯，把校企合作当成是获取廉价劳动力、提高企业知名度、降低企业人力资源成本的途径，在合作办学中投入的人力、物力有限，缺乏可持续性；而地方高校则对合作教育的内涵理解不够深入，仅仅将校企合作作为解决学生实习、就业的途径。把与企业签订协议，建立实习实训基地作为校企合作的主要内容，片面追求协议、实习基地的数量。没有真正吸纳企业参与到学校人才培养中来，没有充分认识到企业参与是保证合作教育质量和特色不可缺少的要素之一。为此，需要加强政府、企业、地方院校三方面对合作办学的认识，促进合作办学向深层次发展。

（四）合作办学配套机制的完善

合作办学是把高校与境外大学（教育机构）、企业、地方政府不同理念、不同领域的活动结合在一起，仅靠其内在的自发的因素是远远不够的。在发达国家或地区，政府部门或教育主管部门对产学合作教育从组织机构、制度法规等方面提供了一系列组织制度保障。如美国、加拿大等国家在发展合作教育方面均有相关的法律规定。台湾地区在发展工程及科技教育过程中，教育主管部门及高校都大力倡导和推动高校与产业企业的联系，产学合作具有政策保障。

在我国大陆，虽然有指导的方针及原则，但可操作的政策、法规和条文尚未出台，在具体实践探索中无法进行引导与调控，地方政府如何进行指导协调也未引起足够的重视。由于与产学合作相关的法律法规还很不完善，使得产学合作中遇到的许多问题无法依法行事和按章解决，往往出现"扯皮"现象，严重挫伤了合作的积极性。中外合作、校企合作之间的合作尚处于自发状态，双方的合作行为还很不规范，不利于调动合作双方的积极性。因此，应对现有的合作办学政策体系进行修正，建立相应的具有引导和调控作用的配套政策和有效机制，并在促进合作办学方面给予相应的经费支持。

四、合作办学模式的推广

（一）深化认识，充分调动积极性

共同的认知是产生积极情感和行为的基础。从政府方面来说，应充分调动地方政府、社会各界的积极性，促使地方高校加大加强与外界的联系，包括与国际的交流合作。要把合作办学的重要性、必要性提升到事关创新型国家建设的高度，完善相应政策，加大对校企合作的投入，促进合作办学的有序开展；企业应从"科学技术是第一生产力"和人力资源是第一资源的高度，深化对合作办学重要性、必要性的认识，从战略高度把合作办学作为社会培养技术骨干、解决高技能人才缺乏的重要途径，主动承担起与地方院校共同培养技能人才的责任，积极主动地与地方院校开展合作，加大对合作办学的资金、技术、设备、人力投入，促进合作办学健康发展；地方高校要从学校生存、发展和服务地方经济社会的高度，加强开放办学，主动吸纳企业、地方政府等参与到学校办学中来，深入探索合作办学的方式。

（二）完善运行机制，提供制度保障

构建合作办学的运行机制是一项系统工程。从国外产学研合作的成功经验来看，应充分发挥政府的主导作用，出台相应的法律政策，构建合作办学的保障、评价、激励等机制。

明确合作办学主体的地位、权利、义务，规定合作办学的管理协调机制。如建立健全合作办学的领导机制，加强对高校与地方、企业的合作共建的有效规划、指导、管理和监督；搭建高校与企业合作的平台，继续深入探索合作办学的有效模式，妥善解决校企合作中可能出现的一些矛盾和问题，如风险投资问题、利益分配问题、研究成果保密问题等，并进一步明确对高校与地方合作共建的途径、具体步骤、政策措施等。

构建合作办学的保障机制和激励机制，支持、鼓励、引导地方高校与企业、政府开展合作办学。通过各种利好政策，例如，通过完善税收法规，制定税收优惠政策，改善高校投资环境，引导和鼓励企业、社会团体和个人对高等教育的投入，参与高校办学，形成改革办学体制和管理方式的创新环境与氛围。对开展合作办学的企业，在政策、税收、资金等方面上应给予一定的支持。对合作办学开展得好的企业和地方高校，给予奖励，并大力宣传，促进校企合作向深层次、长期化发展。

第三章 人才培养：合作育人

第一节 现代大学人才培养的现状与问题分析

高等教育是国民教育体系中最具"生产性"的教育阶段，对国家和社会发展起着非常重要的推动作用。① 经济的发展，社会的进步，文化的传承创新，都有赖于高等教育培养的各式各类高素质的人才，因而高校办学水平和人才培养质量的高低，直接影响着高等教育的健康发展和国家建设成败。

1999年高校扩招后，我国高等教育发展迅速，2002年高等教育毛入学率就达到了15%，标志着我国高等教育进入了大众化阶段，2010年毛入学率已达到25%。高等教育大众化的发展包括量的增长和质的变化两个方面，从我国高等教育发展的进程来看，高等教育大众化的发展为提高我国国民整体素质，促进社会经济、科技和文化的发展做出了很大的贡献，但是量的迅速增长的同时也引发了高等教育在质上面的一系列的问题，主要表现为高等教育人才培养的滞后性问题和高等院校人才培养适切性的问题。

一、高等教育人才培养的滞后性问题

高校培养的人才最终是要面对市场，为市场经济建设服务的，因此，从

---

① 胡志超. 大众化、教育背景下地方高校人才培养研究 [D]. 武汉：华中师范大学硕士学位论文，2008.

这个角度来说，高校的人才培养必须准确把握市场需求，按社会需求来培养人才，但现实是，高校的人才培养与社会实际需求之间存在相当大的差距，明显滞后于市场需求，主要表现在以下几个方面。

（一）人才培养生产周期与产业生产周期的客观矛盾

人才培养有其特定规律，是一个长期的过程，本科生从招生录取到最后毕业，一般要经过四年到五年的时间，而产业的生产周期短，在这四五年时间内，科学技术是一直向前快速发展的，科技的发展必然会引起产业结构、经济结构和市场需求的调整和变化，也会引起人才需求的调整和变化。因此，人才培养生产周期与产业生产周期客观存在矛盾问题，一成不变地按四五年前制定的专业及培养方案培养人才，肯定适应不了四五年后社会经济发展的需求。

（二）高校教育资源滞后于人才培养需要

我国高校的办学和发展建设主要依靠中央、地方财政拨款，社会捐助和学校自筹，对于地方高校，中央财政投入较少，主要依靠地方政府投入。长期以来国家财政对高等教育投入明显不足，如2008年国家财政高等教育经费占GDP的比例为0.64%，远低于发达国家或地区平均水平（1.27%），明显低于世界平均水平（0.97%）。① 另外由于办学体制方面的原因，社会投资捐资办学或赞助高校的比例太少，加上近年来很多高校花大力气负债进行新校区建设，银行贷款还本付息的压力让高校疲于应付。因此，高校特别是地方高校办学经费严重不足，造成高校的教学仪器设备无法及时更新换代，教室、实验室等教学用房数量不够充足，生师比偏高，高水平教师的引进和培养较为缓慢，整体教育资源跟不上社会发展对人才培养提出的需求。

（三）人才培养模式相对封闭

人才培养模式是学校为学生构建的知识、能力、素质结构，以及实现这种结构的方式。② 它包括以下几个要素：专业设置、培养目标、培养规格、培

---

① 张男星. 中国高等教育发展报告（2012）[M]. 北京：教育科学出版社，2013：2.
② 教育部高等教育司. 关于深化教学改革，培养适应21世纪需要的高质量人才的意见 [M]. 北京：高等教育出版社，1998：87.

养方案、培养途径等。① 从目前高校的整个人才培养过程来看，人才培养模式整体相对封闭，如人才培养目标的制订未能在充分调研的基础上根据自身专业特色和社会市场需求进行设计，培养方案的制订未能充分吸纳社会用人单位的意见，培养过程未能很好地与社会开展合作育人等。

（四）社会对人才的需求与高校学生能力培养之间存在较大的差距

科学技术进步始终是高校人才培养改革的直接推动力。知识经济时代，自然科学与人文社会科学结合日益紧密，科学技术呈多学科、跨领域态势，既高度分化，又高度综合。科技的迅猛发展，产业结构的升级调整，市场经济竞争的加剧，引发社会各行业对高素质人才的渴求，如何为社会培养知识、能力、素质协调发展的高素质人才是高校始终要面对的课题。目前，我们培养的学生实际能力与社会对人才的需求相比，存在明显的差距，社会对人才培养质量普遍反映是情商不高、专业技能和动手能力差、缺乏务实精神、对企业忠诚度低。② 关于这一点，也可从麦可思研究院在对多届大学生毕业后跟踪调查后的结论中得到印证：毕业生普遍认为专业教学中最需要改进的地方前三位是"实习和实践环节不够""课程内容不实用或陈旧""无法调动学生学习兴趣"。③

二、高等院校人才培养的适切性问题

随着高等教育大众化进程的推进，我国高等教育在量的迅速扩张的同时，出现了办学同质化的趋势，有学者将其总结为以下四种情况：办学目标定位趋同——求高；办学层次类型趋同——求全；学科专业设置趋同——求宽；

---

① 黄国勋等. 地方综合大学人才培养模式整体改革研究 [M]. 广西：广西民族出版社，2001：28.

② 贺艳红. 中国高等教育问题的理论思考与辩证分析 [D]. 南昌：江西农业大学硕士学位论文，2011.

③ 麦可思研究院. 2012年中国大学生就业报告 [M]. 北京：社会科学文献出版社，2012：162，248.

办学模式趋同——简单划一。① 这种大学办学的趋同性现象严重影响了高校人才培养的适切性。具体表现在以下几个方面。

（一）人才培养目标定位缺乏理性和针对性

经济社会的发展需要一支从基础理论研究、应用开发研究、产品和工艺设计、生产和经营管理，到操作技能熟练的多层次、多类别、多规格的高素质人才队伍，② 这就要求高等教育分层分类培养。但是，许多高校特别是地方高校缺乏理性分析和理论指导，以不断提升的阶梯性目标作为发展目标，在办学规模定位上盲目追求大而全，在类型定位上向研究型、综合型大学靠拢，在层次定位上层层攀高，专升本，本科争硕士点、博士点。人才培养目标大多脱离本校实际，普遍存在着攀比和盲从名牌大学的倾向，人才培养的特色和针对性没有彰显。这样既不利于高校发挥自身优势培养高质量人才，也在一定程度上加剧了毕业生供需结构矛盾。

（二）人才培养结构与社会需求结构严重脱节

科技进步和社会发展需要各行各业的人才，既要有从事基础研究的科研人才，又要有从事管理营销的商业人才，也需要资源勘探、环境保护等艰苦行业的人才。然而，近年来很多高校在设置新学科、新专业时，未能理性地根据自身的条件和社会的需求来设置，而是热衷于"抢市场""争地盘"，将新增专业的重点放在一些短平快的热门专业上，造成了这些专业的重复设置和资源的极大浪费。另一方面，一些高校为提高学术上的知名度，不顾自身实际情况盲目追求培养学术型人才，在办学过程中逐渐向综合性大学靠拢，在培养模式、课程体系设置和教育教学方式等各方面不顾自身条件和面临的不同社会需求而趋向统一，使原有的人才培养特色淹没在"综合性""研究型"当中。因此，无论从人才培养的层次结构和类型结构上看都与社会实际

---

① 王宾齐. 迷失在大众化进程中：中国高校趋同化原因探析［J］. 中国高教研究，2010（7）.

② 贺金玉. 地方新建本科院校协同创新与协同育人模式研究［M］. 济南：山东大学出版社，2013：127.

需求脱节，造成一方面同一种类型和同一层次的人才过剩，另一方面这种极端共性的人才培养模式缺乏特色和个性，难于适应社会对人才的更高要求。

（三）学生实践能力培养不够到位

实践教学是加深理论教学、提高知识综合运用能力的关键环节，对提高学生的综合素质，培养学生的实践能力、创新意识和创新能力具有重要作用。然而，目前高校课程教学偏重于基础知识和理论的传授，教学方法呆板，教学形式单一。多数教师、多数课程对如何提高学生实践动手能力、如何培养学生创新精神缺乏对策和措施。实践教学环节普遍存在诸多问题，极大影响了学生实践能力的培养。首先是课程体系设计及教学内容安排重理论轻实践，实践教学很多时候处于理论教学的从属地位；其次实验教学设备更新较慢，与社会需求差距较大，高质量的实习基地较为缺乏；第三，实验内容不够先进，综合性、设计性实验项目比例不高；第四，实践教学管理体系不够完善，实验资源的开放共享未普遍开展。

（四）学生创新创业能力培养明显不足

21世纪，知识和科技创新成为经济和社会发展的主导力量，我国高等教育面临科学技术的高速发展、知识发展和更新速度大大加快、大学生就业形势日益严峻的新局面，大学作为知识创新、传播和应用的主要阵地、培育创新精神和培养创新创业人才的摇篮，必须适应这种形势，积极培养能够创造和开拓新思想、新成果、新领域，对社会能够发挥重要作用的创新创业人才。然而，目前我国高等学校的教育思想、教育内容、教育方法、人才培养模式以及教学制度、人事与管理体制的改革，还很不适应我国经济、科技和社会发展的要求，特别是我国传统的人才培养模式对于创新创业人才的培养表现出相当的局限性，例如，人才培养目标和规格过于单一、专业和知识面比较狭窄、教学内容比较陈旧、实践环节薄弱、教师自身创新创业素养不够、教学制度不够灵活等。高校在整体上还没有很好形成有利于各类专门人才特别是创新创业人才培养的良好环境，使得我国高校培养的学生创新创业意识不强，创新创业能力明显不足。

三、高等院校人才毕业的就业力问题

就业能力，简称"就业力"，美国教育与就业委员会把它定义为获得和保持工作的能力。维基百科将"就业力"定义为能获得初次就业、保持就业以及在必要时获得新就业的能力。随着我国市场经济的确立与逐步完善，大学生就业逐渐向"自主择业、双向选择"转变，这样高等教育必须适应这种变革，使得培养出来的毕业生具备充分的就业力，能满足市场对人才的需求，成为国家经济建设和社会发展需要的各类人才，能够服务于社会的政治、经济、科技、文化、卫生、教育等各个领域，满足当今社会发展的需要，实现对社会的服务。然而，现阶段高校毕业生的就业力情况却不尽如人意，具体表现在以下几个方面。

（一）大学生就业观不够理性

随着高等教育大众化进程的推进，人才供求由卖方市场逐步向买方市场转变，并且在一定的区域内，已经完全转变为买方市场，大学毕业生与社会需求之间的关系由"供不应求"转为"供需平衡"，直至"供过于求"。仍有不少毕业生摆脱不掉传统观念的束缚，体现为"一步到位"和"白领意识"，希望到大城市或沿海发达城市工作。如麦可思研究院对2011届本科毕业生就业地的分布调查显示，2011届本科毕业生半年后就业区域主要集中在：泛长江三角洲区域（上海、江苏、浙江等地），占26.1%；泛渤海湾区域（北京、天津、山东、河北等地），占23.1%；泛珠江三角洲区域（广东、广西、福建等地），占21.1%。[①] 就业观念狭隘、保守，缺乏拼搏意识，期望到条件好、待遇高、工作又稳定的地方工作，即使待业也不愿意到国家需要的基层、艰苦地区行业就业。择业过程中，功利化倾向较为严重，在选择岗位时过分看中薪水和待遇等短期利益，对于在工作岗位的发展空间和个人职业生涯发展等考虑不足。

---

① 麦可思研究院. 2012年中国大学生就业报告［M］. 北京：社会科学文献出版社，2012：40.

2009年《新京报》对包括清华大学、北京大学、中国政法大学、北京工业大学、对外经贸大学等13所大专院校在内的应届毕业生开展就业情况调查，调查结果表明，事业单位是北京高校毕业生最大的择业方向。44.2%的受访学生表示毕业后的择业方向是事业单位；26.5%的学生选择国有单位；青睐外资企业的学生只有18%，而选择民企和私企的学生最少，只有11.3%。[①]

（二）大学生就业核心能力缺乏

大学生就业核心能力包括自主学习能力、创新能力、专业知识和实践能力、团队意识、合作精神与沟通能力，职业规划能力、求职能力和相关职业行业的职业素养。大学本该培养学生这些基本的就业核心能力，但是目前，我们的毕业生在这方面的能力是严重缺乏的，主要表现在以下方面。

首先，自主学习和创新能力不足。相当多的学生不具备自主学习的能力，习惯于接受已有的较成熟的知识却不善于总结归纳以及拓展新的研究领域，以至于毕业生的创新能力、思考能力较差，学生在走向工作岗位后显现后劲不足、工作缺乏创意等弱点。

其次，专业知识与实践能力的错位。大学生在拥有专业知识的同时，却不注重专业知识的运用，即较为欠缺专业技能，不能将自己所学知识与社会要求结合起来，实际应用能力不足。一些用人单位的人事负责人认为，许多学生动手能力差，到岗后企业还要花费相当的精力进行培训，不能很快开展工作，在实践方面的素质缺陷是显而易见的。

再次，团队意识、合作精神与沟通能力缺乏。一些大学生的知识、技能和工作业绩都很优秀，可以很好地完成自己的任务，但是在与人相处方面，特别是在与他人合作与沟通方面很欠缺。缺乏与他人合作与沟通的意识，过分考虑自己的得失，很少从集体利益出发，有的大学生缺乏与人沟通的基本知识和礼貌。许多学生在学校期间缺少一定程度的锻炼或参加学生活动较少，平衡能力、执行能力、领导能力没有得到一定的开发和锻炼。

---

① 应届毕业生就业调查：近八成尚无着落 [N]. 新京报，2008-11-25.

第四，职业规划能力较弱。一些大学生在校期间没有得到有效的职业指导，缺乏对就业形势的了解，缺乏对职业目前的发展与未来发展趋势的认知，在校期间不能很好地根据自身条件及今后职业发展方向设定目标和制订有效的职业发展规划，并进而有针对性地拓展各方面的能力和素质，因而到毕业时只能临时抱佛脚。

最后，求职能力欠缺。表现在主动寻求信息以及利用、分析信息的能力差，对用人单位的了解能力差；缺乏相应的心理准备和自我调节能力；表达能力较差，性格内向；由于对社会知识以及应聘岗位的相关知识缺乏了解，因而显得十分稚嫩；缺乏对应聘材料的组织，应聘、面试等技巧的掌握。

这些就业核心能力的缺乏导致毕业生在就业过程中呈现出基本工作能力不足。基本工作能力是所有工作都必须具备的能力，分为35项。来自麦可思研究院对2009—2011届大学毕业生的一项调查显示（见表3-1），连续三届本科毕业生，其毕业时基本工作能力均低于工作岗位要求的水平。2011届毕业生中其中有14项基本工作能力的满足度在80%以下，比例占40%；满足度介于80%和90%之间的基本工作能力指标有19项，占54%；仅有2项基本工作能力满足度达到90%以上。自主创业比例偏低，如2011届大学生自主创业比例仅为1.6%。①

表3-1　2011届本科毕业生的35项基本工作能力的满足度

基本工作能力的满足度*	对应的基本工作能力	比例
>90%	理解性阅读、数学解法	6%
80%~90%	有效的口头沟通、积极学习、服务他人、积极聆听、学习方法、理解他人、针对性写作、科学分析、批判性思维、指导他人、时间管理、协调安排、判断和决策、解决复杂的问题、财务管理、物资管理、绩效监督、系统评估、设备选择	54%

---

① 麦可思研究院. 2012年中国大学生就业报告[M]. 北京：社会科学文献出版社，2012：132，142.

(续表)

基本工作能力的满足度*	对应的基本工作能力	比例
<80%	谈判技能、说服他人、人力资源管理、疑难排解、质量控制分析、技术设计、新产品构思、系统分析、操作和控制、设备维护、操作监控、电脑编程、维修机器和系统、安装能力	40%

（数据来源：麦可思研究院. 2012年中国大学生就业报告，社会科学文献出版社，2012年版。）

注：基本工作能力满足度指大学生毕业时基本工作能力水平满足社会初始岗位的工作要求水平的百分比，100%为完全满足。

第二节 合作育人：地方大学人才培养的路径选择

当前，世界正处于大发展、大变革、大调整时期，全球科技、教育呈现出新的发展态势，当代科技创新模式正由传统的线性组织模式逐渐演变成为跨国别、跨区域、跨领域、跨组织的开放式合作模式。

在大学"走进社会中心"的今天，高校的人才培养活动与社会之间的联系越来越密切，在这一背景下，人才培养工作不再是学校的纯粹的"内部事物"，更不是教学系统的一家之言，而是涉及教学、科研、社会服务和文化传承创新等现代大学职能的各个方面，也必然涉及社会用人单位。高校的人才培养，是一个多主体协同联动、开放合作的过程，只有产、学、研各方面形成合力，形成相对完善的教育生态系统，才能构成完整的人才培养过程，培养的个体才能得到充分的发展，人才培养的质量才能真正适应社会发展的需要。

地方本科院校是我国高等教育的生力军，数量众多，办学具有明显的地域特色。近年来，随着社会的发展，地方大学的办学规模不断扩大，办学层次不断提高，办学特色日益彰显，在区域经济社会发展中的地位和作用日益凸显，尤其是在人才培养和科学研究上具有明显的地方特色及与区域发展上的密切联系。与此同时，高校扩招以来，地方本科院校日益面临着经费短缺和生源竞争日益激烈的压力，这些压力促使地方大学必须在积极挖掘内部潜力的同时，注重向外部借力发展，即考虑与产业部门、科研院所和国外高水平大学合作，大力变革原有的相对封闭的人才培养模式，多个部门、系统之间联动开展合作育人，充分利用社会资源为教育发展获得持续资金、物质支持，为人才培养提供更好的培育平台。

一、地方大学开展合作育人是实现现代大学人才培养模式的转型与创新

合作育人强调实践在人才培养中的重要性，弥补了传统教育模式实践活动的不足，为学生的全面发展提供了可能，满足了新形势下社会对高校人才培养质量的要求，是人才培养模式的一种转型和创新，具体表现在以下几个方面。

1. 实现了人才培养目标与社会需求的一致性。大学的首要办学宗旨是人才培养，即培养适应国家及区域经济建设和社会发展的各类生产、建设、管理和服务一线的高素质专门人才。人才培养是个系统工程，不仅需要校内各部门通力合作，更需要与企业、行业、科研院所等用人单位和社会各方面建立广泛联系与合作。合作育人模式拉近了学校和用人单位在人才使用上的距离，以人才使用的现实需要来指导人才的培养，把人才培养的过程置于人才使用的现实环境中，有效地解决了人才培养和人才使用脱节的问题，从而有助于高校根据用人单位需求，科学制订人才培养目标，有针对性地调整人才培养方案，培养真正为社会需要的高素质专门人才，实现人才培养目标与社会需求的一致性。如福州大学计算机科学与技术专业根据"卓越工程师教育培养计划""3+1"培养模式的需要，将所有课程提前到前三年完成，在前三年的课程教学中，坚持抓好教学团队和精品课程建设，提升课程教学质量，同时与企业合作开设软件质量与测试、软件工程、企业与工程管理等校企合作课程，以培养学生理论联系实际的能力。

2. 促进了高校教学改革的深入和完善。合作育人的开展，促使高校打破过去的传统模式，走出象牙塔，以培养学生的实践能力、全面素质和综合能力为重点，充分利用学校与企业、科研单位等多种不同的教育环境以及在人才培养方面的各自优势，实现学校教育与生产、科研实践的有机结合，促进了高校教学改革的深入发展：一是改革教学计划。有学者曾经做过调查，只有13.12%的单位认为高校的专业设置、课程安排与社会需求很适应，38.3%的单位认为较适应，近50%的用人单位认为学校的专业设置、课程安排与社会需求的适应性一般或不太适应。① 合作育人模式对传统的课程结构进行革新，调整理论教学与实践教学的比例，重新进行优化和组合，促进课程体系和教学内容不断更新。二是改革单纯的课堂讲授。大大促进启发式、讨论式、研究式、案例式等新的教育方法和手段的使用。三是增强了师生的实践动手能力。教师更多地参与企业、科研院所的项目研究或技术开发，提高了自身的科研实践能力，也提高了自身的教学实践水平；学生参加与专业对口的实际工作有利于巩固书本知识、掌握专业技能、增强对未来工作的适应性。

至2014年，福州大学在电力、石化、电子、信息、机械、建筑等行业和骨干企业建立了360多个实践教学基地，与84家企业单位及行业协会建立9个产学研联盟，与科研院所及企业共建52个科技合作研发平台或实验室。福建农林大学与企业科研院所合作的校外实践教学基地360多个，借用校外实习基地或科研院所研究平台培养学生，让大学生"走出去"，如到三明农业科学研究院、福建农科院果树所等科研院所去实习、实训，使大学生在参与为企业解决难题的科研过程中，科研实践能力得到极大的提高。闽江学院强调产学研结合，与福建星海通信科技有限公司、福建汇川物联网技术科技有限公司、福建省国际电子商务中心等企事业单位共建成立了多个校企合作研究机构，在闽都民俗文化研究、漆艺、纺织服装技术、城乡规划、化工涂料、

---

① 陈涛，王贤芳. 就业市场双重主体对大学生就业问题的认知比较. [J]. 理论探索. 2012（20）.

互联网开发、创业与创新等研究领域形成特色，积极服务于地方文化建设与经济社会发展。

3. 有利于学生创新思维能力的培养。合作育人为学生提供了一个"多维的教学环境"，有利于学生根据自己的实际体验，建构相应的知识结构，加深对知识的理解和运用，这本身就是一种创新能力的培养。合作育人过程中，特别是校企、校研合作育人中，学生要面对诸多的生产、营销和管理等方面的实际问题，实际问题的复杂性和丰富性有助于拓宽学生思维，培养多方位的思维能力，打破常规，另辟蹊径，推陈出新。福州大学机械制造及自动化专业与福山轴承有限公司合作，将 16 位实习生分为三大组八小组，分别在技术部、工程部、生产车间，在实习的同时，在企业项目负责人的指导下，参与生产线自动化技改等项目，而且每周至少汇报一次，由该公司总经理（北京理工大学机械工程专业硕士）率公司各部门负责人及相关技术人员参加，并且进行答辩，学生将压力转为动力，收获较大，企业也受益，实现双赢。

4. 拓宽了学生的国际视野，增强学生国际竞争能力。与国外高水平大学开展合作育人，使学生有机会接触国外优质教育资源，拓宽视野，学习先进文化，接受不同思维方式的训练。学生到境外高校交流学习，形成丰富的第二校园经历，极大地开拓了学生的眼界，增长了知识才干，提升了学生的跨文化交流和竞争能力。至 2014 年底，福州大学和福建农林大学分别选派到境内外大学交流学习的优秀学生数达 277 和 936 人；截至 2015 年 8 月，闽江学院学生赴台交流学习人数达 2300 人，闽江学院中澳联合办教育项目自 2011 年启动以来向海外输送留学生达 1000 多人。此外，校校合作育人过程中，通过"走出去，请进来"的方式，推动教师之间的学术教学交流互访，国外先进的办学理念，优质的教学资源以及灵活的教学模式，对本校教师的教学理念和教学方法的改进有极大的推动作用。

5. 大大拓展了高校的教育资源。正如前文所述，地方高校的教育资源远远落后于市场需求，落后于人才培养的需要，因此，培养社会实践创新能力强的高素质人才，仅靠校内培养是完全不够的，必须借力企业、行业、科研院所等社会主体的优质资源才能实现。企业、行业和科研机构在资金、设备和市场信息的捕捉上有着天然的优势,高校与之开展合作育人,将大大丰富高校的教育资源,拓展人才培养的长度和宽度,为人才培养提供肥沃的土壤。至 2014 年底企业与地方政府共投入 2.3112 亿元用于福州大学相关学院的办学条件建设,如前面所述的紫金矿业集团投资 1.5 亿元,建设面积达 5 万平方米的实践教学基地,福建省交通运输(控股)有限责任公司已投入 300 万元用于八方物流学院的建设等,解决了学校教学科研建设经费较为紧张的问题。福建农林大学安溪茶学院采取"政府、高校、民资"三位一体、优势互补、协作办学的模式,安溪企业认捐 5.4 亿元,安溪县政府投入 1 亿元左右,划拨 1200 亩地,目前已建面积 17.5 万平方米。闽江学院新华都商学院自 2010 年获福建新华都慈善基金会 5 亿元人民币无偿捐赠后,2015 年该基金会又再次公开承诺追加捐赠 2 亿元。

二、地方大学开展合作育人是提升高校毕业生就业力的重要模式

21 世纪是"新经济时代",经济全球化、市场一体化、资本证券化不断发展,知识经济成为主导。培养什么样的学生,怎样培养学生,已成为高等院校必须思考的最重要问题,也成为迎接知识经济时代的到来,使中国在新一轮发展中占据主动地位的战略性问题之一。大学生是国家重要的人力资源,其就业力的提升对于整个国民素质以及国家的竞争力有着关键性的影响。合作育人为大学生提供了科研、生产和管理的实践舞台,把培养人才、完成科研和生产任务、为社会创造财富统一于一个过程之中,使学生逐步接近和适应即将服务的社会环境,增强学生毕业后的岗位适应性,提升学生的综合素质,切实提高毕业生就业能力。

一方面,增强大学生的核心就业力。毕业生要想在激烈的就业市场中取得立足之地,需要全面提高自身素质和综合能力,在学好专业知识和技能的同时,要注重各种能力,包括学习能力、创新能力、合作能力、沟通能力、领导能力、执行能力等的培养。合作育人模式通过生产和科研的实践,使学生将学到的理论和实际紧密结合起来，使学生在正式走上工作岗位之前就有相当长一段时间与现实的工作岗位相接触，使大学生能够真切地了解科研、生产、管理一线的各种岗位对各类人才的真实需求，有利于大学生摒弃原有的盲目的、不现实的就业观念，调整就业心态，树立科学正确的就业观念。

同时，通过生产和科研的实践，学生学会学习，培养发现问题、探寻规律、科学解决问题的能力，提高科研创新素质；通过接触社会，在生产和科研的实际中与人打交道，学会做人、做事，培养合作和团队精神，提升平衡能力、执行能力和领导能力等多方面能力。另一方面，提升大学生的职业成熟度。当代用人单位对大学生的要求，不仅仅要有过硬的本专业知识，更要有一定的实践和有关的工作经验。和社会上的有工作经验的职业人相比，大学生拥有较系统的专业知识，这是优势所在，但另一方面，大学生的工作经验不足，职业成熟度相对较低，这是相当一部分用人单位不爱聘用应届大学生的原因之一。合作育人提供了学生提早进入社会的机会，使学生能够较早接触到实际的工作岗位，在生产、科研和管理一线的岗位上锻炼自己的基本工作能力，培养基本的职业素养。同时这种生产科研实践，促使大学生更加了解自身在知识、能力和素质方面的不足，从而有针对性地做好各种就业准备，以便参加工作后能尽快胜任岗位的要求。

福州大学的预就业模式正是遵循合作办学规律，让学生在学习中不断参与一线的实践和项目生产，不断在学习实践中提升核心就业力。紫金矿业学院资源勘查工程专业在与紫金矿业集团合作培养学生过程中，对学生的企业实践与毕业设计的安排主要基于预就业的签约意向进行。从大学二年级开始，学院即开始组织学生与企业签约预就业，结合学生预就业情况，规划安排学生的企业生产实践的毕业实习地点，原则上安排学生到签约单位，依托单位正在实施的生产项目完成毕业实习，使之提早熟悉工作区的基础地质背景与矿床类型、形成机制与成矿模型，快速进入企业技术人才角色，缩短人才的见习期。

第三节 合作育人的成效与推广

合作育人对于地方高校发展是至关重要的，但是何为合作育人？众所周知，1989年，合作教育概念就从加拿大引入我国，这一新的教育模式受到学校和企业的重视，在社会上产生了强烈的反响。在原国家教委的大力支持下，1991年4月，"中国产学合作教育协会"在上海成立，并召开第一次代表大会，会员单位84个。从1991年到1997年，全国产学合作教育协会先后召开了五次会议，就合作教育问题展开研讨，交流经验。1995年，"中国产学合作教育协会"正式更名为"中国产学研合作教育协会"，产学研合作教育这一概念正式形成。1997年11月，原国家教委办公厅发出《关于开展产学研合作教育"九五"试点的通知》，选定全国27所高等本科院校和高等专科学校为试点院校，并成立了全国产学研合作教育试点领导小组。至此，中国合作教育的探索正式纳入政府教育主管部门教育改革的总体规划当中。此后，中国的产学研合作教育在政府的引导下得到了全方位的发展，主要表现在大学、企业、科研机构积极主动寻求合作，积极探索产学研结合的多种人才培养模式。进入"十一五"以来，教育部在《国家中长期教育改革与发展规划纲要(2010—2020年)》《关于全面提高高等教育质量的若干意见》等若干文件中多次强调，要加强学校之间、校企之间、学校与科研机构之间合作以及中外合作等多种联合培养方式，形成体系开放、机制灵活、渠道互通、选择多样的人才培养体制。2010年以来教育部先后启动了卓越工程师教育培养计划、卓越医师教育培养计划、卓越法律人才培养计划等强调产学研结合的专门的人才培养举措，这是现阶段教育主管部门在工程、医学和法学领域组织开展的几种合作育人模式。

但是作为地方高校重点提出合作育人，到底和其他类型高校合作育人又有何不同？本研究提出的合作育人的概念，是对现有合作教育或产学研合作教育的一种继承和发展，是在地方大学合作育人实践基础上总结提炼的概念，在内涵上有明显的针对性，在操作上有更直接的实战性。

一、合作育人的内涵和特征

合作育人指的是高校以培养符合社会需求的高素质人才为基本目标，充分利用企业、科研机构、政府部门、行业协会以及其他高校等主体在人才培养所需的资金、设备、师资、实践环境等方面的优势，开展各种方式的合作育人，通过合作双方优质资源的联合、协作或整合、相融，形成育人合力，把以课堂传授知识为主的学校教育和解决实际问题为主的生产、科研和管理实践有机结合起来，共同服务于学生成长成才，构建开放、集成、高效合作育人机制，实现教育全面育人的根本目的。可见，这个合作育人的概念呈现出几个特点，一是合作任务更加明确。明确了合作双方的根本任务是人才培养而非其他任务，其基本目标是通过开展各种合作实现人才培养质量的提高。二是合作对象更加多元化。育人不再仅仅局限于高校，企业、科研院所、政府部门、其他高校、行业协会等社会各部门都可以作为与高校开展合作育人的对象。三是合作方式更加多样化。合作可以是在1+1两个合作主体之间进行，也可以是在1+X多个合作主体之间进行，采取多样化的合作方式：如共建实习实训基地、共建实验室、共建科技研发中心、共建大学生科技园、联合办学创办学院或专业、共同实施"预就业"培养模式、卓越工程师教育培养计划等。

和传统教育模式相比，合作育人具有开放性、合作性、实践性、综合性几大特征。

1. 开放式的人才培养模式。

合作育人模式打破了传统大学教育自我封闭和单纯在校园内部环境中对学生进行培养的单一格局，具有很强的开放性。表现在：首先，高校人才培养目标与社会需求一致，高校要根据社会经济建设的发展及企业科研院所等用人单位的需求来制订和调整培养目标。第二，高校与企业科研院所各部门共同制订培养标准和人才培养方案，参与人才培养全过程。第三，培养方式更加开放多样化。教学内容贴近社会实际或学科前沿，授课方式灵活，聘请企业、科研院所富有实践经验的工程技术或科研、管理人员为学生授课，吸纳学生进入专业导师和企业、科研院所导师的研究课题或项目开发，全面接受研究方法和开发能力的训练等；或与国外高水平大学开展合作办学，直接引进国外优秀师资、教材，传播先进的教学理念和专业知识。第四，人才培养质量接受社会用人单位的检验，合作过程中高校根据用人单位的意见和建议及时调整和完善人才培养方案，使高校培养的学生更加适应社会的需求。

2. 基于资源共建、利益共享的合作模式。

合作育人涉及不同利益目标的组织单位，是一种独特的跨组织合作模式。合作育人强调多个组织和要素的一体化深度协作，不仅要求合作主体的协同合作，而且还要求合作育人目标、组织、制度和环境等的协调与整合，从而使育人活动在更加广阔的组织空间内进行，促进育人资源的整合与流动，实现人才培养目标价值的最大化。

合作双方本着"资源共享、优势互补、责任共担、利益共享"的原则开展合作，一方面高校广泛利用社会的教育资源，通过资源共建共享的方式来弥补自身在硬件设备、师资、资金及实践实训等方面的不足，为人才培养提供更好的培育平台。另一方面，与高校共建的另一方通过合作育人，有利于促进自身组织目标和社会价值的实现，如企业以共建实验室、共建实践教学基地、共建科技研发中心等方式与高校开展密切合作，可以进一步提升企业自身的科技创新能力，同时也是塑造企业积极回馈社会良好形象，提高企业社会美誉度的一种方式。

3. 突出学生实践能力的培养。

辩证唯物主义认识论认为，人作为认识的主体，首先在于人是社会实践的主体，只有通过社会实践，人才能形成和发展自己作为主体的本质力量，从而确定自己的主体地位。实践是认识的直接来源，认识只有在实践的基础上才能发生，也只有依赖实践的推动才能发展。正如合作教育的创始人施奈德所说：要想把学生培养成为一名工程师，就得为他提供作为一名工程师的实践机会。① 合作育人模式特别是校企、校研合作突出强调对学生实践能力的培养，无论从课程体系设置、教学内容安排还是教学方法的运用上，特别强调与社会生产实际的紧密相连。它将学生置于真实的工作环境中，以一个"职业人"的身份从事生产管理工作，学会运用所学知识分析、解决实际问题，从而达到提高实践能力的目的。

4. 重视学生综合素质的提高。

人才的培养离不开社会大环境，因为它涉及知识、能力、性格各个方面的发展。合作育人与生产、科研、岗位实践相结合的显著特点，使学生走出校门深入到社会大环境中，对学生的全面发展有着十分积极的作用，是培养"全人"的有效模式。这种学习与工作相结合的目的，就是使学生在实际工作情景中教育自己，不仅达到掌握未来就业所需要的知识和工作技能的目的，还能通过生产科研和管理实际中与人沟通，与人打交道，学会做人、做事，建立良好的人际关系，起到有益于培养学生完整的世界观、人生观和价值观的作用。因此，合作育人不仅与学生学习过程中的认知、情感和创造三大活动均有联系，而且起着三者之间的平衡协调作用，它不仅能够提高学生的实践经验和就业竞争能力，而且起到提高培养学生综合素质的目的。

二、合作育人的基本模式

根据对现有文献的研究，关于合作教育或产学研合作教育的模式，由于研究角度不同，研究者对模式的划分也不尽相同。一般来说主要从开展的国家、合作主体参与的程度、教学过程结合方式这三个角度进行分类。

按国家类别。不同国家开展合作教育模式有所不同，如德国的"双元制"模式，英国的"三明治"模式，澳大利亚的"TAFE"模式，美国的"合作教育"模式，法国的"学徒培训中心"模式，日本的"官产学合作"模式，新加坡的"教学工厂"模式，丹麦的"面向项目"模式，中国的"X+Y"模

---

① 陈解放. 合作教育本质与特征浅析 [J]. 教育发展研究，1999（素质教育特辑）.

式、"预就业"模式等。

按合作双方主体参与程度。分为三种：第一种是以高校为主的合作教育模式，如在企业建立学生的校外实习实训基地，以工厂为科研基地，联合培养工程硕士、博士等；第二种是以企业为主的合作教育模式，如首都钢铁公司创办了自己的大学（首钢大学），这种方式源于企业自我发展的迫切需要和对市场竞争获胜的客观需求，在合作教育模式中较为少见；第三种是校企双方合作教育模式，主要表现为高校和产业部门（包括产业主管部门）联合创办学院、专业，以及联合建立教育、生产、科研联合体等。

按教学过程结合方式。这是研究最多的一种模式，划分的方式也不尽相同，笔者归纳了一下，主要分为：分散式工学交替模式、集中式工学结合模式、预分配模式、"面向项目"模式四种。

由于本研究提出的合作育人在内涵上对原有的合作教育和产学研合作教育有了明显的提升，因此，有必要基于这样一种新的认识，提出合作育人的基本模式。

1. 科研育人。科研机构拥有一流的学科、卓越的师资、雄厚的科研经费、丰硕的科研成果以及先进的科研平台，在研究型人才培养方面有得天独厚的条件，高校则拥有完备的人才培养体系，二者结合，可将二者的优势很好地结合起来，产生 $1+1>2$ 的良好效应。科研育人就是要以科研平台、科研项目、科研师资、科研方法深化教学改革，拓宽学校的教育资源，调动学生参与科学研究的积极性，激发学生创新研究的活力，实现高水平科学研究与高质量人才培养的相互支撑。

2. 实践育人。与合作单位共建实习实训基地，建设高质量的校内外学生实践场所，为学生理论联系实际提供校外真实的实践平台；与合作单位共同设计学生实践环节及实践学习任务，共同指导学生实习实训，结合企业实践共同指导学生完成毕业设计（论文），共同检验学生实习实训质量，提高学生的动手实践能力。

3. 创业育人。开展校企、校地合作，一是利用合作单位资源，建设校内外创业实践或孵化基地,为大学生创业提供场地支持;二是聘请社会上具有丰富创业实践经验的创业人士到校开设创业讲座或开展创业培训,或对学生的创业实践活动进行指导;三是合作设立创新创业基金,吸引企业、创投机构等社会力量对创业项目进行投资,为大学生创业提供各种有利条件,为大学生创业实践和成果孵化提供资金保障。

4. 环境育人。良好的环境对学生个人品格意志的锻炼和塑造及学生就业能力的提升起着不可忽视的作用。一方面学校通过开展广泛深入的国际交流与合作,与众多海外高校签订了校际合作协议或建立友好合作关系,从教育观念的国际化、师资队伍的国际化、学生构成的国际化、教学过程的国际化、办学条件的国际化等方面营造国际化培养环境,推进国际化人才的培养;另一方面从精神文明建设、制度文化建设、物质文化建设三个层面建设有利于合作育人的校园文化,营造崇尚科学,勇于创新,积极追求科学真理的良好校园环境。

三、地方高校合作育人实践探索

福州大学、福建农林大学和闽江学院均是福建省区域经济及国家经济建设的重要人才培养基地。近年来,三所学校不断拓展校内外各种合作育人渠道,建立了开放式多元化的合作育人长效机制,有效地促进了学校和社会各部门系统之间在人才培养方面的密切合作,打破了体制壁垒、文化差异,实现了高校和社会各部门之间资源共享、优势互补、共同发展、合作共赢的目的,使有限的教育资源发挥了最佳效益,共同推动了学校人才培养质量的提升。

(一)校所、校企合作科研育人,强化学生科技创新能力

1. 科教资源平台共建共享。福州大学不断推动校所、校企合作育人,2006年以来,学校先后与中国科学院福建物质结构研究所、海西研究院,福建省特种设备研究院,福建省地质矿产勘查开发局,福建省产品质量检验研究院,福耀玻璃工业集团股份有限公司等多家机构签订合作协议,围绕大型

仪器资源共享、科技项目联合攻关以及高端人才培养等方面，利用科研机构在项目、技术、人才、设备、信息等方面的优势，通过共建技术研发中心、研究院或实验室，共同培养高层次人才等方式开展广泛的合作，实现产学研的紧密结合，以达到互惠互利、共同发展的目的。

2. 科研平台助力人才培养。福州大学依托优势学科或重大科研项目，先后建设83个国家级和省级科技创新平台，这些科研平台和科研资源向本科生全面开放，吸纳本科生参与教师的科研课题。实施本科生科研训练（SRTP）和导师制，利用国家级、省级、校级三级学生科研项目训练体系和近40种国家、省、校级学科竞赛，鼓励专业教师结合课程教学和科研课题指导学生进课题、进研究团队、进企业、进实验室、进科技创新平台，激发学生理论联系实际，学以致用。目前平均每年约有10%的在校本科生参与各级科研训练计划项目，有40%左右的学生参与了各级学科竞赛，促进了大学生创新实践能力的提高。

福建农林大学有3个国家级创新平台和73个部省级平台，学校每年有1000多名本科生进入科研实验室参与科学研究，本科毕业论文与科研课题相结合的达到40%；2013年学校下发《关于遴选校内大学生科研训练基地的通知》，共遴选了12个校内科研训练基地，通过科研基地的建设助力学校创新人才培养。每个基地学校每年给予3万至6万元不等的运行费资助，要求每年接受不少于10名的大一本科生进入实验室，开设1场学术讲座，指导本科生在学术期刊正式发表研究论文不少于2篇或申请专利等其他物化成果不少于1项。

3. 科研成果充实教学内容。福州大学在培养方案中设立"教授讲座"课程，要求每个专业的教授结合自己的科研专题面向本科生讲授最新科研成果，以开拓学生视野。学校鼓励教师将最新科技成果引入课堂教学，设立教材建设专项经费，"十二五"以来，全校教师共出版教材97部，吸纳了教师大量的科学研究成果；此外学校通过加强教学课程负责人和教学团队的学术责任，组织教学团队的学术活动，围绕提高教学水平讨论教学改革与建设方案，以高水平的学术研究活动促进高水平的教学。

福建农林大学要求专业导论课和专业核心课将科研成果转化为本科教学内容，引领学生进入学科领域发展前沿，拓宽视野。例如交通与土木工程学院周新年教授主持的"人工林考虑生态的木材采运配套技术研究"科研成果为"工程索道""索道运输"等本科生课程提供了森林生态采伐理论等主要内容，3个专业4个年级共计2000余名学生成为该成果的直接受益者。

4. 科研思维融入教学方法。福州大学依托国家理科化学基地班、国家集成电路人才培养基地、数理综合班和8个创新研究型实验班，制订专门的人才培养方案，实施课堂教学、实践训练、科学研究"三位一体"的教学模式，突出学生研究性自主学习能力的培养，注重提升学生科研创新能力。特别是化学基地班实施"成才阶梯行动计划"，将本科教学四学年划分为与研究型人才培养规律相适应的循序渐进的四个阶段，即科学研究兴趣培养、科学研究入门、科学研究感悟、科研能力初步形成，并辅以不同的科目和训练内容，从而优化人才培养全过程。

（二）校企校地合作实践育人，提高学生实践动手能力

1. "预就业"模式。2004年福州大学与联想集团、东南汽车等10家单位合作签订校企合作协议，在电气学院、数计学院等6个学院开始实施"预就业"人才培养模式。学院选派指导教师，企业等用人单位选派工程技术或管理骨干，共同组成"预就业过程"指导小组，对学生的专业教学、技能训练、实习和毕业设计或论文环节进行指导，并纳入学生的专业教学计划，学院、学生和企业等用人单位之间签订"三方协议"，通过校企结合共同培养人才。学生以预就业的形式，一边学习与实习，一边接受工程教育与培训，毕业后直接或优先进入企业就业。至2014年12月，全校12个学院与53家企事业单位建立"预就业"联合培养的关系。

2. 联合办学模式。福州大学先后与福州软件园合办软件专业，与福建ICC基地和相关企业合作复办微电子学专业，与紫金矿业集团、八方集团、新大陆集团等大型主导企业合作创办紫金学院、八方物流学院和新大陆物联

网学院，与泉州泉港区人民政府、福建石化集团联合创办石油化工学院，使学校的人才培养在资金投入、师资队伍、实践环境建设等方面获得了强大支持和动力。尤其是 2007 年学校与国际知名的黄金矿业企业紫金矿业集团合作创办紫金矿业学院，成功地探索了一种全新的校企深度联合培养工程人才的培养模式——"紫金模式"，其特点是"企业支持办学建设、企业参与办学过程、企业检验办学成效"。紫金集团注资 1.5 亿元建立了我国首个校企联办的高级矿业人才培养基地——福州大学紫金矿业学院上杭教学基地，成为学校校企深度合作的一个重大成果和标志。

2012 年，福建农林大学依托涉茶教学、科研、人才培养方面的优势，与安溪县政府合作，利用安溪县作为中国乌龙茶铁观音之乡的优势地位，二者强强联合，校地双方联合创办安溪茶学院，学院设有茶学、旅游管理、工商管理和会计学等本科专业，采取"1+3"培养模式，招收的学生第一年在福建农林大学本部（福州校区）学习，第二年起在福建农林大学安溪茶学院校区（安溪县）学习。充分发挥当地茶产业链及周边城市的优势，注重培养学生的实践技能，理论联系实际；采取多样化、个性化培养模式，实现社会人才需求与学校人才培养的无缝对接。

2010 年 6 月，福建新华都慈善基金会捐资 5 亿元与福建闽江学院一起合办新华都商学院，该学院实行"理事会领导下的院长负责制"，以成为"具有中国内涵的世界一流商学院"为愿景，坚持培养具有创业创新精神的商业领袖。学院拥有本科教育、创业 MBA、创业 EMBA、EDP、国际项目等教育项目，初步建立起多层级的现代商学院基础建制。本科项目主要有会计学和金融学专业，借鉴国际一流商学院的课程体系设置，引进欧美及亚洲发达国家和地区的教学模式，强化案例教学和英语教学，专业基础课和专业课全部采用英文版教材，实施双语教学，全面推进本科教育的创新与国际化。采用"3+1"或"3.5+0.5"模式，学生三年在新华都商学院学习，另一年在"985"高校委托培养；或学生三年半在新华都商学院学习，另半年在境外委托培养。

3."卓越计划"模式。为加强人才培养的适应性，探索高校与有关部门、科研院所、行业企业联合培养人才新机制,把社会资源转化为育人资源,培养适应社会经济建设的各类高素质专门人才,教育部于2010年开始先后启动了系列"卓越人才计划",如"卓越工程师教育培养计划""卓越农林人才教育培养计划"等项目。

2010年福州大学以首批教育部"卓越工程师教育培养计划"试点高校为契机,组织11个工科专业与福建省主导行业企业合作开展试点改革,积极探索深度融合的校企联合培养人才机制。学校采取"3+1"培养模式,通过与合作企业一起优化培养方案、增设企业课程、创建具有工程背景的师资队伍、与企业共同建设国家级工程实践教育中心等措施,培养工科基础扎实、科研实践和创新能力强、综合素质全面、具有持久竞争力的优秀工程技术人才。至2014年12月,各试点专业已与168家企业联合开展"卓越工程师教育培养计划",与企业共建实践基地178个,稳定为学生授课的企业工程型教师达149人。

2014年,福建农林大学开展"卓越农林人才教育培养计划",实施"拔尖创新型人才""复合应用型人才""实用技能型人才"三大试点项目的改革。"拔尖创新型人才"项目主要针对农学、植物保护、园艺和林学专业,实行"本—硕—博"贯穿培养;依托省部级研发和实验平台,从一年级起进入科研实验室,参与科研活动,强化学生的科研训练;依托国家留学基金委"优秀本科生国际交流项目"和各类校际合作办学项目,培养一批具有国际视野的高层次、高水平拔尖创新型人才。"复合应用型人才"项目主要针对园林、动物医学、木材科学与工程和蜂学专业,每个项目遴选和聘用10名左右的"双师型"教师,建设5个左右农科教合作人才培养基地,重点突出理论与实践紧密结合,培养能够创造性地解决实际问题的复合应用型人才。"实用技能型人才"项目根据农林业基层对实用技能人才的需求,创设"学校+基地+乡村"三位一体的人才培养模式,改革教学内容和课程体系,加强实践教学平台和技能实训基地建设,建立健全与现代农林产业发展相适应的现代化实践技能培训体系。

（三）校内外合作创业育人，提升学生创业实践能力

1. 合作开设创新创业教育课程或培训。三所学校每年均面向全体学生开设"大学生就业创业指导""大学生 KAB 创业基础""创业管理""创业设计实践"等多门创新创业课程，每年举办大学生创业系列培训，闽台合作创业培训班。对于创业课程或培训中实践性较强的课程环节，学校邀请福建省行业部门或省内知名企业的有关专家、学者来校授课、讲学，如福建农林大学邀请福建省公务员局、福建省人力资源和社会保障厅、福建省经贸委、中国海峡人才市场及有关企业共同举办了多期民营创业培训班，培训学生 1500 多名；福州大学与福建农林大学均引进台湾创业培训模式，实施"闽台合作大学生创业培训圆梦工程"，第一阶段引进台湾最优秀的创业培训师资团队进行授课，第二阶段由劳动和社会保障部门、银行、工商部门等有关专家就创业过程中的政策法规进行指导。

闽江学院新华都商学院聚合了全球创业创新教育领域的一流教授，其中包括 2006 年诺贝尔经济学奖得主埃德蒙·费尔普斯教授。创业 MBA 项目同时也整合政府、企业、社会等多方面资源，突破传统的教学模式，通过学业导师、企业导师和创业导师"三导师"的制度，重点培养学生在创业以及企业发展过程中的实践能力。

2. 合作开展创业实践活动。福州大学每年开展"挑战杯"创业计划大赛、创业实践大赛、十佳创业项目评选等活动，举办创业文化节及创业系列培训，通过培训、活动和实践培养学生创新创业意识，提高学生创业能力。在开展创新创业实践系列活动中，学校着力打造"教师—工程师""教师—建筑师""教师—经济师"等具有双师型素养创业教育师资队伍，聘用一批具有产业背景、丰富实践经验的工程师为专业教师。同时，组建了一支由校内外企业家、创业者、技术创新专家、人力资源师、心理咨询师、职业规划师、创业指导师等专家组成的大学生创业导师团队，以理论教学、参观交流、岗位见习、导师指导、创业体验等多种形式为大学生提供指导。

3. 合作建设校外创业孵化基地。福州大学积极向外合作开拓校外创业孵

化基地,其中包括与福建省教育厅合作的大学城体育馆福建省大学生创业孵化基地,与福州大学自动化研究所合作的福建省金山小企业创业孵化中心、与福建远东电机集团合作的福州大学远东电子商务预创业人才孵化中心等孵化基地,与福建省科技厅合作的福建省高新技术创业服务中心大学生创业孵化基地。

福建农林大学与仙游县在仙游国家级台湾农民创业园联合创办大陆首个"海峡两岸大学生创业园"。仙游县无偿提供 500 亩耕地 1 万亩山地,作为双方共建创业园的初期项目用地,为两岸大学生提供创业平台、交流平台、农业科技成果转化平台,招揽两岸大学生入园从事农业新品种,新技术引进、示范、推广及农产品精深加工,生态旅游休闲农业等领域项目的创业。学校曾有 3 名大学生落户创业。学校与省公务员局、省科技厅、团省委合作共建"福建高新技术创业中心大学生创业孵化基地"。目前,学校有两个项目入驻基地,分别为福州大漠装饰工程设计有限公司、福州睿普信电子有限公司,公司以正式工商注册的形式经营。

4. 合作设立创新创业基金。校友对母校怀有深厚感情,学校把校友作为学校发展和人才培养的重要资源,更把校友的发展作为对人才培养质量的检验,杰出校友在大学生创业教育中发挥难以替代的典型示范作用。福州大学校友企业大力支持学生创新创业,成立了"福州大学创业校友联盟",利用创业校友联盟深入开展资金支持、创业培训、信息共享、经验交流等活动,服务于学校的创新教育和创业工作。校友先后创立了"新楚大学生创业基金""人才培养与科技创新奖励基金""泰禾基金""闽江创新创业基金""远东预创业人才培养基金""福州大学东兴证券共建基金""杨鸿耀创新创业奖教奖学金"等大学生创业基金共计 4460 万元,有力促进了大学生创业工作。

(四)境内外校校合作环境育人,开拓学生视野

中外合作办学项目通过引入外方大学先进的办学理念和资源,在中方学校构建具有区域特色的国际化本科生课程体系,提升教师国际化学术水平,培养具有多元文化视野、前沿专业知识和跨文化交流能力的复合型人才。一

般此类项目教育部要求引进的外方课程和专业核心课程应当占中外合作办学项目全部课程和核心课程的三分之一,外国教育机构老师担负的专业核心课程的门数和教学时数应当占中外合作办学项目全部课程和全部教学时数的三分之一。

闽江学院爱恩国际学院是已有16年国际化办学历史,目前是福建省规模最大、赴海外深造学生数最多的中外合作办学学校。学院引进国际化优质教育资源,举办中美本科项目及中澳专科项目,实行与国际教育接轨的"2+2""4+0""3+(1-2)"等多元化办学模式。其中,中美本科项目采用"2+2"或"4+0"分段培养的创新模式,学生前两年在闽江学院进行英语强化,并完成通识课程及学科基础课程的学习,成绩合格可申请前往美国合作大学深造两年课程后即可获得美国大学学士学位。选择在闽江学院继续深造的学生,在校继续学习大三、大四课程,成绩合格可获闽江学院本科毕业证书和学士学位。中澳专科国际课程教育项目采用"3+1或2"的人才培养模式。学生在国内学习三年,毕业可获得国内大专毕业证书及澳大利亚墨尔本理工学院文凭。通过学分转移可前往国外大学继续深造1年或2年,毕业可获得学士或硕士学位,也可在国内专升本或直接就业。办学至今,学院已向社会输送国际化人才4500多人,其中已成功输送1000多名学生出国继续深造,签证通过率高达96%以上。

福建农林大学2003年开始就举办中加合作办学项目,与加拿大戴尔豪斯大学(Dalhousie University)农学院联合举办,已经连续10余年招生,2015年与加拿大英属哥伦比亚大学(UBC)合作举办"3+2"本科教育项目获教育部批准,并开始招生。

为了深入推进闽台高校交流与合作、探索海峡两岸联合培养人才的新模式,福建省教育厅牵头实施了闽台高校联合培养人才项目,包括"校校企"联合培养人才项目(主要针对高职院校)和闽台合作"3+1"联合培养人才项目(主要针对本科高校)。闽台合作"3+1"联合培养人才项目根据两岸现行的教育法规政策,采取"分段对接"的方式(本科学生采取"3+1"方式,专科学生采取"2+1"方式),选派学生至台湾高校进行为期一年的学习。闽台两地高校签订联合培养人才协议,联合制订相关专业人才培养方案,确保专业教学计划的合理衔接,确保人才培养质量。赴台学生采取学分制的管理办法,学生毕业后由福建省高校颁发学历学位证书,台湾高校出具课程学习成绩证明或结业证书。

福州大学、福建农林大学和闽江学院均开展了闽台合作"3+1"联合培养人才项目,并根据各校办学需要,在不同学科领域和台湾高校合作培养各类专门人才。2009年闽江学院与台湾中国文化大学、台湾实践大学合作成立的海峡学院,是福建省首个闽台合作办学的本科学院,主要联合办学专业有艺术设计(服装时尚设计方向)、艺术设计(环境艺术设计方向)、金融学、工商管理等。福州大学主要依托学校以工为主、理工结合的学科优势,于2012年成立海洋学院,重点培养福建省海洋产业急需的8个海洋工程及海洋科学领域的高级人才,其中海洋工程装备设计制造、近海工程这两个专业填补了福建省海洋工程领域人才培养的空白。福建农林大学通过利用学校与台湾知名的中兴大学、海洋大学的特色专业及师资优势,结合双方高校在机械制造、电子科学、环境科学及食品科学领域的特色与优势,联合培养机械设计制造及其自动化、电子科学与技术、环境科学与工程、食品科学与工程等4个本科专业人才。

(五)对合作另一方的促进作用

高校教师科研力量和科研成果的引入,提高了企业的整体技术水平和创新研发能力,使企业在项目研发、技术咨询、生产运营管理等方面得到了人力、智力的支持和补充。合作项目的攻关大大缩短了项目的出品周期,保障了项目的出品成功率,使企业的创新能力和竞争能力得到有效提高,如福建农林大学依托福建省生猪产业体系,参与指导16个国家级、125个市级示范猪场建设,在省内60个规模化猪场推广大型黑膜塑料沼气池建造,从源头上解决环保问题。此外,合作育人实践中,企业可以发现和留住自己需要的优秀人才,大大减少了引进、培训等人力资源管理等方面的成本。

四、合作育人的不足

从我国高校开展合作育人的历程来看，合作育人对促进高校理论与社会生产实际紧密结合，促进教学内容与教学方法的革新，拓展人才培养的途径起着重要的作用，也取得了很明显的实践成效，但仍存在不少问题：合作育人的体制与机制没有完全建立，校企合作中企业合作积极性不高，缺少政府引导和政策，缺少资金投入等，具体表现在以下几个方面。

1. 高校的现行管理运行机制不利于合作育人的深入开展。在管理体制上，高校缺乏充分的办学自主权，过度的行政化使高校的注意力被吸引到对上级政府部门意志的响应上，对于如何提高人才培养质量，培养社会需要的高素质应用型人才这样一类需要潜心研究的问题关注较少，人才培养的首要职能地位处于弱化状态。在行政主导的资源配置方式下，教师的注意力和精力被人为地吸引到争项目、发论文上，如何通过合作育人提高教学水平及如何培养好学生等难以成为学校及每位教师所追求与践行的真正热点。

2. 企业合作积极性不高成为校企合作育人的最大瓶颈。长期以来，校企合作育人，企业的积极性明显低于高校，主要原因有四：第一，从理论上讲，作为人才最终使用方，人才培养质量是企业用人单位的最主要受益者，因此，企业有参与人才培养的可能和必要。然而，长期以来，人才培养与人才使用被人为划分为两个不太相关的阶段，人才培养大多在学校内完成，企业则习惯使用已经培养好了的人才，缺乏与高校进行合作育人的主动意识。第二，合作双方的利益目标存在明显差异。高校作为培养人才的摇篮，追求的是人才培养的社会效益，具有较强的公益性和非营利性。而企业则以利润为首要目标，是营利性组织，追求的是利润最大化，双方的利益目标存在显著差别。此外，人才培养是一个长期的过程，需要长期的持续的投入，这与企业希望用最短时间来获取利益的行为方式存在冲突。第三，我国人口众多，劳动力市场总体上是个买方市场，企业有相当大的余地去挑选合适的员工，企业不必将与高校开展合作育人作为挑选员工的必然手段。第四，企业出于工作安全性、行业特殊性等风险控制方面的考虑，不愿意与高校开展合作育人特别是接收学生前来实习。因此，在合作育人方面，企业的积极性一直都不高，成为合作育人的最大瓶颈。

3. 外部环境的欠缺使合作育人双方缺乏前进的动力。产学研合作育人是一种应用型的人才培养模式，需要合作双方都投入相当的财力，如购买设备、建设实验室、建设校内外实习基地以及教师的企业实践锻炼的专项投入等，但当前我国政府教育经费总体投入不足，高校维持自身发展的经费较有限，很难在产学研合作育人方面有较大的投入。从企业的角度来说，企业作为营利性组织，必须考虑与高校开展合作育人所带来的成本问题，企业不可能单纯考虑社会效益而忽视自身利益来和高校开展合作。因此，要深入开展产学研合作育人必须有政府部门的引导和大力支持，即政府要有完善的法律法规和政策上的保障，要有专门的资金投入用于产学研合作，还要为企业提供税收、资金上的一系列的优惠政策，否则合作双方将缺乏前进的动力。

所以，要深入开展合作育人，必须更新观念，形成共同认知。合作育人是当前高等教育改革的必然趋势，也是企事业用人单位实现可持续发展战略的客观需要。从地方院校来说，应树立正确的合作育人理念，主动寻求与企业、科研机构等用人单位的合作，结合企事业单位生产实践、科研技术创新和管理创新的现实需要，改革人才培养模式，才能培养符合社会需求的有用人才。从企事业用人单位的角度来说，在经济全球化时代背景下，企业面临的竞争环境是机遇与挑战并存，拥有具有创新能力的高素质人才才能在激烈的竞争中生存，因此，从长远发展战略来看，高校的毕业生就是企业明天的员工，企业也要有责任和义务支持和高校的发展，切实承担起参与培养"明天员工"的职责。

健全高校内部管理机制，为合作育人提供坚实平台。地方高校都是以"面向地方"作为战略发展基础，所以应将合作育人作为特色办学方式认真抓好。首先，应建立专门的合作育人工作机构。其次，应抓好合作育人的制度建设，尽快制订合作育人相关政策文件和实施细则，在人、财、物等方面对合作育人项目进行倾斜支持，鼓励教师、学生积极参与多样化的合作育人形式。再次，制订符合合作育人要求的人才培养方案，设置符合合作育人要求的学科产业体系、课程体系、实践实训体系和评价跟踪体系等。寻求利益结合点，建立"互惠共赢"的合作机制。稳固的合作育人既要找到共赢的利益结合点，更要在自愿的基础上建立起合理的利益激励和分配机制。高校要充分发挥学科与人才优势，为企业科技的研发、技术改造、管理创新及职工培训提供支持，使企业能够在合作中实现自身利益的最大化。企业要充分发挥自身产业优势和身处市场前沿的独特地位，为高校人才培养提供最新的用人需求信息，为学生实习和社会实践提供资金、场地支持，使高校培养的学生能够更加适应社会的需要。

发挥政府主导功能，优化合作育人外部环境。地方政府应从以下几个方面来推动合作育人的深入开展：一是尽快出台法律和政策，明确规定合作育人基本内容和合作双方的权利和义务。建立合理的企业利益补偿机制，对积极参与合作育人的企事业单位，可根据接受学生数量享受一定的税收减免。二是提供稳定的经费保障，政府设立产学研专项资金，专款专用。此外，还应设立产学研政府奖励基金，表彰那些在合作育人中取得显著成效的企业、高校及个人。三是协调各种力量，优化合作育人外部环境，如协调政府内部相关部门，把合作育人纳入政府宏观调控范围；扶持行业协会、中介机构做大做强，积极引导它们为合作育人牵线搭桥、信息沟通、咨询问策和调解利益等方面的服务。

五、合作育人的推广

知识经济时代，知识和掌握知识的人才将成为未来经济社会发展的驱动力。合作育人使大学从社会的边缘进入到社会的中心，强调人才培养和科学研究的现实目的性和实用性，使大学的人才培养与社会需求的吻合度更高，符合国家经济建设对高素质人才的需要，是当前高等教育改革的必然趋势，应不断加以完善并推广。

(一) 因地制宜选择合作育人模式

纵观合作教育的发展历程,产学研合作教育在不同的国家都有着不同的发展模式和进度,优势和问题。由于各地经济发展、教育资源、社会文化环境等因素的差异,每个高校所采用的合作育人的模式也应该根据高校自身和社会的实际来设计、实施,从而提高合作育人模式的针对性和结果效益。

合作育人应寻求多种合作模式,但所有的模式设计都应以促进和提高学生、雇主、其他参与机构和社会效益为根本目标。在模式设计的过程中,应该充分考虑和分析到对模式设计、实施和产生最终结果有影响的所有因素,从而减少或避免可能会对最终结果产生不利的相关因素。

可以借鉴国外的合作教育模式,取其所长为我所用,最大程度的发挥合作教育的开放性、实践性、综合性的特点,从而以最优的合作方式实现教育和经济两者最大的收益。

(二) 扩大合作育人的实施领域

目前我国高校的合作育人,特别是校企合作和校研合作育人,大多在工程领域开展,但国外很多高校的合作育人已从最初的工程领域延伸到其他各个领域,如加拿大维多利亚大学的合作教育覆盖了45个学科领域——包括化学、计算机科学、经济学、教育学、法律、语言学、数学与统计学、历史学、音乐等。[①] 美国东北大学参与产学研合作教育的学院和专业涵盖了人文艺术、商业和创业、通信、计算机/数字技术、工程/生物技术、卫生、自然科学、法律预科、医学预科、城市政策等。

合作育人在人文社科类的专业中的实施,使学生可根据本学科的特色和优势开展社会调查,从中发现教育、经济或社会问题,从而对学校、雇主和政府的决策提供一定的依据。与此同时,也可以对提高人文社科类学生的综合素质方面起到提升作用。而这些恰恰是目前大学教育中所缺乏的。因此,

---

① 李元元,邱学青,李正. 合作教育的本质历史与发展趋势 [J]. 高等工程教育研究,2010 (5).

非常有必要在人文社科实施领域实施推广合作育人。

（三）建立更加开放多元化的教育质量评价体系

目前，我国高校的教育质量评价体系基本上是单方的，更多体现的是一种本系统内的自我评价，如校内的各种专业评估、课程评估，省内的院校评估，教育部的本科教学水平评估等。这种教育质量评价体系具有一定的局限性和片面性，如评估机构太单一、评估方法不够科学、评估内容不够全面等。特别是评估方成员大都来自教育系统，自己既是评价体系的制定者，也是评估评体系的实施者和评估结果的公布者，因此，从评估组织和实施程序上看，当前的教育质量评价既不科学也不够公正，缺少第三方特别是社会用人单位的参与评价。

如果把高校培养的学生比作企业生产的产品，社会用人单位比作消费者，那么，根据市场消费者对产品的意见和反馈来改进产品，则是一个企业提高产品质量的必要和关键的手段。因此，完整的合作育人不仅包括前期的资源共建、人才共育等内容，还应包括建立更加开放多元的教育质量评价体系，做到教育质量观的多元化、评价主体的多元化、评价方法的多样化及评价内容的全面化。在设计教育质量评价指标体系时，积极吸纳社会用人单位对高校培养的人才的各种意见及反馈，并邀请企业、行业、科研院所的有关人员共同参与高校教育质量的评价。

第四章　协同创新：合作科研

当代社会，科学本身的高度分化和科学研究的日益规模化，使得科研活动不再是分散的、单纯的个人行为，知识生产方式的根本性变革使科学研究逐步走向"集群化"，演变成为一种跨学科、聚焦型、多机构、多人员参加的集体性协作活动。随着高等教育大众化的深入发展，大学迅速从社会边缘向社会中心位移。而自主创新型国家的提出，则让高校迅速成为科技创新的主力军，在科教兴国战略实施中发挥着越来越重要的作用，合作科研与其他的合作模式不同，在其发展过程中已经自发的形成各类型的合作模式，而且合作科研也作为科技创新的重要途径，日益为高校所重视。有研究表明，科研合作行为对大学的组织声誉和创新能力具有显著的积极影响，跨校科研合作网络比本校内部合作网络对大学声誉和创新能力具有更强的积极影响。[1] 在当前科研合作空间日益增大的情况下，如何增强合作科研效应，规范合作各方的行为，促进合作科研有序发展等问题成为人们不得不关注的问题。今天的科学不仅需要合作，更期待规范化、制度化的合作，更追求合作效应的实现，那些仅停留在表面形式上，缺乏对合作意义和价值深层理解及在反思基础上的合作行动成就不了今天的"大科学"。本章将从当前现有合作科研的意义和现状入手，分析现有合作科研模式的问题和困境，探寻未来更加适合地方大

---

① 石军伟，付海艳. 激励机制、科研合作网络与大学声誉之间的关系研究［J］. 教育研究，2012（1）.

学发展的合作科研之路。

第一节 合作科研的意义与现状

当前大学在合作科研方面所做的贡献体现在大学参与"攀登计划""863 计划""973 计划""星火计划"等一系列国家科技发展计划,大学科研团队申报各类政府和国家基金、参与国家和省部级重大课题,大学建设国家和省级实验室,开展合作科研和建设高新科技园区等多项科研创新活动,其目的不言而喻,即通过资源共享、优势互补、成本分摊、风险共担和规模经济等协同合作方式实现合作创新,使合作的内在价值在科学社会化过程中得以充分展示。时至今日,大学已形成形式各异、纷繁多样的合作科研模式,它们大体可划分为内部合作与外部合作两种:内部合作中有同一学科的同行合作、跨学科合作、师生合作等;外部合作有大学与企业、政府及其他科研机构的合作,高校之间的校际合作,以及国与国之间的大学在科研项目上的合作等。大学合作科研在合作条件和层次上也越来越高,合作主体的组合与合作对象的选择更加强调最优结合,强强联合的组合阵容将合作不断推向更高层次。大学合作科研的迅猛发展是对"大科学"体系的呼应,也是大学在各种科研行动、资源条件和符号性要素支配下构成了一种相对稳定和持久的社会性结构,它自身表现出的独特性保证了这一结构及诸要素的维持和再生产。换言之,合作科研对于当代大学发展至关重要。

一、合作科研的意义

(一)合作科研促进学科智力的耦合

学科的集团协作实现智力耦合,在不同学科领域相互切磋,相互启发思路,形成方法论上的重大突破。尤其针对现代科研课题规模大、综合性强、复杂性高的特点,选题涉及多个学科的交叉地带,必须进行广泛的智力协作与互补。著名物理学家、诺贝尔奖得主丁肇中先生领导的 AMS 实验组就像一个小联合国，汇集了 500 多名世界顶级科学家，1000 多名工程技术人员。AMS—1 的核心部件采用的永磁体就是中国科学家研制的，AMS—2 改用超导磁铁，中国科学家也参与其中的部分工作。在 AMS—2 项目研究中仅中方的参与机构就有中科院、东南大学、上海交通大学、山东大学、中山大学等，他们每年要召开综合性大型会议 3 次，专业领域会议 4 次，共同探讨反粒子探测中的各种问题。可见，科学创造中离不开科学家群体的广泛参与和智力互补，多学科、多层次、多区域的科学家联手协作，才能解决综合性强、复杂性强的重大科研课题，而且，协作中产生的智力耦合效应相对于激发态智力效应来说维持的时间较长，是一种相对稳定的集团效应。

（二）合作科研催生新学派孕育的可能

如上面所说，智力耦合效应通常发生在综合性的研究课题中，在课题研究过程中和课题结束之后，那些经过不断碰撞与协作而逐渐相互了解，学术观点和研究兴趣相投，分析视角相对一致的科学家建立起一种稳定的学术关系。他们内部交流充分，结构紧凑，以领军人物为枢纽，共同的学术观点和思想方法把他们联系成一种稳定的、可见度高的集团形态，这就是所谓的科学学派。科学学派的形成具有自发性、自主性等自组织系统特点，学派领袖、学派纲领、研究范式等不是通过外部力量的强制手段或行政命令加以规定，学派成员对理论纲领、研究范式和学术权威都是一种自由、自愿的服从和追随。也就是说，科学学派是在科学的内在逻辑发展和科学领袖人物的学术声望这两种力量的交织和自组织过程中创立形成的。现代科学学派主要以大学、研究所、实验室等学术机构作为运行基地，以学术进展为统一最高目标，保持相对稳定的学术传统和学派精神。无论是思想型学派还是研究型学派，它们内部都有一个发挥内聚作用的共同内核，使其成员拥戴共同的学术领袖，遵循共同的研究纲领，由此形成的内聚性和排他性造就了学派独有的创新氛围和适宜新思想生长的"小气候"，它孕育着强大的集团创造力，使新理论、新观点和新发现在公布于众之前在学派内得到充分酝酿、理解和支持。因此，合作科研对学派的形成具有重要的作用。

（三）合作科研推动团队整合

科研团队的形成不同于学派形成时具有的自发性和自主性，团队形成的主要动力是瞄准某一科学领域具前瞻性的研究方向进行科技创新与开发研究，它是由知识互补、愿景共享、责任共担的科研人员及师生团体组成的正式团队。尤其在向大科学时代转变过程中，个体研究逐步发展为集体研究、国家研究甚至国际研究，关涉国民经济、社会发展和国家战略与安全的重大科技问题日益受到重视，有组织、有计划、规范性强、管理高效的科研团队建设成为必然选择。科研团队通过目标管理的方式，在团队的制度化管理、团队规模、领军人物资格、成员选拔、团队文化等方面进行全方位整合。

这是一种制度化的凝练过程，所产生的整合效应主要体现在三个方面：学术交流的创新环境、科技资源的优化配置、培养科学精英的摇篮。一方面科学创新离不开学术交流的文化氛围和"小环境"，需要建立促进成员之间取长补短，使整体能力耦合放大的交流机制，既包括正式的学术会议、研讨会、各类开题和结题报告会、答辩会等学术交流活动，也包括建立一些非正式的学术交流机制，如茶话会、学术沙龙、学术互访、假期出游等，旨在通过一种轻松愉快的非正式交流途径释放、传递研究者头脑中的创意、灵感，甚至哪怕是梦幻、遐想，构建科学创新必要的氛围和环境。另一方面科研团队产生的整合效应还体现在对科技资源的战略集成与高效优化配置上，学术领军人物可以利用自己的学术声望争取各种科技资源，通过组织团队成员申报各类科学基金和纵向、横向课题，使分散的资源得到合理集中和优化配置，形成优势积累效应，集中力量在某一学科或方向上形成自己的研究优势和标志性的学科高地，以此吸引政府和社会的广泛支持，实现科技创新链条上从资金投入、优化配置到成果产出的良性循环机制。

（四）合作科研保证知识转移针对性

合作科研的核心在于实现知识从大学向产业界的转移，即通过大学与产业界的合作完成知识的价值实现，使科技转变为现实的生产力。适切的组织模式是知识转移效应实现的关键，合作科研的制度化体现在合作科研的组织创新模式上，它是一个多主体、多层次、多阶段、多来源的综合性体系，包含着复杂的结构和多重关系。高校作为知识源，是知识的创造者和拥有者，在促进知识转移方面发挥着重要和积极的作用。高校可以通过合作科研方式创建有利于知识转移的环境和条件，通过主动与知识需求者建立联系，促进双方信息沟通和增进彼此的信任与了解，比如高校可以主动了解企业的创新知识需求，有的放矢地进行知识创新；高校还应获悉企业的人才需要，以便有目的地培养专门人才；高校甚至可以深入企业的生产实践，在企业建立实验研究中心，及时有效地促进知识转移和科技成果的商品化。

世界范围的知识经济发展趋势表明，越是发达的经济越需要合作科研，越是高水平的大学越需要合作科研。大学对经济增长的重要贡献之一在于大学能向产业界进行源源不断的知识扩散和知识转移。高校的知识转移是一种典型的跨场域的知识转移，即从科学场域的高校向经济场域的企业的知识流动过程，它是高校的知识创造与企业的知识应用之间成为良性循环的关键。合作科研中随着合作过程的动态发展，粘滞知识也处于动态变化的状态。随着双方合作的深入与发展，交流与合作日益频繁，文化差异与信息不对称得到融合与缓解，利益分配及风险承担等问题逐渐通过沟通和协商予以解决，粘滞知识的集合有可能越来越小。大部分的相关知识都可能成功转移到合作的知识受体，合作科研也就最终实现其知识转移的效应。

二、合作科研的模式

合作科研的主要实践形式为技术转让、委托研究、联合开发和共建实体等四类，合作科研模式就是从不同角度对合作科研实践进行归类总结。合作科研的历史和现实表明，合作科研的这四类基本实践形式既反映了产学研各方合作关系的紧密程度（技术转让型→委托研究型→联合开发型→共建实体型），又体现了技术创新的实现程度（从合作初期以技术转让为主到后期主要谋求共建实体全程介入共同发展）。根据当前高校合作科研的运作模式大概可以归纳为以下几类：大学研究院模式、大学分校模式、校办企业模式、大学科技园模式、联合研发中心模式、战略联盟模式等。

（一）大学研究院模式

大学研究院模式指的是研究型大学独立或与地方政府合作，到产业聚集地建立开展研发和产业化的研究院，并与当地企业建立密切合作科研关系。典型代表如清华大学深圳研究院。清华大学深圳研究院是深圳市政府和清华大学于1996年12月共建的、以企业化方式运作的事业单位，研究院定位于充当"科技创新孵化器"。清华大学深圳研究院成立以来，先后有310家企业入住，企业在孵化期间，销售额增加了7.8倍，利润增加8.1倍，发展速度是社会上同类公司的6倍，一年的总产值就超过100亿元。通过合作，清华大学深圳研究院不仅取得了较好的经济效益，同时还聚集了一批高层次人才，建立了"四不像"这种新型管理体制和运行机制，形成了良好的创新氛围和创业环境。

（二）大学分校模式

大学分校模式指的是研究型大学到地方建立分校或研究生院，为地方培养本科或研究生人才，并结合企业需求开展研发和合作科研。典型代表如北京大学深圳研究生院。北京大学深圳研究生院经教育部于2001年4月批准成立，是北京大学与深圳市政府合作创办的，以全日制研究生教育为主的办学实体。作为北京大学在国内唯一直属的异地办学实体，同时也作为北京大学与广东省合作科研的重要平台，北大深圳研究生院将北京大学的学科优势和深圳的区域优势相结合，为高新技术产业培养高层次人才，提供科技支撑，探索和发展高校—政府—企业在人才培养和科技创新方面的合作机制。在长期的合作过程中，北大深圳研究生院与广东地区大批高新技术企业如华为、中兴通讯等形成了良好的合作科研伙伴关系，为广东优化产业结构，提升地区高新技术企业的核心竞争力提供了强有力的科技支撑。通过与企业的密切协作，不仅推动了相关核心技术的产业化进程，而且催生出一大批具有自主知识产权的高新成果。

（三）校办企业模式

校办企业模式指的是研究型大学通过开办企业，直接开展技术成果的孵化和转化,典型代表如:中山大学达安基因股份有限公司。中山大学达安基因股份有限公司前身为广东省科四达医学仪器实业公司,于 1988 年 8 月成立。由于中山医科大学与中山大学合并,2001 年 12 月,公司更名为中山大学达安基因股份有限公司。中山大学达安基因股份有限公司是依托中山大学医学院组建的以分子生物学技术为主导的集研究、开发、中试、生产和应用为一体的生物医药高科技企业,构建了现代企业化的运行模式,是广东省高校第一家上市公司。该公司自行研究开发的荧光定量 PCR 技术产品研究成果获得 2004 年度国家科技进步二等奖、教育部二等奖和 2005 年度第九届中国专利金奖。规范的现代企业制度使得企业与研究型大学形成利益攸关、荣辱与共的紧密联系,科技成果作价入股,而且也为高校科研工作注入了新动力、新观念,使科研人员加深了对科技成果的价值和效益的认识,极大地激发了科研工作者的热情和信心,同时高校的科技实力也成为企业发展的保障。通过组建校办企业,企业、高校在资产、技术、人才上实现了紧密结合,使科技成果的转化不仅仅停留在单个的项目和技术上,而是建立在一个稳定的、健康的科技成果的转化通道上,顺应了科技自身的发展规律。

(四)大学科技园模式

大学科技园模式指的是以著名的研究型大学为依托,利用研究型大学的科研与人才优势,发挥技术创新的辐射作用。通过园区内所设立的创业服务中心,鼓励企业对能实现成果转换的科研项目进行投资和研究,典型代表如:华南理工大学科技园。华南理工大学科技园是经教育部、科技部批准成立的全国 22 家国家级大学科技园之一。园区面向海内外企业全方位开放,主要在电子信息、新材料、生物工程、环境保护、机电磁光一体化等领域支持创办新型企业,扶持高新技术及其产品的产业化。华南理工大学科技园有限公司以华南理工大学的科技、人才和地缘优势为依托,以现代资本运营的方式,通过对大学科技园的建设和开发,进行技术成果的商品化和产业化,开展技术贸易、技术中介、融资中介和企业高级管理人才培训等业务,管理并服务于园内企业和研究、开发机构,同时推动多家入园的创业风险投资基金,扶持园内企业的建设与发展。经过几年的建设，现已拥有宝洁创新中心、华工百川自控科技有限公司等近百家研发机构和企业。2006年园区实现总产值近10亿元。华南理工大学科技园已经成为了以市场为导向，集高新技术的研究、开发，高新技术企业的孵化，创新人才的吸纳与培育于一体的重要平台。

（五）联合研发中心模式

联合研发中心模式指的是研究型大学与科研院所和企业合作设立科研开发机构、工程研究中心等相对独立的研发机构，不断向产业界输送技术，并通过同企业的联合开发、实验，使技术和产品迅速转化为商品和生产力。典型机构如：北京科技大学—广州钢铁集团联合研发中心。该中心是广州钢铁企业集团有限公司和北京科技大学围绕广钢集团发展过程中对新产品、新技术、新工艺研究开发需求而成立的。近年来，广钢和北科大开展合作科研，取得了丰硕成果，有6项合作项目获得国家和部省级奖励。

（六）战略联盟模式

战略联盟模式指的是为促进产学研各方的密切合作，构建更紧密的合作科研平台，为技术创新与高新技术发展提供技术支撑，为传统产业的升级、换代提供技术服务，促进行业关键技术自主创新，提升产业综合竞争力，而由若干作为牵头单位或技术支撑单位的研究型大学和行业重点及龙头企业共同建立的战略伙伴和战略联盟关系。典型代表如：电子科技大学、东南大学、北京邮电大学、华中科技大学等研究型大学作为重要技术支撑单位与华为技术有限公司、中兴通讯股份有限公司等行业龙头企业共同组建的下一代通信产学研战略联盟。该组织以联盟为承载申报承担或参与3~5项国家重大重点科技计划项目，10项部省重大、重点研发项目，以国家战略研发凝练技术、密切合作、提升水平、促进发展；推进标准战略与知识产权战略的合作，加快高校技术成果的推广与转化，为行业培养创新型复合人才。形成较为完善的联盟运作长效机制和对产业升级有主导作用的产学研平台。联盟成员单位共建2~3个涵盖通信产业主要领域的工程研究中心，为产业发展构建支撑条件基础平台。实现10项以上的技术产业化，产生超亿元的效益。以专利等科技成果为主线，推动行业的发展。

不同的合作科研模式有着各自的特点。我们想说并没有存在最优的合作科研模式。合作科研本身就是一种各主体优势互补的模式，我们可以人为的从不同角度或者根据其功能将合作科研分为以上各种不同模式，但是不论选择哪种合作科研模式，合作主体都要根据合作科研的目的和内容的实际需求以及合作主体各自的实际情况而定。都要注意充分发挥其优势，同时弥补其不足，并注意在合作中提升自身的实力。但值得注意的是，不论合作科研的模式如何繁多，如何千变万化，其根植于心的合作科研内涵和基本特征都是一致的。

三、合作科研的基本特征

合作不仅以对前人劳动的利用为条件，也部分地以今人的协作为条件。扩大科技合作、共同增强科研竞争力就成为科技发展规避风险、实现共赢的战略选择。当前，合作科研以"需求导向、利益共存、知识核心、机制完善和共生共赢"为基本特征而存在，合作模式不同，其本质和特征并不会消失。

（一）合作科研模式是建立在各方需求的基础上

在知识经济时代，作为知识提供者的研究型大学和科研机构较之以前面临着更大的竞争和生存压力，合作科研是将研究型大学和科研机构所拥有的巨大的创新资源转化为现实生产力的有效途径。在转化的过程中，研究型大学和科研机构通过激烈的市场竞争不仅可以获得客观的经济效益，使学术界的科学研究贴近经济社会生活，更加可以为研究型大学未来各方面的发展拓展更大的空间。在开放的市场条件下，市场需求是推动企业与大学和科研院所合作的动力。企业通过信息反馈或预期市场对某些产品有明显的或潜在的需求，而企业又不能独立完成研究开发的任务，产品的生产又会增强企业的竞争力时，就会对企业寻求合作科研产生巨大的推动作用。

（二）合作科研模式是建立在合作方各自利益的基础上

合作方各自利益是合作科研模式建立的基础。市场需求及蕴藏的经济利益的大小、方向决定了驱动合作科研模式的动力的强度和方向。合作科研模式会向着市场所决定的方向发展，以期获得相应的经济利益。可能获得的经济利益越大，对合作的形成、稳定和发展所起的作用就越大。同时，在合作过程中互补优势的形成会使得合作趋于稳定并不断紧密合作。企业通过与高校和科研机构的合作科研，在获得经济利益的同时，还可以获取新的技术发展动态，建立良好的企业形象，吸引优秀的人才，促进企业的进一步发展；高校和科研机构通过合作科研在获得经济利益的同时，还可以提高教学科研人员的专业能力，为进一步培养人才提供一个良好的实践环境等。正是由于利益关系，合作科研模式中必须建立合作规则，从而最大限度地调和这些利益差异，放弃一些相对次要的利益，通过协调、协商获得共同利益，最终使各方利益得到平衡。

（三）合作科研模式的核心是知识产权

在全球化的背景下，知识产权已越来越多地被用来作为国际竞争的工具，国家间技术先进性的竞争也逐渐演变成技术垄断性的竞争，使知识产权成为当代科技竞争的主要表现形式和谋取市场独占权的重要手段。知识产权已直接关系到一个国家的创新空间和经济安全，成为综合国力和国际竞争力的重要组成部分。从本质上讲，合作科研模式的核心就是知识产权。知识产权构成了核心竞争力的一部分，是知识经济时代，尤其是中国加入WTO以后我国企业得以生存和发展的根本所在。合作科研各方在合作中不断进行整合，不断进行知识传递、知识消化、知识转移、知识生产，而知识产权正是在这种互动中才产生的。当前我国企业科研能力普遍薄弱，科研人员缺乏，开发创新能力欠缺，而这些正是研究型大学的优势。知识产权既是大学服务社会、为经济发展做出贡献的基本前提和保障，也是大学服务社会、为经济发展做出贡献的主要形式。

（四）合作科研模式的关键是机制

我国的科研、生产体制分属于不同的政府部门管理，部门之间各自为政，是导致科技与经济脱节的一个重要原因。因此，有效的机制是各种合作科研模式成功运行的关键。合作科研模式一般须具备三种机制：激励机制、监督机制和更新机制。激励机制主要包括利益分配机制、动力机制。其中利益分配机制主要解决保证合作各方合理收益，知识产权归属等问题；动力机制主要包含生存发展因素、经济利益因素、科技与经济结合因素、外部环境因素以及产业界、高等院校、科研院所之间相互作用产生的内在合作驱动力等。监督机制主要包括外部监督机制、内部监督机制和运作模式三个方面，外部监督机制主要依靠社会与政府力量；内部监督机制主要依靠组织结构设计和高层管理人员的责任；运作模式，没有一个固定的运行模式可以套用，需要根据实际情况而定。更新机制，合作科研模式需要通过各要素的不断更新而发展。

（五）合作科研模式的目标是实现共赢

当前，我国大学特别是研究型大学学科门类齐全，学术水平高，技术人才密集，设施先进，成果技术含量高，竞争力强，特别是在基础研究领域。但同时，研究型大学的科研工作也存在着忽略市场价值，仅是单纯追求学术价值和地位，或单纯以"计划为导向"，遵循"先有成果，再推广"的运作思路，导致科技与生产严重脱节。企业是典型的以营利为取向的组织，企业最大的优势就是最接近市场，掌握第一手的市场信息，可以保障各种合作科研模式以市场为导向，可使合作各方能以市场需求为方向，使其科研立项有较强的针对性。同时，我国企业，特别是一些绩效较好的企业，拥有较丰富的经济资源。由于长期以来我国创新资源配置向研究型大学和科研机构倾斜配置，导致企业的创新能力较弱。

作为一种各合作主体优势互补的模式，合作科研模式的目标就是实现共赢。在各类合作科研模式中，企业可以最大限度降低产品研发成本，缩短投入产出周期，赢得竞争优势；研究型大学可以保障研发经费、减少中间环节，提高成果转化应用率，使成果发挥出尽可能大的经济效益，实现其研究开发活动的社会价值，提高自己的学术水平和社会地位，并使自己的研究活动在一定的社会经济条件下进入良性循环状态。同时，科技界和产业界的紧密结合，也将必然提升国家的自主创新能力。

第二节　合作科研实践探索

随着大科学时代的降临，科技全球化日益发展，协同创新已成为势不可挡的趋势。协同创新可充分通过利用现代网络优势，建立一个面向多个创新主体的资源共享库和交流平台，促进资源有效利用最大化；通过建立一个协同创新机制与体制促进高等教育与文化、经济、技术的紧密结合，其不仅能够加速产业结构的转型升级，而且将实现我国比较优势的革命性转移和升级，即从单纯依靠低成本和廉价劳动力，转向由巨大产学研资源整合、凝练而形成的创新力。提高我国技术生产力，推进我国创新型国家和人力资源强国的建设，是高校、企业、政府多方整体提升可持续发展能力的共赢策略选择及必由之路。近年来，福建省围绕创新发展，不断优化政产学研理念，积极探索灵活多样的合作模式，努力提升合作层次，政产学研合作成效初步显现。

一、校企合作

企业既是技术创新体系的主体，也是市场的主体，而校企合作则是高校实现与市场接轨、大力提高育人质量的重要路径。福州大学作为福建省属的"211工程"高校，非常重视校企合作，积极推进产学研的对接。如土木工程防震减灾信息化国家地方联合工程研究中心（简称"防震减灾国地联合中心"），是依托福州大学的"结构工程"国家重点学科（培育）、土木工程一级学科博士学位授予权学科，在福建省海峡两岸土木工程防震减灾工程研究中心基础上组建，于2012年经国家发展和改革委员会批准成立的。该中心致力于土木工程防震减灾信息化和创新能力的建设，解决相关产业发展中的关键技术，促进产业的科技进步，推动地方经济的发展，成为产学研合作，同时又是海峡两岸共建的世界一流的创新平台。该中心注重产学研结合，多年来一直与有物联网应用经验的成都中建联科技实业有限公司协作开展物联网新型智能传感器和环境灾害监测的研发与应用（2010年至今），在开拓物联网在土木工程防灾减灾的应用方面，取得了初步成果；在建筑减隔震技术应用方面与隔震支座企业南京汉高隔震技术有限公司紧密联合（2011年至今），已在多座房屋建筑中应用隔震技术；该中心于2014年1月与中铁大桥局集团武汉桥梁科学研究院有限公司（央企）签订合作协议，正式颁牌成立"物联网技术应用联合实验室"，在这一平台基础上，双方已于今年开展了相关方面的合作，今后将共同研发物联网技术在桥梁实时监测系统中的应用，推进物联网技术在土木工程领域的应用，从而提升福建省在高新技术方面的产学研合作。

福建省制造业数字化设计工程研究中心（FMDDC）依托福州大学在数字化设计和先进制造技术等领域的学科优势、技术优势、人才优势以及资源优势，从事制造业数字化设计技术及其与计算机网络技术以及经济管理交叉领域的科学研究、技术开发、工程应用与信息服务。近年来，中心积极与企业开展合作科研项目，共同成立联合研发中心等合作科研平台。其中，与福建乾达重型机械有限公司共同成立"机电装备联合研发中心"；与漳州市佳龙电子有限公司共同成立"计量与包装技术联合研发中心"；与福建雪人股份有限公司共同成立"空调制冷设备联合研发中心"；与福州莱博特科学仪器有限公司合作共建"精密仪器及测量实验室"。此外，中心还选派部分年轻教师和科研人员到福建海源自动化机械股份有限公司和福建龙溪轴承（集团）股份有限公司的博士后工作站进行合作科研工作。

福州大学与北京三聚环保新材料股份有限公司合作，2016年在河南鹤壁自主设计建设了年加工量为15.8万吨的悬浮床加氢装置，该装置采用福州大学化肥催化剂国家工程研究中心和三聚环保率先在国内成功开发出满足首套年加工15.8万吨的超级悬浮床加氢工业装置要求的高性能催化剂，实现劣质重油总收率达到95%以上，并实现以煤焦油为原料，自2016年2月21日投油运行以来到现在，已持续安全平稳运行，被业界认为是悬浮床加氢技术的重大突破。

二、校校合作

福州大学围绕建设国内高水平大学的目标，积极探索科研合作模式，与境内外的多所大学建立了深入的合作关系。如福州大学"福建省医疗器械和医药技术重点实验室"作为国家"211工程"和福建省重点学科的建设项目之一，实验室与美国弗吉尼亚理工学院、克罗地亚萨格勒布大学、中国台湾大学、澳门大学、中国台北科技大学等境外著名高校建立了长期良好的合作关系，充分利用双方科技交流与融合的优势，就学术前沿问题展开探索。如与英国布鲁内尔大学合作开展科技部国际科技合作项目——基于图像识别技术的纳米金免疫层析定量测试仪的研制，项目已顺利通过验收。该科技合作项目实施过程中所取得的原始创新性的科研成果在国际高水平学术刊物发表，其中 SCI 收录 21 篇，EI 收录 9 篇；相关研究内容申请国内发明专利 2 项，申请国际专利 1 项；培养博士生 3 人，硕士生 3 人，工程技术人员 1 人；试制了金免疫层析定量测试仪器样机一套。与澳门大学模拟与混合信号超大规模集成电路国家重点实验室合作开展科技部港澳台科技合作项目：荧光免疫层析法的急性心肌梗死快速检测系统。该实验室申报的"高性能仿真与混合信号集成电路技术的设计与开发"获 2011 年度国家科技进步二等奖。双方合作开展小型化、集成化的荧光免疫层析快速检测仪器控制芯片研制，对提高仪器集成度、可靠性，降低调试难度，提升国产 POCT 仪器研制水平具有重要的促进作用。

此外，合作外方与实验室在生物医学电子学领域，尤其是"人体通信"课题方向上，以人员定期互访、共同申报科技项目、合作培养研究生等途径，展开了深入合作。双方共合作开展科研项目 6 项，其中国家自然科学基金 2 项、福建省自然科学基金 2 项、福建省科技计划项目 2 项，已有 1 项省科技计划项目顺利完成验收；共同参加国际学术会议并口头汇报成果 6 次；合作培养毕业博士生 2 名、硕士生 3 名，另有在读博士生 2 名、硕士生 4 名。此外，合作双方在福州共同承办了由中国仪器仪表学会医疗仪器分会主办的

"2010两岸四地生物医学工程学术年会",邀请到约200位港澳台及大陆学者参会交流,共举行学术报告32场。近年来,先后承担欧盟FP7项目、科技部国际合作项目、国家自然基金、国家科技支撑计划(子课题)、海洋渔业局以及省部级科研项目共38项,项目经费总金额达到1500余万元;共获得省级科技进步奖7项;国家发明专利8项,实用新型专利20项;计算机软件著作权3项;医疗器械注册证4项,为我国和福建省医疗和健康产业的发展提供科技支撑。

福建农林大学高度重视与高校之间的科研合作,如在国内与华南农业大学联系密切。近年来在作物重要害虫生态防控、作物营养生理与养分安全调控、生物农药创制、农产品贮藏保鲜、产品安全检测等领域开展深入合作,作为合作或主持单位承担多项国家级课题,双方联合开展科技攻关,获得多项国家科技成果奖;主持与南开大学等单位共同完成了"细菌农药新资源及产业化新技术新工艺研究",成功克隆了18个自主知识产权的Bt新基因,大大提高了中国生物农药研究在国际上的地位。研发出68000UI/mg高效价多功能新型生物农药,推动了生物农药制造业的升级。项目成果获国家科技进步奖二等奖。在国际上,如通过开展小菜蛾基因组研究攻关,特别是近3年中,相继吸引了加拿大、澳大利亚、美国、英国等国的十几位研究人员参与,并通过国家"外专千人计划",引入澳大利亚查尔斯特大学葛杰夫教授。还筹建了"基因组与生物技术研究中心",引进国际植物性染色体进化和甘蔗基因组研究权威专家、美国伊利诺伊大学教授明瑞光及其团队,开展甘蔗、木瓜等热带亚热带作物以及区域特色作物研究。并与荷兰瓦格宁根大学在水葫芦、互花米草等外来入侵生物研究和治理等方面进行合作,为外来入侵生物的研究提供了理论及实践基础。

三、校所合作

福州大学国家环境光催化工程技术研究中心是我国唯一一个集光催化创新研究、产品开发、成果转化、工程化研究、产业化实施及人才培养为一体的开放式研究中心。现拥有一支近80人的以工程院院士付贤智教授为带头人，以教授、研究员、高级工程师等优秀中青年留学回国人员为主要学术骨干的研究开发队伍，是目前我国光催化领域规模最大、综合实力最强、科研条件最完善的研究机构。中心以国家发展战略和环保产业发展需求为导向，立足国际环保科技前沿，解决制约我国环境光催化技术与设备产业化发展的重大关键性、基础性和共性技术问题，持续不断地将具有重要应用前景的环境光催化领域的科研成果进行系统化、配套化和工程化研究开发。中心成立以来，先后得到国家科技部、国家自然科学基金委、福建省科技厅等部门的大力支持，承担了多项基础与应用技术研究项目。近年来，中心与国内外相关研究的光催化研究机构密切合作，与相关的光催化企业紧密对接，在协同创新方面，取得了显著成效和进展。

在基础理论研究方面，福州大学与德国马普研究所、日本大阪府立大学、香港中文大学密切合作、协同创新，其中与马普研究所成立了福州大学—马普联合实验室，在氮化碳新型光催化材料研究方面协同创新，成果显著，联名发表了一系列具有国际影响力的研究论文；与中科院物构所、中科院光化学重点实验室等建立了密切的战略合作关系，在联合申请科研项目、合作开展研究，在学术探讨、科技信息、人才培养和科研管理运行等方面互动频繁，交流密切，先后合作承担了多项国家973计划和国家自然科学基金重点项目，其中合作承担的"光催化材料及其应用的基础研究空气"国家973计划项目，在光催化材料制备、过程效率及工程化等关键基础科学技术问题方面，取得了显著的协同创新研究成果，以优异的成绩出色地完成了国家973计划。在应用技术开发方面，与相关应用单位合作，以院士工作站或产学研基地等形式，开展技术协同创新，合力推进若干科技创新成果的应用推广和产业人才培养，入选为福建省首批"海峡产业人才高地"。

多年来，福建农林大学坚持创新驱动战略，强化与中国农业科学院、中国林业科学研究院、中国原子能科学研究院、国际原子能机构等国内外科技含量高、创新能力强的大院大所的合作，集校所双方的学科、人才、科研优势开展联合攻关。如，在国内，福建农林大学参与中国农业科学院主持的"杉木遗传改良及定向培育技术研究""杉木建筑材优化栽培模式研究"两个项目，先后获得国家科技进步奖二等奖；联手深圳华大基因研究院共同完成了小菜蛾基因组破译，宣告世界上首个鳞翅目昆虫原始类型基因组的完成，同时也是第一个世界性鳞翅目害虫的基因组，研究成果对于揭示小菜蛾与十字花科植物协同进化及其抗药性的适应进化与治理等均具有重要的科学价值，同时也为鳞翅目昆虫的进化和比较基因组学研究提供宝贵的数据资源，并将为农业害虫的可持续控制提供研究思路。

在国际上，多年来，福建农林大学作为联合国粮农组织/国际原子能机构（FAO/IAEA）在中国设立"联合国（中国）实蝇防控研究中心"的依托单位，承担了国际原子能机构委托的昆虫不育技术等多项科研任务，与国际原子能机构建立了良好的交流合作关系。先后分批派出多名科研人员在国际原子能机构设于奥地利塞伯斯多夫的农业及生物技术实验室，与相关国际专家合作开展技术服务，并依托原子能机构这一高层次国际合作平台，研习先进核技术在农业领域的运用。

四、校地合作

为社会服务是高校的基本职能之一，也是推进高校深入发展的关键。面对当前高等教育大众化和高校之间竞争的日益激烈，福州大学深入认识到"强校之路只有在服务国家和海峡西岸经济发展和社会进步的同时才能够实现"。围绕建设区域特色创业型强校的奋斗目标，学校推进了适应海峡西岸经济区发展需要的学科调整和布局，支撑福建支柱产业发展；推进制定和实施鼓励学校科研人员服务企业的行动方案，建设政府、企业和学校共同发展的政产学研合作机制。

福州大学与福州市政府签署战略合作框架协议，双方将在科技合作服务、人才储备培养、共建大学科技园等方面展开全面合作。这一校地合作模式，如今已在全省9设区市全面铺开并开始向县级市延伸，成为福州大学技术转移体系的一部分。作为福建省高校唯一一所"国家技术转移示范机构",福州大学的科技成果正越来越密切地融入福建经济社会发展中,成为助力海西建设的生力军。为调动广大科研工作者从事科技服务社会的积极性,福大规定,已取得副教授及相应技术职务任职资格的教师,不以发表论文作为硬性条件,只要在最近三年时间里,作为项目第一责任人,到校的横向科技经费达50万元(含)以上,并在成果转化的头三年里,使用成果的单位取得实际经济效益累计达到200万元(含)以上,即可成为校聘教授级高级工程师,很大程度上解决了以往将横向开发作为"副业"的问题。学校还鼓励各学科与企事业单位开展各种形式的技术合作,支持科技人员在完成本职工作的前提下,利用节假日或工作日在其他单位兼职从事研究开发和成果转化活动,包括离岗创办高新技术企业或到其他高新技术企业转化科技成果。本科生和研究生的论文课题,鼓励并倡导来源于企事业单位的合作或委托项目。

福建农林大学与广西有关部门长期保持着良好的合作关系,特别是甘蔗产业技术研发和推广上有着良好的合作传统。在广西农业厅等部门的支持下,学校在全国最大的甘蔗生产市——来宾市的东糖集团建立了高效生产工程技术示范基地,并在广西农业厅、广西甘蔗研究所等单位的共同参与下,引进选育推广一大批甘蔗新品种,特别是由甘蔗创新团队主持的新台糖22号、10号、16号、25号等甘蔗品种,应用面积覆盖全国甘蔗种植面积的85%,推广历时10年,目前占广西甘蔗种植面积的93%,取得几十亿元的经济效益,促进了甘蔗产业的跨越式发展,提高了我国蔗糖业的国际竞争力。在长期服务广西甘蔗产业发展的基础上,福建农林大学和广西地区进一步深化闽桂合作,就甘蔗、茶叶和食用菌产业技术体系建设等多个项目签订了合作协议,双方将在成果转化、研发机构和基地建设、人才培养、科技咨询等方面开展全面的交流与合作。

在省内,依托学校现有的洋中科教基地,与尤溪县共同打造"现代农业科技特色园区",正动工建设现代农业技术培训中心、食用菌品种改良福建分中心、食用菌科技示范创业园、万亩油茶基地等,已引进了6家企业进驻园区，总投资超过6亿元。与漳州市政府达成协议，对接漳州现代农业高新技术园区、台湾农民创业园及省级农民创业园，重点建设漳州天宝现代农业示范园区，与五峰农场等合作规划园区占地15 000亩，重点辐射带动水果、苗木和休闲农业等三大特色产业发展，其中建立优质香蕉高产示范1000亩、绿化苗木1000亩，同时带动当地休闲产业的发展，三大特色产业的发展；与龙岩市联合在长汀县规划建设水土流失治理和生态文明建设示范园区等；并先后与古田共建食用菌研究院，与安溪县合办安溪茶学院和乌龙茶创新研发基地等。依托这些平台，选派了150名左右专家教授进驻工作，吸收合作方300位科研人员参与研究，每年在合作方当地研发并优先转化科研成果100项。目前，占地1200亩、总投资6亿元的安溪茶学院一期工程已投入使用，100多位教学科研人员已进驻工作；古田食用菌研究院已实质性运行，已申报发明专利12项、新品种6个。福州市还依托学校食品科学学院，与学校共建福州市水产品加工行业技术创新中心，将"中心"建设纳入福州市科技创新体系范畴，对"中心"与福州市水产品深加工企业合作开发的新技术和新产品优先予以科技经费的支持。

五、合作科研模式的成效

通过以上不同高校合作科研实践摸索和探讨，我们发现，合作科研模式已经显示出其积极的效果。

（一）科技攻关能力逐步提升

高校、企业等创新主体要提升自身竞争能力，仅通过"单兵作战"已无法完成，科技创新的发展方向已必将走向"开放、合作、协同"。多个创新主体之间的资源有效整合、集成和提升都成功促成了科研发展和技术进步。2011年，全省R&D（技术设计和研发）项目数2.61万项，项目经费支出174.29亿元，比上年增长25.4%；2012年全省R&D（技术设计和研发）项目数有望达到2.88万项，项目经费投入将超过200亿元。2012年，围绕精密激光加工装备、高端电机、硬质合金高端刀具、车联网核心技术、绿色印染、农业育种、抗乙肝药物研发和糖尿病等重大疾病干细胞治疗等重点领域，政府引导企业加强与国内外科研团队开展产学研联合攻关，争取国家项目 1463 项，组织了 2 项科技重大专项和 123 项省区域科技重大项目。

高校方面，以福州大学为例，近五年来，学校科研工作始终坚持加强校内外综合资源的有效整合，面向区域重点产业或战略性新兴产业的战略需求，注重交叉集成以及与企业技术创新体系相衔接，科研总量持续保持稳步增长趋势，新增各类科研项目 4000 多项、总资助经费近 8.5 亿元，约是前一个五年的两倍多，其中国家级或省部级重大项目经费约占纵向科研总经费的 60% 以上，标志着学校科研事业进入了跨越式发展阶段。在空间数据挖掘（电子政务）、平板显示技术、海洋生物资源利用等相关领域分别承担了国家科技部支撑计划、国家 863 计划重大专项、国家海洋公益性行业科研专项等一批单项资助经费超过千万元的重大科技攻关项目；在国家自然科学基金这一衡量高校基础研究实力的重要指标方面，获资助项目和获资助经费呈现成倍数增长的良好趋势，新增资助项目近 300 项，为前一个五年的 2.7 倍，资助经费 1.2 亿元，为前一个五年的 4 倍。

（二）科研创新平台建设稳步发展

福建省紧紧围绕主导产业、传统优势特色产业和战略性新兴产业关键共性技术的重点跨越，以提高区域创新能力为主线，进一步突出创新平台支撑发展、整合资源和转化成果的作用，着力构建面向企业、支撑产业、引领发展的各类科技创新平台。

目前，已初步建成包括技术研发协作平台、科技成果转化平台、科技资源共享平台和科技中介服务平台等四大类平台构成的比较系统的科技创新平台体系，一批国家级、省级重点实验室、工程技术研究中心、行业技术开发基地、生产力促进中心、科技企业孵化器已经建立，还建成了大型仪器设备协作共用网、省生物安全三级实验室、自然科技资源库等科技创新公共服务平台。全省已拥有国家级、省属科研机构 57 个，国家级、省级重点实验室 77 个和工程技术中心 176 个，生产力促进中心 101 家，科技企业孵化器 47 家，福建成为国家创新驿站试点省份。

注重发挥高校、科研院所在科技创新中的重要作用，重点加强与同济大学、清华大学长三角研究院等重点高校和研究机构的合作，促进引导科技成果和高水平的研发机构在福建落地转化和落地建设，实施项目带动，拓展和深化科技合作交流。积极引导高校联合科研机构、企业开展行业共性关键技术研究、重大产品开发和成果转化，提高协同创新能力。扎实推进产业技术创新战略联盟建设，从项目、资金和平台等方面支持联盟开展创新活动，联盟作用和影响力日益扩大。

（三）科技成果转化加速

福建省大力推进科技成果的对接和转化，举办了十余年的"6·18"中国·海峡项目成果交易会，为福建科技成果转化带来广泛的对接空间，为福建高校积极融入海西区域经济创新体系搭建了畅通平台。交易会邀请国内外高等院校、科研机构、金融机构前来参加，开展先进适用的优秀项目成果与企业技术需求的双向推介，突出项目成果对接，突出技术需求解决。由政府为主导推动四大要素对接，从而使科技成果转化为现实生产力，并为海峡西岸经济区发展提供源源不断的项目与技术支撑。2012年，全省共登记技术合同5390项，成交金额73.58亿元，比上年增长37.7%。涉及知识产权的技术合同3153项，占总项数的65%，成交金额46亿元。

积极组织实施"蓝火计划"，"蓝火计划"是教育部组织引导全国重点高等院校加强与地方经济紧密结合的一项活动，其核心是教育部科技发展中心携手地方政府，充分发挥高等学校人才和科技优势，紧密结合区域经济及地方产业发展特点和需求，有针对性地组织高校赴地方开展产学研合作活动，加速推进高校、科研院所科技成果转化落地。2009年6月，漳州市政府与教育部科技发展中心签订战略合作协议，漳州市成为"蓝火计划"全国第一个试点设区市，这是推进高校与地方深入开展产学研合作，加速高校创新科技成果向社会转移及产业化而开展的一次有益尝试。"蓝火计划"实施以来，在构建多层次科技协作、加快科技人才引进、促进技术转移方面成果显著。

（四）政产学研合作日趋紧密、形式多样

高校应当坚持"顶天立地"的发展思路。"顶天"就是要瞄准国家战略需求与科学技术前沿，增强自主创新能力，解决关系国计民生和国家安全的重大科技问题。"立地"就是要服务区域经济社会发展，创造高水平科技成果，切实解决发展实践中面临的科技问题。因此，高校要充分发挥在科技、人文、学科、人才等方面的综合优势，加快构建产学研用高度融合的科技创新体系，全面提升高校科技创新和服务社会的能力。

福建地方高校在对准服务海西战略发展，构建产学研科技创新体系中，通过与地方产业的联合实践探索，在其产学研合作的特色环境中，形成了多种合作模式。如以科技合作为目的的合作，包括"四技"服务、校企共建联合科技平台等；以人才培养为目的的合作，包括在校生联合培养、在职培训和合作办学等；政产学研多向对接的合作，包括校地校市科技合作共建工程，产学研战略联盟、产业联盟等。整体合作开始走上规范化、制度化轨道。

第三节　合作科研的困境和未来发展

合作科研实践也证明了合作科研在解决高校、企业无法解决的联合发展，确立企业与高校实现共同发展、良性循环、优势互补以切实促进教学、科研、生产相结合的关系等方面，发挥了重要作用，有效快速地促进科技成果商品化、产业化，使高新技术尽快转化为现实生产力。与此同时，合作科研确实也在注重经济效益的同时更注重社会效益，实现科技经济的紧密结合，进一步促进高校教育体制的改革和发展，为我国高校合作科研提供经验与范例，以产生巨大的社会效益。但是，合作科研，在充满机遇的同时，也存在巨大的挑战，主要表现在如下几个方面。

一、合作科研的困境

（一）有利于合作科研创新的外部环境尚未形成

合作科研创新是一项系统工程，需要社会和各相关单位的合作与协调，

而现在的外部环境对于合作科研并不十分有利。

合作所需的政策法规不到位，促进合作科研的宏观性倡导政策较多，但具体性的政策较少，政策环境系统有待完善。由于合作科研各方隶属于不同的管理部门，涉及教育、企业、科研及政府管理部门之间各种利益关系，需要完善的政策和法规来规范和协调各方关系，保证合作的成功。虽然我国已出台了专利法、技术合同法、技术市场管理法等一系列法律法规，各地也有一些相关的政策规章，但还不完善，可操作性不强，尚需进一步完善。

中介服务机构大多功能单一，提供信息服务不及时或缺乏准确性。中介服务机构是合作科研成功的黏合剂，合作牵涉到对成果的价值评估、风险分析、市场调研、法律咨询等，这些需要中介机构提供深入、专业和周到的服务，但目前中介机构所难以提供或者提供不充分，远远满足不了合作科研对中介服务的需求。

合作科研之间的信息不对称。合作科研成功的要素之一是信息传递和交流，由于技术能力、经营能力的信息分布不对称，交流不完全，合作科研各方彼此的私有信息无法掌握等原因，对合作各方的理解和沟通带来障碍。如对技术价值的评估不一，易造成双方对技术价值看法不一，给合作带来困难。

（二）利益分配机制不健全

利益分配是合作科研的关键问题，直接影响着合作的长期性和稳定性。由于合作科研各方处于不同行业、不同系统、不同领域，各方对技术成果及其产业化的价值存在不同认识，不能长时间保证诚信合作。在合作初期，科研合作各方比较容易达成一致协议，但随着合作项目的深入，看得见的利益或风险越来越清楚时，常常会因科研成果转让过程中的价格问题，合作共建研发实体的各方利益分配问题，成果的归属权问题及知识产权问题，相互兼职待遇问题等发生矛盾，其原因主要在于缺乏良好的利益分配机制，多数合作未按市场规则操作，共同投入、成果分享、风险分担机制不够健全，合作协议对责、权、利界定不清，缺乏法律约束，协议履行的社会监管存在疏漏，各方对于技术创新的价值存在分歧；另外，在产学研合作各方的内部，由于研究方内部利益分配的问题，造成内部人员的流动或研发人员积极性不高，常使研发工作不能按协议完成。

（三）财政投入不足，投融资渠道不畅，缺乏风险投资机制

从发达国家经费投入的历史看，现阶段我国政府财政应该在合作科研经费投入中占主导地位，但目前政府财政资金投入严重不足，也没有用于支持合作科研的专项拨款，同时，高校和科研院所的科研资金不足，缺乏中试基地，项目资金主要来源于企业自有资金。对于合作科研而言，其中的科技创新具有复杂性和较大的不确定性，风险很大。由于缺乏经验，我国对科技创新及成果产业化风险认识不足，缺乏风险防范机制，不少企业因此蒙受重大损失，从而导致对风险普遍存在恐惧心理；而国外主要是通过建立风险投资机制来解决的，目前我国风险投资基金刚起步，运作不规范，合作科研过程中风险难以化解，一定程度上影响了合作科研的发展。

二、合作科研模式的修正

协同与合作的理念迫切需要植入到目前的大学创新与创业中，而协同创新与创业创新型大学是两个新生但是却相互关联相互提升的课题，两者之间存在着诸多共性的东西。在我国产学研协同创新与创业创新型大学的实践过程中，应该找准两者之间的契合点，重视两者间的互动与互构，从而达成我们所预期的科技进步成果转化大学发展服务社会的价值目标。因此，面对多方和多种形式的合作科研前期探索和实践，以及在实践过程中所面临的问题和困境，未来的合作科研任重而道远，修正和完善自身寻找更好的合作科研模式是合作科研的必由之路。

（一）合作科研模式的定位

凡事预则立，不预则废。构建一个合作科研创新模式首先要找准它的定位。无论是校办企业、大学科技园还是技术转移中心等现有的模式都已经出现了各种弊端，那么创新型的合作科研模式就应打造自己的差异化特色定位。

首先，合作科研的构成主体有政府、高校、科研院所和企业等，多种社

会角色注定它不能以盈利作为自己的主要目的。从某种角度讲，它甚至要淡化自己的盈利倾向，加强自身的社会责任感。其次，作为以技术成果转移为核心业务的机构，合作科研应当结合我国现阶段总体战略规划，集中优势资源，肩负起立足国际技术前沿，面向经济建设主战场，推动技术集成创新，着力培育有市场前景的、能够引领经济结构调整的新兴产业的重任。最后定位合作科研创新模式的评价和考量体系时，不能以简单的经济效益和刚性的评判标准为准则，要更加全面和科学。虽然技术转移需要强调时效性，但产业升级换代则要经历一个较长的过程，而人才的培养、社会观念的转变又需要更加漫长的时间才能显现出来。以上这些都是新型合作科研模式的期望目标。

要完成以上目标，它的聚焦点应该不同于高校的"学术研究"，也不同于企业的"新产品开发"，而旨在突破产业发展中的"技术瓶颈"，实现从创新到创值。

（二）合作科研价值理念的更新

结合各国先进合作科研经验及优秀产业研究院的理念，本研究认为合作科研创新模式需要在以下三个方面提高认识，切实地转变观念、创新理念，才能有力推动我国合作科研的发展。

1. 开展主控式创新与联合中试。

合作科研创新模式应吸取现阶段合作科研中的教训，重视对创新源头的掌控和基础研究产业化的中试阶段，这样做既能提升科技成果转化的时效性和成功率，也能增强其目的性。

对于当今社会，有两大因素容易导致创新失败——缺乏时效和选择随意。众所周知，科技成果转化具有鲜明的时效性。一项发明专利如果不能及时进行产业化，抢占科技优势和市场份额，很快就会被相似的技术所取代。同时，随着科学技术不断完善，发明专利不断涌现，任何一项新的创新面临着越来越狭窄的生存空间，一不小心就会与同类产品发生摩擦。这些客观事实促使合作科研创新模式应采取"主控式创新模式"，即通过积极搜集、整理、分析国内外先进产业资讯和先进产业技术专利，结合深度挖掘客户的隐性需求，努力寻找需求和当前市场之间的间隙，以情景模拟的方式重新定义产品功能，从而引导创新技术的研发，并最终设计出能够真正满足客户需求的产品与服务，获得战略竞争优势。

该理念的两个关键点正好针对导致创新成败的两大诱因：由需求和产业技术的专利布局反向指导创新技术研发，可以缩短科技成果转化的时间；寻找需求和当前市场之间的间隙，可以防止与同类产品有过多的摩擦点。

此外，基础研究与新产品产业化之间有一个鸿沟——中试阶段，它是科技成果向生产转化的必要环节，基础研究成果产业化的成败很大程度上取决于中试的成败。现有的合作科研模式也重视中试阶段，只是它们大多在某一个机构内部进行，而合作科研创新模式应致力搭建高校、科研院所和企业共同开发的平台，集多方科研人员进行中试，才可有效缩短科技成果转化的时间，提高成功率。

2. 加快由技术研发到价值创造的转变。

合作科研创新模式在技术研发阶段采取积极的面向市场的专利布局和主控式创新，是为了在下个阶段快速将成果转化为价值奠定基础。当前无论是高校、科研院所还是企业界，均集中关注于技术设计和研发（R&D），产品是他们的目标导向。为了提高产品的某一性能或满足某一客户群，他们往往集中全力进行科研攻关。殊不知这只是冰山一角，隐藏于这些技术设计和研发背后的更为广阔的价值创造，就像海平面下的庞大的冰山主体，是有巨大的挖掘潜力的，这应是合作科研创新模式关注的中心。因此，以产品为导向的 R&D 只能带来较小的价值，充其量是提高了产品的性能和销量，而以价值创造为导向的 R&D 既可以带来即时的效益，又可以带来长久的、丰富的价值。

具体来说，合作科研创新模式应带来如下价值：实现从技术的研发到新兴产业的创新；系统性的产业技术的价值创造；增加并增值独占性的知识产权；通过建立国际伙伴关系来吸收、消化、转化增值技术，并建立本地的初创企业；提高研究团队的国际视野；创造就业机会等。

3. 重视开发核心技术的配套服务。

借鉴中国台湾工研院和美国国家自然科学基金合作科研研究中心的理念，合作科研创新模式重视开发核心技术的配套服务，从而使核心产品获得最大化效益。该创新模式构建了其独有的"煎蛋模型"，即核心技术仅是蛋黄，而相关服务则是蛋白，任何一项产品只有包括这两点才算完整。众所周知，一般情况下鸡蛋在摊开后，蛋白的面积要大于蛋黄，也就是说具有了核心技术后，必须通过一定的服务包装，使产品具有与同类产品的差异化服务。一旦产品配备了这样的服务，它便从同类型产品激烈竞争的红海跳跃到了高层次的和平的蓝海。

在知识产权法、反不正当竞争法等法律体系并不健全的今天，即使任何机构对既有产品进行低成本的复制和改良，也无法使"山寨版"产品跻身到高层次的蓝海里，而拥有核心技术兼具配套服务齐全的产品便可以通过广泛的服务与客户建立并维系稳定的关系，创造自己应有的价值。这一理念贯穿始终才能实现真正的产业创新，产业创新的着眼点本身也应该包括提供更全面便捷的服务。

（三）合作科研模式创新设计

限制科研合作成效的因素包括：大学科研院所的运行体系无法有效满足产业需求，企业自身对知识技术转移的吸收能力不足，产学研合作模式不完善，产学研合作的氛围不成熟，以及合作的政策和法规环境不健全，因此有必要对现有的合作模式进行修正。

合作科研创新模式应该集政府推动型和大学主导型两者之所长，把政府主导和大学实际运作有机结合起来，形成"政府推动兼大学主导的创新模型"。在现代社会的组织构成中，政府与大学、政府与产业之间的关系比较直接，相互的促进作用也容易实现。而以创造知识为主的大学与以创造价值为主的产业之间，却很难形成直接的作用。在政府的支持下成立合作科研机构将是一个十分有效的制度设计。同时，政府的支持可以增加企业界对该创新实体的信任。又由于政府的职能和角色的原因，决定其不能成为该实体日常运作的管理者和操作者，这时候就要求大学在日常运作中发挥积极作用，联系企业和中介机构，适时地将自己的科技成果转移到企业界中。

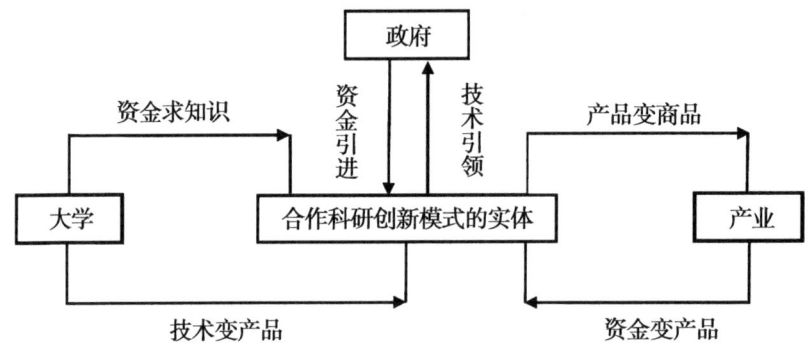

图 4-1　合作科研循环

图 4-1 清晰地表明在这个合作科研创新模式中，政府、企业、大学是如何发挥各自优势，实现可循环运作的。在这里大学的创新知识以产品和技术的形式，通过该实体形成可供产业界接受的商品；产业界的资金通过该实体源源不断地输往大学去创造更多知识财富。同时在这个过程中，政府可以运用政策法规或组织中介结构对该实体进行财政资助，对一些具有引领性的科研项目重点资助；反过来该实体向政府提供产业动态和科技信息，带动地区产业结构升级换代。

（四）合作科研创新模式的体制机制探索

有了合理的模型、准确的定位和先进的理念后，就需要在吸收、综合国内外现有的合作科研模式的经验基础上，针对具体问题进行一定的体制机制创新。目前我国合作科研模式中的体制机制存在诸多不合理因素，严重阻碍了产学合作模式的实际运行，尤其集中体现在管理体制、激励机制、风险控制机制和运行机制上。下面从实际情况出发，从以上几个方面对合作科研创新模式进行一定的思索。

首先是管理体制。合作科研的管理体制，是指建立、维持并完善产学研结合组织正常运作的组织制度，是由法律、政策等组成的制度体系和组织机构体系组成的有机统一体。我国现有的合作科研的管理体制主要有以下几种类型：高校董事会制、工程研究中心制、科技园区制以及公司治理制。它们存在的突出矛盾是无法形成一个各个主体广泛参与，统一调度的"指挥所"，而是各个主体分割自成条，各自为政。

合作科研创新模式应该本着"面向市场、政府主导、依托大学、联合企业，吸引社会资本的积极参与，政、产、学、研、资合作共建"的理念，集各种类型之长，适度引入市场机制和企业化管理，进行管理体制的创新。

成立由政府、高校、科研院所和相关企业共同组成理事会。该理事会具有对该创新实体发展的决策权，高校、科研院所或企业（主要取决于谁是主筹建方）在理事会的领导下负责该实体的运行，组织实施各项研发和创新活动。

由主筹建方成立执行委员会，负责该实体的日常管理以及执行董事会的各项决议，同时接受来自董事会的监督。具体职责如：组织与整合高校和科研院所的高新技术资源，汇集各方信息，负责筛选进入该实体的各类项目，人员聘任以及全程监管具体项目的实施等。

合作科研创新模式的实体应具有独立法人资格。该实体只有具备了独立法人资格，才能快速摆脱原有机制体制的束缚，享有相对独立的财产权和民事权利，与高校、科研院所和企业界互动才有更多的自主权和灵活性，从而全面改观现有合作科研模式的弊端。

其次是激励机制。良好的激励机制能保障合作科研的顺利进行。心理学研究中，最基本的等式之一就是：能力×激励机制＝绩效。合作科研的激励机制是指给予自己的产、学、研各方激励，使他们通过分工和交易，客观地为全社会的科技进步而工作，从而实现自利与互利、局部利益与社会整体利益的相互统一。面对现阶段合作科研模式过分地强调单方面的高层次的奖励因素，事实证明这样不能很好地调动各方积极性。合作科研创新模式要结合产学研的工作特点，设计出有针对性的、灵活的激励机制。

完善激励体制的第一步不是关注高层次的奖励因素，而是做好基础性的合作科研的保障工作。只有这些低层次的基础性的保障工作处理好，高层次的奖励因素才有显著效果。例如，完善有关合作科研的法律条文，加强对合作科研的人才、资金、物资、信息的保障，分散合作过程中各方所承担的风险，在分配中以法律、法规、合同等形式保障分配的相对公平。

经济利益的合理分配处于激励体制的核心地位。利益像一把双刃剑，起着双重作用，既能使单独的成员为了更多利益而愿意合作，也能使合作的成员由于利益分配不均而解除合作关系。为了使合作科研的利益得到公平、合理地分配，尽量使每个成员所获得份额与其预期收益一致，必须树立正确的利益分配指导思想和分配的原则。

良好的合作科研利益分配应遵循以下原则：平等原则、公平兼顾效率的原则、互惠互利的原则、协商让利原则、利益与风险挂钩原则、民主决策原则、信息透明原则等。

合作科研创新模式应当自上而下，从主体到个体多层次、多强度地进行利益分配。首先它应令政府、高校、科研院所、创新实体和投资方之间完全按照市场化的原则和企业化的运营来界定利益分配。然后主筹建方和创新实体之间利益分配又可以按照不同的模式来进行分配。例如：先按照预期核心目标将创新实体中的项目分为 AB 两类。A 类的核心目标为是否形成"撒手锏"式的多学科交叉集成的重大科研成果，简称"撒手锏型"。B 类的核心目标为是否形成技术转移与出售，即"技术转移型"。再按照分类结果分别赋予各个主体不同的利益分配比例。只有这种多层次的考核、分配制度，才更为合理和科学。最后，对待研发人员（个体或团队），要在给予相应稳定待遇的同时，实行"期权激励"，在不同的阶段采用不同的比例，有利于最大限度激发个体的积极性和创造性。

其他非物质的激励也要重视。该创新实体的科研人员无论来自高校、科研院所还是企业，其所在机构都要有专门为有志于从事合作科研的人员开辟的评价考核体系、政策优惠和晋升通道，同时也需要多方加强沟通，使这批人在职称评定、职务升迁、津贴级别、年终评优中不受大的影响。具体措施可以依照各主体情况量身设计。如：在高校内，可规定已获准在该创新实体内立项的、以形成"撒手锏"项目为核心目标的教师，可率先享受学术休假制度等。

再次是风险控制机制。风险指在某一特定环境下，在某一特定时间段内，某种损失发生的可能性。风险是由风险因素、风险事故和风险损失等要素组成。合作科研是一个充满风险的行为。根据性质不同，风险因素可分为物质风险因素、道德风险因素和心理风险因素三种类型。其中物质风险因素导致的风险事故种类较多，造成的风险损失较大，是风险控制的主要内容。它主要包括：管理风险、资金风险、技术风险、市场风险、利益风险等。

在现有的合作科研模式中，正是由于高校和科研院所的基础研究与市场脱节，技术前期的中试阶段和后期的孵化风险过高，各种资金无法安全顺利进入，才导致合作科研的结果不尽如人意。那么如何规避合作科研中的物质风险，便是合作科研创新模式重点思索的内容。依据企业化管理的经验，应该通过制度设计，使企业和社会资本可以在项目的启动期就介入项目，尤其是社会资本的介入，更可细分为在与科技成果转化相关的"种子期"投资、"成长期"投资、"扩张期"投资和"成熟期"投资，以及投资基金的投资，使产业化过程充满鲜明的市场特征。同时，可以通过政府投资与民间投资1：1或1：2的配套投资组合，引入企业运行人才、风险管理人才和"启动—退出"机制，达到有效地控制具体项目的风险的目的。

具体操作如下：首先，创新实体的职能部门对国内外先进产业资讯进行整合分析，对国内外先进产业技术专利进行检索、分析及布局，在项目的选择阶段进行第一层面的风险控制。如此一来，经过对项目的严格筛选，在源头上将风险控制在最低的限度内。然后在积极吸引企业和社会资本的过程中，根据项目实施的阶段细分为"种子期"投资、"成长期"投资、"扩张期"投资和"成熟期"投资，以及投资基金的投资。由于每个阶段的投资回报率不同，既可激发企业和社会资本的投资热情，又可有效地控制项目具体实施阶段的风险。最后创新实体为每个选定的项目指定 3 名至 5 名专家作为"指导专家",定期对项目的运行和各项阶段指标进行诊断,及时提出调整方案和实施意见。

经过以上风险控制手段,该创新模式将形成自己独有的"减少产业风险战略"。一般产研机构的风险随着技术的研发应用逐步减少,但过程较为缓慢,会影响后续资金的进入和技术开发的进程,也错过了技术转移的最佳时期。而该创新模式采取规避风险策略后,技术研发和产业化得以很好的衔接。在技术研发的初始阶段降低风险,从而为以后的价值创造开辟了更为广阔的空间。

最后是运行机制。合作科研创新模式综合世界成功的合作科研机构经验,构想了一套促成新兴产业技术转型及新兴产业运行的模式。在该运行模式中,首先由创新模式的实体与企业(或高校及科研院所)达成合作意向;在双方签署保密协议后,形成合作备忘录;然后,由创新模式的实体的职能部门进行深入全面的 IP 检索;双方亦可提出短期尝试性项目来增强彼此的信任感;此后,合作各方可进一步与该创新模式的实体达成框架协议,通过不同的融资方式加合作科研体系,最终多方开展长期合作,取得共赢收益。

在这里重点强调的是,无论短期项目还是长期合作的项目,均可按照以下三种方式运行。第一种方式为共用技术平台项目,一般通过研究团队和若干加盟平台建设的企业共同建设,最终以为技术联盟的方式而存在,建设完成后主要通过技术的授权和许可,以及提供测试、认证等服务实现自身的运转和循环。第二种方式主要是针对有可能形成自主知识产权的关键核心技术的项目,通过"直通车的方式"入驻创新实体,创新实体集中优势力量进行攻关,争取培育成为具有核心竞争力的产业。第三种方式是针对外界具有自主知识产权的加盟项目。一般通过初创公司方式,将具有市场前景的技术培育和孵化,形成未来可供转让或上市的公司。

三、合作科研的未来路径选择

(一)建立面向高校、企业的资源共享和交流平台

政产学研合作的关键在于突破政、产、学、研各自为政的壁垒,立足于社会发展和国家利益,将隶属于各个不同管理体系的科技人才和资源进行有机的结合,从而实现科研产出的最大效益。信息沟通作为产学研用合作的必要条件,为企业和高校两个创新主体之间建立了有效的信息桥梁。通常,企业要寻找一个有时间和兴趣的科研团队与之合作进行一个科研项目开发,这需要大量的时间从海量的信息中进行筛选,反之亦然,科研团队和高校教师为寻找一个合适的合作企业同样存在一样的问题。同时,相互信任是产学研用合作的重要基础之一。由于当地政府对于当地企业的发展状况、技术需求非常了解,并熟悉高校内部院系科研团队的研究领域和研究成果,政府可组建一个信息沟通平台,为企业和高校产学研用合作牵桥搭线,依赖政府和高校的媒介作用,解决科研团队和企业之间的信任问题和时间问题。

(二)企业转变经营方式,加快技术创新

由于企业技术创新能力薄弱,无法与高校科研技术项目达到一定的对接,企业可采取一定措施转变经营方式,加快技术创新。一方面,企业要以构建以企业为主体、产学研用协同创新的国家技术创新体系和建立现代企业制度为契机,加快企业产权制度的改革和经营方式的转换,使企业在产学研用合作中成为技术创新和成果转化的主体。通过股份制等一系列严密的管理方法和约束机制,建立其充满活力的良性关系。另一方面,企业要注重自身技术创新能力的提高。注重自身技术的提高和学习,完善企业技术开发体制,加强技术开发投入资金,鼓励企业科技人员进行技术开发。主动与高校科研人员合作,并向其学习科研技术,致力于使企业经济增长方式从粗放型、速度型向集约型、效益型的转变。

(三)政府加强宏观调控,健全调控制度

高校与企业是产学研协同创新的执行主体,政府则是产学合作的调控主体。政府在产学研用合作走向深广的过程中具有重要作用。作为国家建设和发展中一分子的高等院校,它的发展需要整个社会力量的支持,它的科研成果需要整个社会的检验和认同。政府一方面可以建立并完善产学研用的各种立法保障制度,如对产权问题、仪器设备共享合作成果的归属及利益分配等一系列问题制定相关的法规，给予企业和高校一定的法律保障，鼓励双方进行合法共赢的项目合作。另一方面推广产学研用中相关的政策扶持。如提供一定的税收减免、低息贷款、立项优先、财政补贴等方面的优惠政策，同时设立产学研协同创新专项基金或高科技联合开发风险基金，或者给予一定的补偿以减少企业方面在合作中所承担的高风险。

（四）推进高校与政产学研各方主体的协同创新

政产学研协同创新是我国"2011计划"的核心内容之一，是国家和区域经济发展的重要支撑。政府、大学（或科研机构）、企业和产业是"四轮驱动"结构模型的核心要素，在政产学研协同创新的过程中起到了主要支撑，是国家和区域经济发展的动力源泉。然而其协同发展过程十分复杂，必须要加强实践、增强互动、提供机制保障，不断探索和总结，选择最为适宜的发展路径，为创新型经济发展做出贡献。

1. 高校之间以及地方高校与科研院所之间的协同创新。

经过多年的发展，高校在优势特色学科上都形成了自己的研究团队和研究成果，但是高校之间的合作度不深、融合度不够是制约地方高校实现创新突破的瓶颈，因此必须要加强高校之间的深度融合，进行协同创新选择。一是要强化优势学科之间的融合，鼓励开展跨学科之间的研究和合作，组建协同创新研究团队，开展技术联合攻关。二是要建立优势科研平台，共享网络体系，将平台中的科研成果、科研人员信息等进行共享，形成协同创新共享平台，避免重复研究。三是地方高校要科学定位，利用其优势特色学科与资源，与国内外重点大学开展重大项目的科技合作，而不是只局限于和地方高校合作。地方高校与科研院校在技术创新中承担着开发研究的任务，它们之间有必要实现协同创新的融合，这种融合的实现是以经济社会发展需求为动力，是一种有机的结合：一是要注重科技前沿领域的合作研究，把科技成果推到经济社会发展的前沿；二是要坚持科学定位，形成优势互补、分工明确、成果共享、风险分担的开放式合作机制。另外，高校之间、地方高校与科研院所之间还可以组建专门的协同创新中心，明确研究方向，建立协同创新机制、人才培养机制、评价机制、资源共享机制等。

2. 地方高校与企业（行业）融合的协同创新。

产业集群和学科集群的协同创新是产学研合作的新模式，其中产业集群是指以某个强势企业或某几个强势企业为龙头的一群既独立自主又彼此依赖，既有专业分工资源互补，又维持着一种长期的非特定合约的企业和相关机构在一定地域范围内的聚集。这种产学研合作的新模式需要由众多学科组成的学科集群与产业集群相对接，产业集群中的企业是产学研合作的主体，产业集群催生学科集群的发展，而学科集群的形成发展都是以产业集群中企业的需求为依据，以为企业提供高水平服务为目标。地方高校是产学研合作的另一方主体，它是学科集群的供给者。可见，产业集群与学科集群的对接，实际上是地方高校与企业产学研合作的对接，产业集群和学科集群的协同创新也是地方高校与企业融合的协同创新。

3. 地方高校与地方（区域）经济融合的协同创新。

地方高校的特色与优势主要是服务地方经济，为地方经济社会发展做贡献。地方高校有着与地方（区域）经济融合的先天优势，主要原因在于地方高校立足地方，了解地方经济发展需求，经过长期的发展，地方高校建立了与地方（区域）经济相融合的学科专业科研团队等，具有服务地方经济的地域优势，在某些领域形成了自身的特色。但是地方高校服务地方经济的深度与广度还不够，往往是单个高校与企业进行产学研合作，因此有必要加强地方高校与地方（区域）经济融合的协同创新。一是要建立创新战略联盟，这不是个别企业与个别地方高校的联合，而是突出以众多相关的创新组织和相关机构的集聚形态，既独立自主又彼此依赖，既有专业分工又有资源互补；也不是以单个企业的技术需求为主，而是强调科技创新成果与地方经济社会发展相结合，促进地方（区域）经济发展；二是要注意与主体功能区相结合，充分利用不同主体功能区的区域优势资源，将地方高校的学科优势与主体功能区的区域优势结合起来，从而更好地为地方（区域）经济社会发展服务。

4. 地方高校与地方政府融合的协同创新。

在地方高校产学研合作的协同创新过程中，地方政府扮演着十分重要的角色，往往起着引导作用。当产学研合作发展到一定程度时，地方政府支持和鼓励产学研的行为不能一直停留在供给的角度，要将其向需求角度转变，即针对地方高校产学研合作过程中遇到的实际需求，从需求的角度充分发挥地方政府的作用。因此，地方政府应调整其原来的行为模式，从需求角度出发，针对性地采取鼓励引导与支持的办法，解决产学研合作中遇到的实际问题，包括科技信息问题资金问题等。当然，地方高校也要加强与地方政府之间的深度融合，构建社会发展需要的多元驱动与协同创新机制，不断提升核心竞争力。

第五章 合作服务

第一节 合作服务：地方高校服务社会的重要模式

　　大学三大职能是逐步发展形成的，是随着社会的发展而不断完善和丰富的，经历了从人才培养，到科学研究，再到社会服务的过程。人才培养是大学的基本职能，科学研究是大学的重要职能，为社会服务是教学和科研职能的延伸[①]。一方面，从大学职能的历史演进来看，从人才培养到科学职能的诞生，再因循教学和科研二功能发展到社会服务功能，是教学和科研功能的延伸；另一方面，从三功能的关系来看，教学、科研的最终目标还是为社会服务，否则教学和科研就失去了自身的目的性而无所依归。事实上，从上述大学职能的历史演进过程看，教学功能自大学产生以来即存在，是大学与生俱来的功能，通过为社会输送各种高素质人才来直接或间接为社会提供服务；而科学研究功能也脱离了它创立时的为科学而科学的单纯目的和使命，人们愈加意识到科学的创造是由于人类的社会生活得以实现的，而且也是为社会生活服务的，否则科学的存在将是没有意义的，人类也会对科学丧失兴趣。所以从纵向来看，社会服务功能是教学和科研功能的延伸和指向；从横向来

---

① 朱国仁. 高等学校职能论 [M]. 哈尔滨：黑龙江教育出版社，1999：56.

看，社会服务功能是教学和科研功能的源泉和依归①。

一、地方高校社会服务的现实必要性

大学的产生源于社会的需要，是社会的组成部分，同时，社会的发展与需求也推动着大学的变革与发展。大学成为社会经济中心主轴并发挥社会服务职能，具有历史必然性。

西方发达国家的有关专家、学者对知识经济时代大学社会服务的历史必然性论述较多。有的学者认为大学为社会服务的根本动力在于知识经济的内在需要。有的学者强调社会服务的必然性在于国际化时代大学发展的内部张力。还有的学者从高等教育国际化的角度，阐述大学社会服务的依据。也有学者认为对于大学社会服务的作用不要过于夸大，认为大学在参与区域社会经济服务的过程中，要掌握好"经济领域进入度"。从目前全球大学发展来看，英、德、美等发达国家大学的办学宗旨大都将社会服务职能放在重要位置。日、韩、新加坡等亚洲国家的大学也把社会服务作为大学的重要职能，与社会的联系也是十分紧密的。大学的社会服务职能已成为大学教学、科研、社会服务三种职能中发展变化最快的一个。

西方有关学者对大学社会服务的意义也给予了较高评价。大学社会服务功能是高校成为社会经济发展"轴心"的重要"杠杆"，是社区或者"周围社会"的"源泉"。有学者指出，在知识经济时代，高等学校与社会的直接联系将更广泛、更深入，将成为名副其实的社会"服务站"。

（一）地方高校社会服务职能是大学职能和高等教育本质的根本要求

一方面，地方高校履行社会服务职能是历史发展的必然。从上述大学功能的历史演进看，地方高校服务社会经济发展带有其必然性。就目前来看，高等教育逐步成为一种社会需求，不再是个体或者少数人的需求。高校借助

---

① 迟晶. 美国研究型大学社会服务职能的历史演进及其因素分析 [D]. 长春：吉林大学硕士学位论文，2005：7.

自身的知识优势，为知识的应用、传播、创造新知识、培养社会需求的人才等做出了巨大贡献。以科技园为例，如美国的硅谷、英国的剑桥科学园、北京的中关村等，高校依靠自身的人才资源和智力优势为社会经济发展做出特有的贡献。因此，地方高校服务社会经济发展的职能是大学发展的历史必然。另一方面，高等教育的本质和规律决定了地方高校履行社会服务职能的必然性。高等教育的本质在于有目的地培养人的活动，是完成知识的生产和再生产的过程。高等教育具有历史性决定了培养的人，一方面受政治、经济、社会等条件的限制，另一方面又要对接时代需求，同时还要适应学生身心发展的规律。这就使得地方高校不但要培养适合社会发展的人才，为促进社会经济发展提供智力支撑，而且这个过程要在社会实践中进行，即地方高校办学过程应与社会经济发展建立密切的联系，否则大学就失去了它存在的理由。因此，高校不仅要传播和传递知识，更要创造和发展知识、应用知识直接为社会服务。

（二）地方高校履行社会服务职能是实现地方和高校共赢的重要方式

高校与地方之间积极依靠与主动服务关系的形成，是实现高校与地方双赢，共同发展的重要保证。地方高校作为促进区域经济社会快速发展的助推器，一方面，地方经济社会的发展越来越需要地方高校的人才和智力支持。地方经济社会要实现转型发展，提高效益，必须要善于依靠地方高校的智力资源。另一方面，地方高校要在有限的教育资源中实现发展，必须融入地方经济社会建设的大战场，通过对地方社会提供服务，从而聚集资源，拓展发展空间，增强高校的社会功能和社会价值，在地方社会经济的发展过程中扮演着助推器的作用。未来，高校不能只满足于培养人才，更要以崇高的责任感和使命感融入地方社会，来为社会做出直接的贡献，实现社会需求与高校发展的双向互动，发挥优势，多方面、多渠道、多层次地融入到地方社会经济的发展中。因此，地方高校必须重视"象牙塔"之外的世界，满足区域社会在不同方面的发展需求，与区域社会合作共荣，突出其地方性特色。

（三）地方高校履行社会服务职能需要多方的协作发展

近年来，在国外高校与社会经济更加紧密结合，知识经济推动社会经济对高校人才和智力的依赖趋强以及高等教育的综合改革的深化等因素的推动下，高校对履行社会服务职能的认识有很大的提高。体现在成效上，高校服务社会的范围也不断拓展，类型、形式、途径和手段日渐多样化，服务社会的经济效益和社会效益也稳步提高。地方高校服务社会经济发展趋于普遍性的同时，也存在一些需迫切解决的问题。高校层面，服务社会经济的思考不多，行动还存在着很大的盲目性；服务效率偏低，特别是科研成果转化率较低，忽视社会需求等等。政府层面，缺乏评估、政策导向、人事制度激励等必要的保障；缺乏对高校必要的宏观指导，需求等信息的不能顺畅流通等。企业层面，存在急功近利的短期行为，忽视长期合作等等；这一系列亟待解决的问题直接影响高校服务社会职能的有效履行。

二、地方高校社会服务职能的历史超越性

面对新形势，高等教育国际化、大众化发展，高校也被时代赋予了新的历史使命。为了适应这种变革，地方高校服务社会职能也必须有所超越，这种超越也是高校遵循其内在发展逻辑的必经之路。从这个角度来看，高校社会服务职能逐步从社会经济边缘走向社会经济的中心。这种职能不再是培养人才和科学研究的附属或者衍生物，而应该实现在原有基础上的历史性超越，真正成为一种本体性职能。

一是社会需求更加多样化。随着高等教育在社会发展中的重要作用日益突出，高校社会服务的内容和形式日趋多样化的呼声也更高，不单要为社会培养对口的人才，更要为企业解决发展中遇到的技术问题，要实现科技成果更直接地转化为生产力；形式上不但要开展推广技术服务，要联合攻关技术难题，还要建立科技工业园区；服务的领域不仅仅局限在经济方面，还包括政治、文化和教育等方面。总之，面对多样化的社会现实需求，高校应密切关注，紧跟发展，在及时主动地为社会提供服务时发展自己。二是方式更直接。高校更多地从过去通过培养人才或为社会提供知识咨询、技术指导或者科技成果推广、转让等的间接形式为社会服务，转到直接参与或者创办合作

结构把许多高科技成果转化为成果，缩短转化周期，实现高校与社会的双赢。未来，这种更直接的社会服务方式将是主要发展方向。三是服务更开放。高校服务社会不仅仅拘泥于高校所在的地区，将从更高的层面，对接国家需求，紧跟国际前沿，适应高等教育国际化、大众化发展的趋势，这是知识的本质要求。高等教育不单要把人类积累的知识财富传授给下一代，教会他们去思考问题，探索规律，建立新学说，探索知识的新领域，还要把发现和创造的成果推广到社会，转化成生产力，成为社会财富，服务全人类，使知识真正成为人类的共享性社会资源，推进人类社会文明进步。

地方高校社会服务职能的历史性超越，就要求高校社会服务集群化，走向合作。高校只有依托自身的教学、科研以及人才等优势，以满足社会现实的需要为导向，服务社会、推动经济发展为目的，不断创新，通过合作、联合、联盟等方式服务社会，才能使得社会服务成为高校的本体性职能，才能更好为社会服务，并在服务中获得竞争优势。

三、合作服务：地方高校服务社会直接路径选择

以合作、联合、联盟的方式服务社会，将产生巨大的聚集效益。以集群化、合作服务的模式，为社会提供更好的直接或间接服务。强调分工、整合合作方的有限资源，提高了有限资源的使用效率，节约成本，更有效地促进社会经济的发展。在联合或者联盟方式中，各高校在更高层次、更广范围合作，差异化发展，优势互补，降低创新风险，加快创新速度，提高创新能力，获取竞争优势。合作服务作为地方高校服务的重要模式，之所以具有优越性，根源在于合作服务的互动创新性、效益累积性和服务与发展统一性等。

（一）主要特征

1. 互动创新性。

合作服务使高校由单体结构变为复合结构，重要的是使得功能产生叠加，实现"1＋1＞2"，由资源共享到进一步开放，在合作中竞争，协调中互动，互动中更加明确自身的优势特色，促进创新。首先，知识外部性机制促进互

动。一方面，社会需求的多样性、方式更加直接和服务更趋开放，要求合作各方进行密切交流，各方的物质、能量、信息等频繁交换，促进分工更细，服务更专业、精准，也使得合作方内的人才、知识、技术、资金等创新要素不断得到优化配置，为高校的知识传播和知识的再创造营造了良好的环境；另一方面，经常性的正式与非正式的交流、沟通促进新思想、新观念、新知识和新技术的传播，强化了知识的溢出效应，使得合作各方创新变得更加便捷。另外，良性竞争促进创新。随着高等教育综合改革的推进，高校走特色、内涵发展道路的竞争压力逐渐增大，在服务社会、促进经济发展中不断创新成为高校进一步发展面临的课题。只有很好地置身社会经济发展的大战场，通过深化教育教学改革，培养适应社会需求的各类人才，深化科研改革，加快科研成果转化，提高社会生产力，获得社会的认可，才能在激烈的竞争中获得优势。而合作服务，能够互相借鉴，取长补短，通过沟通、协调、合作，更紧密地对接社会经济发展的需求，通过不断创新，促进办学定位清晰化、内部结构和运行机制科学化，从而提供更加高效的社会服务，实现良性循环。

2. 效益累积性。

科学的合作服务机制将产生合作力，形成集聚效应，从而加大提供社会服务的各合作方的获利空间。前提是，要科学把握度，既要把握合作的开放性防止合作双方的自我封闭，又不能过分地强调共享，形成某一方的惰性，发生一方搭另一方便车的情况。效益的累积性来源于合作服务的专业性。无论是培养人才、科学研究间接地服务社会，还是开展咨询服务、科研成果转化等直接服务社会，都是围绕某一个领域或者某个专业、某个学科进行的，带有很强的专业性。无疑，合作更加强化了这种专业性，从而更精准服务社会，效果就更明显。

3. 服务与发展统一性。

合作服务之所以可以持久，在于高校服务的过程同时也是自身共同发展的过程。合作服务是为了提供更加全面、高效、优质的社会服务，这种服务是以高校学术为支撑的，因为高校是以其教学科研为依托，利用人才辐射、知识密集、设备精良，多学科多门类的研究为社会提供各种知识，培养各种符合社会发展的人才。反过来，在社会服务的实践中，会进一步拓宽与社会的联系，带来全新的视角，融入全新的血液，产生新的研究方法。当这些经过进一步的抽象提升，就创造新的知识，从而推动高校学术性的巩固与深化，带动高校的发展。合作服务无疑进一步强化了这种服务与发展的统一性，从而表现出更加适应形势发展的要求。

（二）主要形式

随着高等教育综合改革的推进，国际化、大众化趋势的纵深发展，合作服务将成为地方高校服务社会的重要模式。值得关注的是，在合作服务的过程中，高校有效地履行了社会服务职能的同时，也服务了合作方。如，与企业合作提供社会服务，服务社会经济发展的同时，也服务了企业，在这过程中，也服务了高校自身的发展，可谓"三赢"。

根据合作主体，地方高校服务社会模式主要有以下几种。

1. 与政府合作提供社会服务。

其主要形式为，一是高校与地方政府签署了各种长期、全面合作协议，与政府在科学研究、技术转移和人才培训等方面广泛开展合作。这种需求根源于大学是区域创新体系的重要主体之一，是区域发展的重要动力源。从知识加工、生产和创新来看，大学无疑处于核心地位。大学传播知识的过程中，也生产新知识，具有很强的知识创新能力。从技术创新来看，大学不单是高新技术的发源地，更是科技成果的推广者，以独特的视角，通过研究中心，特别是工程中心，实现与相应产业链的对接，在区域经济社会发展中发挥独特的作用。二是成为政府的智库。高校发挥学科优势，特别是高级智力人才资源，对政府政策决策提供参考。

2. 与企业合作提供社会服务。

作为知识库、人才库和高新技术的辐射源的高校，发挥人才和科技优势，缩短科研成果的转化周期，服务企业、行业，提高社会的生产力。

一是合作提供科研服务。如，与企业合作创办研究中心，大力开展技术开发，主要是面向产业或者企业生产中面临的重大课题、解决重大技术瓶颈；建立科技园区或者工业园区，这主要以科研力量雄厚的研究型大学为中心，以高新技术公司为基础，形成技术创新和技术转移的平台，在培育创新环境、培养创业人才、孵化科技企业、推进技术转移等方面，发挥着重要作用[①]；建立企业孵化器，为大学技术转移服务，培育和扶持新建的高新技术企业。主要通过提供商业信息情报、技术咨询与指导、低价的办公设备租赁等途径，提供技术合作和技术转移的联盟，孵化企业。

二是合作提供人才培训。根据行业、企业的需求，培养培训各类高层次专门实用人才。既包括长期的、定向的合作培养人才，也包括短期的委托培训；既有订单式的培养企业所需人才，也包括企业选派技术人员到高校进修。不但增强大学师资特别是科研人员与行业、企业的交流，及时了解需求，调整研究方向，更新教学内容，而且培养的人才可以无缝对接企业，增强企业员工的技术能力，推动技术个性和管理改进，提高企业竞争力。

三是合作提供信息服务。信息服务包括一般信息服务和高层次信息服务，前者主要是包括科技开发信息服务、工农业信息服务、文化教育信息、工商法律信息等；后者主要是指经由系统化整理，深加工、挖掘后具有一定理论高度和实践创新的信息，主要涉及调研服务、行业发展预测、重大决策咨询、科学管理服务等。

3. 与社区合作提供社会服务。

作为社会的"信息库""思想库"的高校，集中了最先进的智力、信息、人才资源等，可直接为社区服务。主要形式有：一是开放共享资源。如开放图书馆、仪器设备、实验室、体育文娱设施等。二是提供知识服务，为社区居民身心素质提高提供服务，如开办研修班、讲习班等。三是提供咨询服务，如解决工业生产中的技术、管理、法律等问题，为居民开展心理咨询，开展结对子、"三下乡"活动等等。

---

① 钟坚. 世界硅谷模式的制度比较[M]. 北京：中国社会科学出版社，2001：15.

第二节　地方高校合作服务的实践探索

一、服务国家战略

（一）福建农林大学服务生态文明建设

1. 服务生态省建设。

福建农林大学重点开展了助推福建省新一轮水土流失治理和美丽家园建设工作。在助推水土流失治理方面，牵头组建了南方水土保持研究院，举办了海峡两岸红壤区水土保持研讨会，编发了系列科普资料，组织专家深入长汀、安溪、连城、光泽、宁化、政和等水土流失重点区域进行实地调研、现场指导，为长汀、连城、安溪县等地编制了水土保持规划和2012年度计划。特别是在助推长汀县水土流失综合治理方面，与长汀县政府签订了合作协议书，组建了以学校主要领导为团长的专家服务团，制订了"五个一"助推工作措施，系统总结了长汀30多年水土保持工作经验，编制了长汀县水土保持及综合发展规划等23项规划，并在长汀县主持实施了福建省水土流失区生态经济型治理技术集成与示范等一批科研项目，为南方水土流失治理提供技术支撑和示范。助推工作在社会各界引起了较大反响，福建日报等多家媒体进行了多次报道。

2. 服务美丽家园建设。

学校依托国家林业局重点推广项目及省种苗攻关项目，积极开展锥栗、油茶、杉木、樟、楠、相思等优良树种种苗选育，为福建省绿化工程做出贡献；先后完成了德化县花卉产业规划、安溪金谷镇圣地休闲农业旅游发展规划、三明市梅列区虎头山休闲农场发展规划和陈大镇休闲农业与生态旅游发展规划、光泽县国家森林公园等20多个园林、旅游与休闲农业园规划，并成功承办了由国家林业局主办的2012年全国森林公园主任培训班和2012年"森林公园建设与经营管理研讨会"。

（二）福州大学服务海西战略

作为福建省唯一一所进入国家"211工程"重点建设的理工高校，福州大学坚持"以工为主，理工结合"的办学特色，坚持以区域经济社会发展重大需求为导向，在构建开放式的办学过程中，加强内部资源的整合，注重学科布局，不断优化专业结构，主动适应经济建设和社会发展的需要，为海西建设提供强有力的人才与技术支撑。

2003年以来，福州大学分别与福建省九地市人民政府签订了市校同发展科技合作协议，并同时展开一系列的科技开发、人才培养合作。从厦门闽南金三角经济建设服务到漳州万利达的辉煌，从龙岩的厂房车间的答疑解惑到莆田3.2亿的合作，从南平的180个创新技术到泉州的30份合作协议，从宁德的69项企业技术到如今与福州市在科技合作服务、人才储备培养、共建大学科技园等方面的全面合作。福州大学开创的校地合作模式，在全省九地市相继开花结果。

2012年5月4日，福州大学与福州市人民政府签署战略合作框架协议，更是引起广泛的关注。双方建立了长期稳定的战略合作关系，携手共同推进闽都人才集聚工程建设、推动福州地区高等教育事业蓬勃发展，形成"优势互补、合作共建、互利共赢"的良好态势。"部、省、市"共建格局的形成，对构建海西大都市区人才高地，快速提升福州地区协同创新能力，充分发挥省会中心城市的辐射和引领作用，推动福建、福州科学发展新跨越，具有重要的战略意义。此次牵手福州，既是政产学研搭台唱戏的新答卷，也是福州大学许给福建人民的新承诺。与此同时，福州大学紧紧把握国家战略部署，自2017年起先后增设了新一代信息技术、高端装备、节能环保等产业急需学科专业，超前部署微电子、人工智能、网络安全、大数据等国家战略新兴产业急需学科专业，建立微电子示范学院、人工智能学院等，全面对接福建省装备制造、电子信息两大产业，服务"数字福建"和"数字中国"建设，为区域产业结构调整、经济发展方式转变提供技术支撑。

二、服务地方政府

（一）福建农林大学服务地方政府

1. 积极提供农业政策决策咨询。

福建农林大学组建成立了福建省高校农村发展研究中心、海峡乡村建设学院、海峡新农村发展研究中心和生态文明研究中心等专门研究机构，汇聚了温铁军、张建国等一批知名的"三农"研究专家，重点致力于科学发展评价，农村金融体制改革、粮食价格政策、小城镇综合改革建设等领域的研究，推出了有决策参考价值的研究成果；张文棋教授的《农村金融体制改革整体思路及路径选择研究》入编中宣部《成果要报》，呈送中央政治局领导参阅；蔡贤恩教授的《新时期我国粮食价格政策的研究》被国家发改委采用，此后，国家提高了全国早籼稻最低收购价格；《平潭综合实验区生态指标体系构建》《福建省小城镇综合改革建设试点考核指标体系构建》等10多项成果被省政府采用并发布实施，其中有2项获得福建省科技工作者优秀建议奖。

2. 帮助制订农村区域发展规划。

学校为连城等8个县市进行基本农田规划，为20多个县市编制现代多功能农业、休闲农业等发展规划，为三明等县市编制竹子现代科技园区—乡镇示范基地—村级高效经营示范户三级示范推广网络规划，为永安市八一村编制新农村建设规划，在保护耕地资源、促进集聚发展、规范乡村建设等方面发挥积极作用。

3. 助推县域经济发展。

福建农林大学校内的甘蔗、水稻、花生、红麻、茶叶、杉木，优良种源、食用菌、农产品贮藏加工、木材加工、造纸等技术推广不断扩展，特别是加强与新疆、西藏、广西、海南、云南、贵州、黑龙江等省区的科技合作与推广工作都取得了新成效。2012年与福州市人民政府签署战略合作框架协议，加强与闽侯、闽清、福清、长乐、连江等县在食品、农产品、水产品加工等方面的合作，相关企业达25家，产值超过10亿元；与南平市签订了战略合作协议，助推南平市食品行业千亿产值计划，培育壮大了圣农集团、盛洲集团、长富牛奶、武夷星茶叶等一大批农业产业化龙头企业，年产值突破170亿元，与光泽县对接了项目生态与食品加工项目20多项，与浦城县对接了"丹桂"特色产业项目，与武夷山市共建茶产业研究院，与邵武市共建现代林业示范区，配合省政协开展了政和县农民增收倍增计划；此外，还实施助推漳州市现代花卉产业发展，协助做好花卉品种的改良、更新、引种、种质资源保存以及保鲜技术，使全市花卉品种达2000多种，年总产值为71.49亿元，年出口额占全国20%以上；与古田县签订战略合作协议，共建古田食用菌研究院，把古田县食用菌研究所及检测中心并入研究院，并规划新建研究成果转化基地1个、中试基地100亩。

（二）闽江学院服务地方政府

1. 服务长乐市科技文化发展。

闽江学院通过与长乐市人民政府签订《长乐市人民政府与闽江学院科技文化交流合作框架协议》《加快企业技术改造，提升长乐市纺织产业竞争力的研究与实施》技术服务合同等服务长乐市科技文化发展。长乐市是闽江学院的常务董事单位，长期关注闽江学院的发展和建设。闽江学院发挥高校的人才优势，紧密对接长乐市经济、社会发展需要，积极为长乐市改革和发展做贡献。通过合作，依托长乐市产业优势，推动政校在科技成果转化、人才科研机构和开发基地建设等领域的产学研合作，共同打造富有内涵、层次更高、经济和社会效益更好的产学研合作平台。

2. 服务闽侯县县域文化建设。

闽江学院和闽侯县签署了福建省第一个县域文化共建联盟的《闽侯县人民政府与闽江学院文化合作共建协议》。闽侯县位列福建省区域发展十佳县（市）之首，在经济发展的过程中，逐步意识到文化软实力对经济可持续发展的作用，对县域文化建设需求迫切。闽江学院在文化及文化创意产业发展研究中，具有鲜明的比较优势，且集聚了大量人才。两者合作一拍即合，闽江学院将依托人才及教育教学资源优势，与闽侯县共同开展闽侯历史文化基础性研究，出版系列文化丛书；参与或指导闽侯县重大文化活动，对闽侯文化基础设施建设、文化事业及文化产业项目提出合理化建议；合作对闽侯百姓进行文明礼仪培训；协作做好闽侯县文化艺术人才、教育教学人才培训；参与闽侯旅游资源调查，指导、策划旅游规划，共同开发旅游特色产品；指导、协助闽侯县打造文化艺术精品，并在理论宣传与研究方面展开全方位合作。闽侯县也将发挥地方资源、产业、行政等综合优势，为闽江学院所做的专题研究提供必要的经费及其他帮助；为学生提供专业实习和社会实践基地；承担闽江学院文化艺术、教育队伍人才培训及打造文艺精品的相关费用等等。

三、服务行业

（一）福建农林大学服务现代农业发展

1. 服务甘蔗产业。

2012年分别在云南、广西举办了"全国甘蔗健康种苗生产技术培训班暨现场观摩会"，大力推广甘蔗脱毒健康种苗生产技术，举办培训班20余期，为甘蔗高产创建做出了重要贡献。2012/13年制糖期全国糖料作物种植面积在2700万亩左右，食糖产量在1200万吨左右，学校筛选的品种占全国甘蔗种植面积的80％以上，仅推广健康种苗增收节支15％计，年增收节支在100亿元以上。

2. 服务食用菌产业。

技术服务覆盖福建省100％的产业化龙头企业；中国援助卢旺达农业技术示范中心顺利通过验收，中心指导的菌草技术示范种植户达1000多户，菌袋生产合作社达30家；西藏林芝地区已发展种植菌草200亩，试种菌草灵芝等3万多袋。

3. 服务茶产业。

覆盖了福建省100％的产业化龙头企业；由学校牵头的科技特派员茶产业创业链入选第一批国家级科技特派员创业链，带动农户就业人数7.8万人，户均收入6500元；学校主持的福建省茶产业技术创新重点战略联盟，产业布局涉及全省所有茶类，茶园基地 4000 公顷，年产值达 12.5 亿元。

4. 服务畜牧业。

技术服务覆盖福建省大中型企业的 60％左右；通过国家水禽产业体系平台，与莆田广东温氏家禽有限公司等 8 家企业合作开展番鸭、半番鸭、蛋鸭相关技术研究及推广应用，福建农林大学依托福建省生猪产业体系，参与指导 16 个国家级、125 个市级示范猪场建设，在省内 60 个规模化猪场推广大型黑膜塑料沼气池建造，从源头上解决环保问题。

(二) 福州大学服务工业

进入本世纪重要战略机遇期，福州大学根据跨越式发展的新思路提出建设"东南强校"的目标，这在时间上与国家和福建省经济社会发展的阶段目标相契合。按照科学发展和学科本身发展的要求，福大深谋远虑，在学科布局上做到"科学合理、相互支撑、协调发展"，建立有利于学科交叉融合的多学科学术生态。站在科学前沿，让学生学到最前沿的理念和最新知识，接受最好的科研训练。

2001 年起，学校先后组建了化学与化工学院、数学与计算机科学学院、物理与信息工程学院、生物科学与工程学院等新命名的学院，从机制上保证理工的结合。2012 年之后，学校根据福建省产业发展需要，先后成立石油化工学院、海洋学院、微电子学院。

在学科专业建设上，学校主动对接福建省产业转型升级需要，不断优化学科布局，积极发展工科专业。2012 年以来学校通过改造传统专业，整合相近专业，提升优势专业，增设战略性新兴产业专业，不断加强工科发展。现有本科专业 84 个，涵盖了理、工、经、管、文、法、艺等七大学科门类，其中工科专业 50 个，占比达到了 60％，呈现了以工为主的多科性特点。学校现有 11 个一级学科博士点、39 个一级学科硕士点，其中工科学位点 21 个，占比高达 53.8％。学科专业与福建省产业结构高度契合，涵盖了电子信息、装备制造、石油化工三大主导产业，在八大战略性新兴产业方面基本达到了全覆盖，主要产业覆盖率超过 93％。根据国家和区域行业的重大战略需求，学校开办新一代信息技术、高端装备、新能源、节能环保等产业急需学科专业，以及微电子、人工智能、网络安全、大数据等事关国家战略和国家安全的学科专业，不断探索人才培养模式改革，努力为地方产业发展培养急需人才，积极助力国家和地方经济结构调整和产业技术升级。

2015年11月，福州大学与福建泉州晋江市人民政府共建晋江科教园。科教园的建设直接服务于晋江产业升级和创新驱动发展的需要。在人才培养模式上，科教园开创性地提出建立"3＋1＋2"的模式，学校从本科三年级招收优秀学生于大四学年进驻企业实习，与企业签订协议，并由企业发放工资，择优保送研究生，待完成研究生基础课程后，研究生二年级再进驻企业进行课题和项目研究，让学生和科研团队进驻企业一线，进行实习锻炼与产业合作，与企业共同创办科研平台、技术改造、网络化改造、智能化改造等。这不仅为晋江经济社会的发展提供了强有力的人才支持，更为产业结构调整、经济发展方式转变提供了新一轮的技术支撑，实现福州大学优势学科的产业转化，促进科技成果的产业化转化，实现高校科技人才与晋江地方产业的顺利对接，从而促进晋江打造产业升级新引擎，突破人才和技术支撑瓶颈，实现从产业制造向产业智能转型的升级。

四、服务企业

（一）福建农林大学服务企业

优良的社会服务传统，为强化产学研用合作的广泛开展奠定了坚实的基础，福建农林大学从20世纪90年代农林两校科技推广中心的成立，到科技开发总公司，直至2010年海峡创业育成中心的成立，学校科技服务企业工作越来越专业化、规范化，横向科技服务逐渐建立了地方品牌优势。学校专家长期服务的农业企业覆盖全省农业产业化龙头企业的70％以上，其中覆盖茶产业100％的产业化龙头企业，占全省茶企业的70％左右；覆盖食用菌产业100％的产业化龙头企业；覆盖食品产业30％的大中型企业；覆盖畜牧产业60％的大中型企业；覆盖林产工业30％的大中型企业。

1. 助力校地合作，搭建科技人员服务企业的平台。

学校与地方的市、县、乡、村签订合作协议，通过组织实施"惠农工程"，建设"十县十乡十村科技示范点"等方式，校地双方共同拟定优先发展项目，整合资源，重点开发，为科技人员服务企业搭建平台。如，在实施惠农工程尤溪综合示范县中，实施的"森林采伐运输管理系统"，极大地提高了林政管理效率；金柑良种选育和保鲜研究有所突破，开发金柑果脯蜜饯及金柑果酒两个新产品，在示范县新建成了果脯蜜饯生产线，年加工能力1500吨，金柑主产地的农民仅金柑一项人均收入达400多元，占农民收入的12%；在示范县成立了农民养蜂协会，使实施地全村人均增收400多元。

2. 借力"6·18"，加速科技成果向企业转化。

通过"6·18"平台，动员和组织广大教师、科技人员带项目成果、专利技术到企业中去，在保证学校知识产权的前提下，学校将研究成果与企业合作开发，实现企业零风险对接，经开发熟化后再与企业签订技术转让或技术入股合同，从而降低企业转化科技成果的风险，推动了专利技术、项目成果在企业中的对接转化，利用"6·18"、农林渔茶四大博览会等平台，学校200多位专家先后与企业对接项目3000多项，连续11年居全国参展单位第一。企业在转化学校科技成果中得到发展，如福州民天集团有限公司民天食品厂为"中华老字号"调味品生产企业。公司与学校食品科学学院合作，开展了"多菌种共混液态酿造荔枝、龙眼果醋饮料的研制"项目的产业化转化工作，公司对原有食醋生产线进行科学合理的改造与扩建，形成了年产1000吨果醋及果醋饮料的生产能力，增强了企业的市场应对能力。

3. 派遣科技人员，为生产一线提供智力支持。

通过聘任学校专家、科技人员担任科技服务企业专家，建立了企业联络人制度，并开展"海西春雨行动"，以派遣科技特派员、专家服务团、科技服务团等形式，派出科技创新团队、科技人员到生产一线，担任技术顾问，开展技术指导、技术诊断、技术讲座、合作研发等服务工作，协助破解企业、农户生产难题，提高企业自主创新能力、农户依靠科技致富能力。组织123

名专家与 58 家企业签订服务合同，直接推动了企业生产技术的升级换代。其中，由学校牵头的科技特派员茶产业创业链入选第一批国家级科技特派员创业链，学校专家长期服务的 13 家企业被列为第一批省级科技特派员创业示范基地。仅茶产业创业链的年产值就达 12.5 亿元，带动农户就业人数 78 300 人，户均收入 6500 元。

4. 共建科技创新平台，融入企业创新体系建设。

校企双方根据各自所具有的资源优势，针对企业发展中亟须解决的关键技术性问题，依托学校平台、学科、人才优势，与企业共建技术研发中心、科研工作站、成果转化示范基地等，联合承担国家和部省级科技项目，联合开展技术攻关，着力构筑企业技术创新体系。在校内，与中国农业发展集团（全国唯一农业央企）共建中国农业发展集团有限公司种苗研究院，与华祥苑集团、沈郎乡集团等共建茶生物研究中心、木本油料工程技术研究中心等行业技术研发中心 8 家；在校外，与武夷星茶业有限公司等共建福建武夷岩茶行业技术创新中心等研发中心 11 家。近年来，这些研发中心已主持承担省级以上科研项目 150 多项，研发新产品 150 多种、新工艺 40 多项。如，星愿（中国）茶业有限公司以学校茶叶科学研究所为技术依托，成立了福建武夷岩茶行业技术创新中心，校企双方联合承担国家和省级科技项目 15 项，其中国家级项目 4 项，省厅级项目 11 项，不仅实现了技术和产品的更新换代，还提高了企业的竞争力，企业于 2008 年被评为"农业产业化国家重点龙头企业"。目前武夷星茶业有限公司已连续 8 年通过国家和国际有机产品认证，应用组培快繁技术扩繁了 5 个新品系进行区域试验，研发了乌龙茶智能化加工设备及其配套加工技术、全自动精制拼配生产流水线、闽北乌龙茶小包装连续化及自动化生产线，开发了清高香大红袍、陈年武夷岩茶、冷冻乌龙茶、紧压乌龙茶、奶香武夷岩茶、名优绿茶金眉。"武夷岩茶有机栽培及标准化加工新技术研究与示范"项目 2008 年通过省级鉴定（国内领先），并获得 2009 年度福建省科技三等奖。2010 年，"优异茶树种质快繁与产业化关键技术研究及示范"技术成果通过省级鉴定。申报专利 7 项，"武夷"大红袍外观专利 1 项，

"龙团凤饼"（紧压茶）外观专利4项。

5. 创建海峡创业育成中心，强化产学研工作。

学校专门成立海峡创业育成中心，由校党委书记亲自担任中心主任，借鉴台湾大学、研究机构产学智财营运的先进经验，汇聚海峡两岸百位专家学者，构成实力雄厚的创新研发辅导专家团队，并整合校内部省级重点实验室、工程技术研究中心等为创新创业服务平台，推进技术转移成果转化，目前，不仅已有多家省内企业进驻海峡创业育成中心，在中心辅导专家与企业的精诚合作下，合作企业福建圣农集团有限公司、厦门如意集团有限公司、华祥苑实业有限公司、福建阳光生态农业发展有限公司等大中型企业快速发展，入驻的中小型企业创新创业育成也取得了可喜成绩。如辅导的闽清丰达生态农业大观园有限公司"百香果引种选育及其栽培技术推广示范"，推广应用500亩，获得了2011年国家农业综合开发土地治理项目科技推广经费支持；辅导的闽侯县天雾农场茶园改造获省发改委良种工程立项，并通过有机茶论证；辅导的福建三明市佳盛木业有限公司指接木、碳化木新产品开发成功，并牵线福建海都投资有限公司，依托学校技术共同创办"三明林业产业园"等。

（二）福州大学服务企业

1. 用知识回馈社会。

在科技服务海西的建设中，一大批优秀科技成果带动了海西的腾飞，一大批优秀的科技人才以一股子"闯劲"打下了自己的一片天。以刘明华（福州大学环境与资源学院院长，教授，博士生导师）为例，他还兼任石狮清源—福州大学环保材料清洁生产技术研发中心主任。

2006年，与石狮市清源精细化工有限公司合作，就环保印染还原剂项目签订技术合作协议，项目金额达520万元，目前已正式投产。2007年，将有机高分子絮凝剂的专利以260万元转让给福建省吉源环保科技有限公司，并已正式投产。2008年，与福建祥龙塑胶有限公司合作开发出木质素改性碳素电力管，实现产量1万吨，实现产值1.3亿元，利税1700万元。2009年，将有机无机复合型水处理剂专利以250万元转让给长乐福联达环境科技有限公司,项目产品正处于生产阶段。2010年,将木质素磺酸钠专利以580万元转让给福建天华生物质材料有限公司,并于2010年12月正式投产。2011年11月,与中国人民解放军环境科学研究中心进行了友好洽谈与协商,并签订了资源共享协议,开启了学院与军方合作的新篇章。

在福州大学,像刘明华这样的老师还有很多。近几年来,学校根据各地市产业发展和企业创新的需求,共选派了30多位科技人才,以专家服务团的形式,赴八闽大地进行挂职锻炼和科技服务。挂职福安市科技副市长的林瑞全着力培育电机产业集群。同样是科技副县长,在德化县挂职的丁国民上任第一天,就积极开展陶瓷共性技术攻关,促进陶瓷产业转型升级。投身泉州泉港区的江义平,围绕石化园区规划与建设东奔西走,为泉州南山片区的大发展流下了辛勤的汗水。专家服务团成员充分利用高校资源和自身的专业知识,为服务地方经济发展,加强校企、校地、校产合作发挥着重要的积极作用。

2. 用项目建功海西。

福州大学校长付贤智院士曾经多次讲过:"搞科研不是'交钥匙工程',不像工程队那样盖完房了,结完账就走人。一定要把成果转化为生产力,做出产品项目推向市场,才能造福百姓。"近年来,福州大学深入研究"海西"区域主干产业集聚、市场布局和要素流动前景,调整、完善学校的办学功能布局,扩大和技术型企业的实质性合作,用一个又一个过硬的项目,建功海西,回馈社会。

化肥催化剂国家工程研究中心研发的FD型汽车尾气净化器技术成功转让给福建朝日环保科技有限公司,已建成年产20万套净化器生产线,生产的FD净化器与8家汽车厂12款车型配装,经国家轿车质量检测中心测定先后通过欧Ⅲ和欧Ⅳ标准。目前已向长春一汽等4家汽车厂批量提供FD净化器,近两年产值达1亿元,如今FD型汽车尾气催化净化器随着东南汽车奔跑在海西的每一条大路上。

国家环境光催化工程技术研究中心研发的多功能光催化空气净化器及其工业生产技术在漳州万利达光催化科技有限公司实现产业化，年产量达30万台，带着福大人的建功海西的执着精神走进千家万户。产品已出口美国、俄罗斯、英国、法国等国家，累计产值已超过4.5亿元，利税5000多万元，创外汇1000多万美元。

国家示范工程项目"醋酸甲酯精馏水解技术"在永安纺织化纤厂实现产业化，每年节能1000多万元；已在厦门翔鹭石化应用并与台湾CIC公司签订了全球合作协议书，成为福州大学首例具有自主知识产权的专利技术，并在国际间转让与推广应用。

福建省数字电视工程研究中心研发的数字电视系统与终端核心技术（数字电视机顶盒系列），已在新大陆、神州等企业实现产品化，2008年实现数字电视产品销售量超过100万台套，创产值3亿元；2009年为企业新增产值4.5亿元，产品已在福建、河北、湖南、湖北等十几个省市自治区和东欧等部分国家地区推广应用。

五、服务大陆与台港澳的交流合作

福建农林大学是海峡两岸农业交流合作的重要窗口，在全国高校中率先获准成立海峡两岸农业技术交流中心和海峡两岸农业科技产业合作基地，从台湾引进牛樟等31个农业新品种，与台湾高校等共同发起主办了40多场次的科技交流研讨活动，促成了29项闽台农业项目合作协议或意向签约，总投资额高达5亿多元。率先主持涉台的国家科技支撑计划项目，率先实施农业科技成果进宝岛计划，取得丰硕成果。鉴于学校在开展对台农业交流方面的基础和所做出的贡献，农业部《在对台农业2008—2012年工作规划》中指出："重点支持福建农林大学、中国热带农业科学院和台湾农民创业园建设台湾良种引进、繁育和推广基地，台湾农产品加工示范基地以及农业疫情监测防控和农产品质量安全检测体系。"

1991年，国家科委把菌草技术列为国家级星火计划重中之重项目和重点推广项目。1994年商务部把菌草技术列为援外项目，在国家星火计划、重点计划、援外项目的推动下，菌草技术走出国门，现已传播到世界六大洲87个国家，已有15种文字在传播菌草技术，在国外建立了五个菌草技术示范培训中心（基地），运用菌草技术发展形成的菌草业成为发展中国家食品安全、生态治理、增加就业、消除贫困的特色新兴产业。

1. 菌草技术援巴新项目，促成福建省和东高地省结成友好省，为坚持一个中国原则起了积极作用。

1998年9月，菌草技术被国家商务部列为援助巴布亚新几内亚项目，林占熺率领我国援巴新菌草技术专家组赴巴新东高地省实施项目；2000年5月，巴布亚新几内亚东高地省省长拉法玛访问福建，并签署了《福建省援助东高地省发展菌草、旱稻生产技术项目协议书》。菌草、旱稻生产技术被福建省政府列为援助巴布亚新几内亚东高地省项目。菌草技术在巴新的推广给当地农民带来了丰厚的经济收入，美、法、日、加、韩、澳等许多国家的外交、技术官员不时前去参观考察，一致称赞菌草技术取得的成效，巴新议长纳尔德·纳拉科比接见中国菌草技术专家组时风趣地说："你给我一些菇，我们只能吃一两天，但你教我如何种菇，可以解决我一辈子的问题。"

旱稻技术在巴新的推广，结束了东高地省无稻谷生产的历史，至2004年11月种旱稻的农户已超过3000户，种植面积超过了300公顷。2000年3月播种的旱稻7月25日首次收割，每公顷产量达6.75吨，2004年5月11日收割第十三次，每公顷产量4.16吨。巴新中央电视台、主要报纸和电台多次报道了中国援助东高地省旱稻项目成功的消息，认为这是中国送给巴新人民最好的礼物，是解决粮食问题和农村脱贫致富的好项目。我国驻巴新几任大使和参赞先后八次到项目基地视察，项目基地所在的东高地省鲁法区八次升起中国国旗奏响中国国歌。特别是1999年菌草技术在巴新与"台独"势力争夺外交承认权、坚持一个中国的斗争中起了积极的作用。促成了2000年5月福建省与巴新东高地省结为友好省关系。

2. 与南非合作，成为中南合作典范，促成南非夸祖鲁纳塔尔省和福建结成友好省。

2004年7月,菌草与旱稻技术以24万美元转让给南非夸祖鲁纳他尔省,该省2005年和2006年分别拨款800万兰特和2000万兰特为项目实施经费。该项目使项目实施地之一的夸丁迪菌草合作社成员(当地最贫困的妇女单亲家庭),不仅提高了经济收入,学习到各种技能,还大大提高了自己的社会地位。当地人民群众和政府官员表示,从前在南非黑人反对种族主义争取平等的斗争中,中国政府和人民给予了无私的帮助,现在又在菌草和旱稻技术,农业扶贫方面继续支持,特别在农村脱贫致富方面,南非需要从中国学习借鉴经验,他们感谢中国福建省的支持,感谢中国专家不远万里,亲赴贫困地区指导农民。菌草技术和旱稻栽培合作项目在南非实施成功,在当地社区引起了很大反响,2006年4月6日《非洲时报》的头版头条用《祖鲁王国诞生中国蘑菇——中南合作的成功典范》文章报导了菌草项目的成功实践。南非报纸、广播电台与电视台,以及中国新浪网、中非合作论坛等媒体网站都刊登了有关消息。2006年12月夸纳省省长思德贝勒应邀访问福建,签署了结为友好省协议,并延续菌草和旱稻项目。

2008年由南非政府投资6000万兰特,占地12公顷,建筑面积5000平方米的南非菌草技术研究培训基地正式开建,2010年8月落成并转入运行。2012年6月12日,人民日报记者专程到基地采访,发表《中南菌草蘑菇合作项目造福南非》的报道,并在人民网上播放采访视频。

3. 中卢技术合作,援卢旺达农业技术示范中心成为南部非洲最具影响力的农业示范中心。

2005年10月,以12万美元将菌草和旱稻技术使用权转让给卢旺达农业部,2006年8月项目开始实施。2007年国家商务部、农业部把援卢旺达农业技术示范中心的任务下达给福建省政府,指定该项目由福建农林大学承担,并指定由菌草技术和旱稻宿根技术发明人林占熺具体负责,当地的菌业生产原来依靠西方国家援助,成本高效益低,不能持续。我专家组克服种种困难,从实际出发在短短的半年时间建立起了7个生产示范基地,利用有限的资金迅速改变了卢旺达原有的菇类生产模式。专家组根据当地的自然气候特点，充分利用当地象草、蔗渣等资源，在两个月内栽培出蘑菇和木耳。生产投入成本只有西方的十分之一，而产量却比原来提高两三倍。现在基地生产的菌种能够满足全国现有菌类生产的需求，还扩大影响到周边的刚果、乌干达、布隆迪等国。卢旺达由于过去森林过度砍伐，水资源不足，当地农耕机械不发达，多数农民仍用人力耕地，旱稻宿根栽培栽一次可连续收割多次，节水又省工，深受当地人民欢迎。

菌草技术和旱稻栽培合作项目的实施成功情况引起了卢政府和国际组织的高度重视。2006 年 12 月 7 日，卢旺达农牧资源部国务部长达芙萝丝·格哈克博士陪同我驻卢使馆戚德恩大使出席菌草技术、旱稻栽培项目现场会。2007 年 2 月 15 日，联合国粮农组织驻卢旺达总代表、世界银行和非洲发展银行驻卢旺达总干事长、路德教会世界联合会驻卢旺达及刚果（金）办事处主任等到项目实施地卡布耶参观考察。他们对菌草技术适应当地情况的独特推广模式表示赞赏，支持菌草技术和旱稻栽培项目的实施。

专家组还在援卢旺达农业技术示范中心开展水土保持工作。两年多来，种植巨菌草的地与当地种植农作物的地相比较，土壤流失减少 97% 以上，水流失减少 80% 以上，受到卢旺达总理、总统的充分肯定。至 2013 年 5 月，中心已举办各类培训班 20 期，培训技术员、干部、农户共 729 人，推广农户 1000 余户，接待各国各界人士访问近 5000 人。卢当地媒体对援卢中心已进行了 20 次以上的报道，项目受到卢旺达政府和人民的高度评价。2012 年 9 月以来，新华社、中央电视台、人民日报等国内媒体也对援卢中心进行大量报道。

4. 援莱索托菌草技术项目实施，为莱索托增加就业，消除贫困开辟了一条生态效益好，经济效益高的新途径。

2006 年 10 月，菌草技术被中国政府列为援莱索托项目，2007 年 3 月开始实施，至 2009 年 9 月，基地建起一套年产 60 万袋菌袋的生产线，技术推广到莱索托全国 10 个区中的 4 个区，共 18 个村 160 多农户，建菇棚 70 座，莱首相及大臣对该项目高度评价。

根据莱索托政府的迫切需求，在中国商务部、中国驻莱使馆和经商处的大力支持下，菌草技术列为援莱索托第二期项目，于2010年1月开始实施。在第一期成果的基础上进一步扩大了基地的建设，开展示范生产，技术培训推广，科学试验，开拓市场等工作，帮助更多的莱索托百姓增加收入，受到中国驻莱使馆领导、莱索托政府官员高度赞扬。援莱菌草技术项目对莱索托的农业发展发挥了重要作用，莱方对菌草业非常重视，已列入该国国家五年计划。

5. 援斐济菌草技术示范基地，将为海岛高产、优质、高效、生态、安全的三物农业提供示范。

2009年，时任国家副主席习近平随访斐济时，提议由中国政府援助斐济发展菌草业。2010年2月，福建农林大学完成援斐济菌草技术示范中心项目的可行性考察任务，2012年2月21—23日，福建农林大学与斐济（初级产业部）农业部举办首期菌草技术培训班，培训57人，并确定项目建设目标。

援斐济菌草技术示范中心项目的选址位于斐济楠迪市的研究站内。中心占地面积3.21公顷，设计的总建筑面积4208.04平方米，包括综合办公楼、培训宿舍、中方宿舍、出菇车间、草粉加工车间、菌袋生产加工车间以及其他相关配套设施。中心的专业领域是菌草技术，包括菌草种植、菌草食/药用菌栽培以及菌糟的加工利用等；具备五方面功能：适应性研究、良种繁育、技术培训、示范生产和产品加工。产能设计为年产150万袋菌袋提供给农户，约350吨鲜菇及约100吨的饲料或有机肥料。

驻斐大使馆经商处大力支持菌草技术项目，近年来共招收了28名农业官员及技术人员赴福建农林大学参加培训班学习，已初步为斐济培养了一支专业技术人员的队伍。

斐方十分重视菌草技术项目，当地主要新闻媒体对项目有关情况多次报道。在《斐济时报》《斐济太阳报》上刊登了多篇文章，斐济电视台和电台多次播放有关新闻。当地民众纷纷致电斐济初级产业部咨询，对参与菌草技术项目的热情非常高。

同时，1994年10月，国家外经贸部援外司把菌草技术列为"多边援助"项目。受外经贸部援外司的委托，自1995年开始至2013年5月，学校共承办了26期菌草技术国际培训班，计有87个国家和地区的768名专家、学者、政府官员、农业技术人员来学校参加培训学习。另在卢旺达、莱索托、巴布亚新几内亚、南非、斐济等国举办了累计24期菌草技术培训班，培训各类人员786人。

六、地方高校合作服务的实践启示分析

（一）地方高校要在合作服务中实现特色发展

地方高校具有"地方投资""地方管理""办在地方""服务地方"的显著特征，主要有三类：一是省级政府直接统一管理，二是省市共同管理，三是市级政府直接管理。[①] 这就决定了地方高校与区域经济社会发展之间应该是良性互动，地方高校为地方经济社会发展提供所需要的高素质人才，是地方技术创新的主力军，更是地方软环境建设的重要力量；同时，地方经济社会发展为高校发展提供物质基础，其发展水平制约着高校发展的规模、速度和结构。所以，协同合作成为地方高校服务社会经济发展的必然要求。地方高校只有以"国家需求、市场需求"为根本出发点，围绕国家和区域战略需求、科技发展前沿、关系国计民生的重大问题开展联合攻关，培育一流的科研团队、人才，才能满足国家、服务区域的重要任务。如福建农林大学面向生态文明建设、生态省建设的社会重大问题，汇聚各层次的优质资源，深入开展水土保持研究、小城镇建设、农业现代化研究等；福州大学对接福建省行业产业经济发展的核心共性问题，加强地方高校与区域大中型企业、科研机构的密切合作，积极推进学科交叉融合，围绕市场需求，精心打造技术集成的研发应用平台，用实实在在的项目建功海西；闽江学院面向福建省文化建设

[①] 张婕：地方高校与区域经济发展的关系及政策取向——对全国111所地方高校校长的问卷调查报告[J]. 国家教育行政学院学报，2007（7）.

的迫切需求，充分发挥地方高校区域属性和人文社科优势，探索地方文化建设的路径和模式。

更重要的是地方高校在合作服务经济社会发展中，从不同的层面来满足社会的需求，形成了各自准确的定位，走出了一条区别于其他大学、立身社会并且产生学校名望的独特之处。如福建农林大学主要对接第一产业，建设更加开放、更具特色、更加和谐的国内一流农林大学；福州大学主要对接第二产业，建设成为具有较强学科相对优势，体现教学研究型办学特色和开放式办学格局的我国东南地区强校；闽江学院则立足福州、面向福建、辐射全国、逐步走向国际，加快推进"开放型、有特色、高水平的多科性应用型本科大学"建设步伐，努力为区域经济建设、科技进步和社会发展做出贡献。

（二）观念更新是合作服务的前提

合作服务最大的障碍就是观念上的障碍。瞄准"国家急需，区域需求，市场要求"实施跨学科、跨学校、跨部门、跨行业、跨区域等实质上的合作，进行服务。这些首先需要高校有开放性的世界眼光，要有观念的先进性。高校若只是以自己和本学科、本院系、本校为中心，局限于狭隘的学科、单位发展需要，没有从合作的观念出发，斤斤计较、患得患失，是不可能实现协同服务、多方共赢的。要实现高校、企业和科研院所协同合作，各方特别是高校必须打破原有封闭的观念，要以开放的心态，积极同企业、科研院所进行协同合作，全面提升合作服务能力，实现多方合作共赢。

（三）机制创新是合作服务的关键

科学合作机制保证合作各方之间相互作用、合理制约，使合作良性循环、健康发展。

1. 健全地方高校合作服务网络体系。

在有限的教育资源面前，地方高校要发展，既要充分利用学校和企业之间的横向技术创新合作，也要重视学校与企业、科研机构之间的技术创新联系，更不能忽视学校与金融机构、中介组织、地方政府等之间的联系。要进一步拓宽合作服务的领域，以建立更为广泛的社会关系网络体系，通过叠加效应激发创新活力，全面提升人才、学科、科研等的创新能力。因此，合作服务是地方高校社会网络的扩大过程。如福建农林大学在农林学科知识传承与创造的同时，更注重社会网络的拓宽，不仅走出校门服务现代农业，建功海西，更依托学科优势，服务台港澳的交流合作，开展菌草技术援外，冲出国门，援助卢旺达、斐济、南非等国家和地区。

2. 建立有效的合作服务联结机制。

有效的地方高校合作服务联结是合作各方或者个人获取社会资源的重要渠道，不仅有利于隐性知识的转化，也有利于高质量、有效的信息的传递，从而增强信息的畅通，促进合作服务的深入开展。

联结分为强联结和弱联结两种。地方高校合作服务强联结分为联合攻关解决技术难题、地方高校有偿转让科研成果和技术入股等三种主要形式。如福州大学共建技术研发基地，联合攻关技术难题，福大和合作企业联合建立研究中心、中试基地或联合实验室，使校企双方优势互补、互利双赢。2008年3月与福建省特种设备检验研究院共建"特种设备安全联合研发中心"，并成功进行了二十多个具体项目的合作，这是联合攻关解决技术难题的强联结形式。地方高校有偿转让科研成果，如前文提到的福州大学化肥催化剂国家工程研究中心研发的FD型汽车尾气净化器技术成功转让给福建朝日环保科技有限公司。

但是强联结的信息同质化较高，容易产生信息冗余与重复。弱联结在于通过跨组织边界的异质性信息的沟通而把合作各方联结在一起，相对创新而言，这种弱联结以开放和包容的心态和外界进行信息和资源交换，在频繁互动的沟通中获得异质性信息、知识和技术，更利于合作各方的创新。表现在地方高校合作服务的弱联结主要有两个方面：一是合作各方单位和个人交往的发展情况，如提供社会联系的场所，比较典型的有科技人员聚会、相关国际学术交流会议等；二是地方高校在合作服务中的社会联系的功能，典型的如校友会、留学生会、技术培训等。

3. 完善合作服务各方的互惠机制。

从地方高校合作服务实践探索看，要使得合作充分发挥各自比较优势的基础上，共享信息，整合资源，大致包括动力机制、利益分配机制、资源共享机制和绩效评价机制等。福建农林大学创建海峡创业育成中心，借力"6·18"、林博会、农博会等平台，探索推行科技特派员、推广型教授制度等，引导广大师生把论文写在大地上；福州大学成立科技开发部，相继出台了《福州大学保护知识产权的规定（试行）》《福州大学关于支持福州地区大学科技园建设的措施》等文件，配合正在执行的《福州大学横向科研项目管理试行办法》《福州大学横向科技项目经费管理办法（试行）》《福州大学科技成果转化的若干规定》，通过制度创新为合作服务提供保障。

第三节 地方高校合作服务的未来

近年来，随着高等教育的发展，地方高校已经成为人才、知识、技术、信息的集聚之地，合作服务在推动区域经济发展、社会进步，合作各方政府、企业以及高校自身在汇聚各类创新要素，构建区域创新体系过程中做出了有益尝试。未来，地方高校合作服务机遇和挑战并存。

一、地方高校合作服务的机遇

（一）大环境机遇

随着知识经济和经济全球化的发展，高等教育已由社会的边缘走向了社会的中心，高等教育与社会经济互动发展是大势所趋，社会服务的思想不再局域于单纯强调高等教育对社会的经济杠杆作用，而是逐步拓展到经济、政治、社会、文化发展的立体化功能，人才培养由原来的重点培养急需的专业人才转向创新精神和公民整体素质的提高上来。地方高校的职能既要满足学术的发展需求，也要考虑满足地方社会的需求，促进理论和实际共同发展。这就要求地方高校具有开放性和包容性，与"象牙塔"之外的社会实现互动，促进自身的可持续发展。

一是高等教育要为学习化社会提供高素质人才，以适应现代经济的增长和繁荣。一方面，随着高等教育综合改革的深入推进，高校更加注重创业精神和创新能力的培养，更加注重实践能力的培育，如福州大学提出"创业型"发展定位。另一方面，终身学习体系构建需要高等教育发挥更重要、更有效的作用，如专业工人的继续培训与教育，懂技术、会管理的新型农民培训，高素质职业继续深造等。

二是相互作用、亲产业、创业型等新型互动合作组织开始形成。地方高等教育与社会区域紧密合作、共谋发展已成为必然，如美国的以"他方中心"为指导的"相互作用大学"的出现，城市中心大学、社区学院、企业型大学的涌现；省内的厦门理工大学的"亲产业"定位，都将对高校在知识产生、传播方式、在社会服务中实践创获新知识产生重大影响。与此同时，我国正由工业大国向工业强国阔步迈进，工程教育与产业发展紧密联系、相互支撑。面对新一轮科技革命的加速进行，新工科的探索与实践正成为教育和产业圈共同关注的重点。

三是跨学科、跨领域研究成为知识创造的新模式。在社会经济步入转型升级发展阶段后，很多研究课题不再是由某单一学科单独完成，需要整合具有不同学科背景的学者，具有不同领域工作经验的专家以团队的形式进行攻关研究、推动。这种超越学科机构的新型知识生产模式，打破了学科与高校的界限，需要联合不同类型的单位，充分利用现代技术进行有效整合。

四是大学逐步成为诞生企业的主体之一。大学正在成为创业者的摇篮，不仅在于学校具有雄厚的科研实力，具有创办科技产业的物质基础，更在于高校也制订、实施相应政策，鼓励师生创业，甚至部分高校还通过资本鼓励公司投资，成立参股性质的企业。如福建农林大学的神蜂科技有限公司、福州大学的福州福大自动化科技有限公司、福建医科大学的福怡药械招标有限公司和福建福泽医药器械科技有限公司等等。

(二) 合作互动主体向多元化发展

通常，地方高校合作服务的互动主体一般是高校、企业、科研机构和地方政府，这些主体之间的产学研结合成为互动发展的主要形式。而在知识经济条件下，合作互动主体向多元化发展，企业、大学、科研机构、金融机构、政府、中介机构都成为合作互动的主体。

一是金融企业成为地方高校合作服务的新型主体。两者之间的合作是一种双赢的合作，一般模式为，银行为高校发展提供贷款为主要形式的金融服务，支持学校软硬件建设，完善学生资助体系，为科研产业发展注入资金，高校为银行提供人力资源、金融技术开发、技术支持等相关服务。这是金融资本与知识资本结合共促社会经济发展的一种双赢的创新尝试。

二是政府加强与地方高校合作。这种合作是双方发展的一种内在需求，包括全面合作、合作办学、以社会服务为主体的合作、科技合作、共同设立成果方向转化基金、政府出资扶持高校重点学科等等形式。甚至政府、高校、银行、企业、科研部门多方共同合作组建大学科技园区、成立创业基金等。

（三）跨区域互动合作发展迅速，合作的区域界线正在淡化

合作方式已从单个项目或单项技术的合作，发展到一个高校与一个或多个地方（省或市）、多个学校与一个地方或多个地方建立全面、长期合作关系。有的还突破地域局限，异地办学。

（四）合作服务优势逐步凸显

一是资源共享的竞争优势。一方面，合作服务扩大了合作各方的资源，尤其是资源的使用范围，通过资源共享，有效地提高了资源利用率，降低了运行成本；另一方面，合作服务在更大范围内实现了专业化分工，提高了学习经验效应，相应地降低了运行成本。

二是资源互补的竞争优势。地方高校为社会服务，不仅仅是依靠自身的力量，而是依靠合作方的力量来克服战略资源的薄弱环境，不仅使得自身优势资源发挥作用，而且整合其他单位的资源，取长补短，实现合作各方之间的资源互补，从而获得更大的持续的竞争优势。不单体现在数量上增加，而且在质量上也提高了，同时，合作方之间资源配置得到优化，提升了使用效率。

三是发展新资源的竞争优势。面对充满不确定性的高校外部经营环境，要不断地发展和激励有价值的战略资源，从而获得持续的竞争优势，合作是种简单而高效的方式。

二、地方高校合作服务的挑战

虽然，地方合作服务效益初显，且面临进一步深化发展的机遇，但是，一方面，地方高校合作服务的表现趋于多样化；另一方面，尽管地方高校合作社会服务表现出协同效应等优势，但依然存在着合作成员资源共享难、合作机制不完善、责权利不够明确、合作服务对地方经济社会的推动作用尚未充分体现等方面的问题。地方高校合作服务仍面临着许多挑战。

（一）合作主体各方相互支持力度不够

地方高校合作服务是高校与一个或若干个单位组成的利益共同体，它要开展集群化社会服务，必须实现资源共享，相互支持、协作，形成合力。但由于体制、机制等各方面的原因，相互支持的力度还是不够。

地方高校层面：一是高校的科研水平不能满足区域经济发展的要求。如科技成果转化率低，对区域科技创新的提升力度有待提高，突出表现在，缺少从事技术开发和成果推广的专业队伍。产学研合作仍然处于规模小、单一化的模式，尚未形成合作发展和衍生发展的机制模式[1]。科研成果的市场适应性不强，成熟度不高，科技人员后续服务跟不上等。如专利授权数少，结构不合理，主要集中于传统工农业领域，高技术领域相对缺乏等。二是高校的人才培养层次结构不适应社会发展。如教学质量受诟病，专业设置不合理，毕业生的社会认可度不高等。三是地方高校办学定位不明晰，与市场经济体制不适应，严重影响高校自身优势的发挥。

企业层面：企业创新主体地位尚未形成，对吸纳、转化高校科技成果的

---

[1] 姜晓贞. 转型背景下新建地方高校服务区域经济发展合作模式探究 [J]. 中国管理信息化，2016（21）.

能力有待提高。在合作中，存在攀高心理。许多企业在选择科研、教学合作伙伴时，一门心思地想找名牌高校，对一般高校，特别是地方高校合作的热情不高，严重影响了合作，即使搭上线，合作服务的质量也大打折扣。

政府层面：政府对高等教育的投入有待进一步加大；下放权力的力度不够，高校不能很好地享有充分的办学自主权。科研资金短缺严重，社会融资渠道狭窄；同时，部门间、科技机构间体制上的条块分割为沟通互动带来障碍。

（二）合作机制有待改善

综观地方高校合作社会服务的实践，合作意愿并不强烈，合作关系还需进一步改善和加强。一是合作各方缺乏真正意义的合作，互动网络尚未形成。各主体缺乏交流，导致无法发挥合作的整体创新优势，使得合作过程中交易费用过高、边际成本增加，知识、技术、信息、人员流动不畅，严重影响合作效果。二是互动合作机制运行不畅。如成果专业的权益分配机制不完善，已有的成果转化扶持和激励政策操作性不强，执行手续繁琐、周期长、配套不完善；评估监控机制有待完善，科研评估指标重理论，轻应用，重单项评估，轻分类综合评估，评估手段相对单一，缺乏具有独立性、公正性的第三方社会性评估机制的参与；风险投资系统不健全等。与此同时，合作中有时还存在恶性竞争的现象，不利于资源的优化配置，合作服务产生的竞争优势将会遭到破坏。

（三）合作制度不够健全

尽管高校合作服务已逐步开展，并取得了一些阶段性的成绩，探索出很多各具特色的模式和实践经验，但在建设与发展过程中，合作制度不健全，执行不到位，合作方之间的责、权、利不够明确，严重制约合作服务的健康、有序发展。一是信任制度不牢靠。合作各方既是责任者，也是受益者，基于良好声誉、畅通沟通渠道和目标兼容性的信任机制对共同投入、共担方向和共同收益的合作服务至关重要，较高程度的相互信任有助于增强合作各方的信心，树立长期导向，从而创造更多的合作服务收益。二是激励制度不健全。

科学的激励制度在于对合作过程中的责、权、利的明确界定，能够促进合作中人才、知识、技术、资金、物资设备、信息、管理方法等要素的顺畅流动，目前在地方高校合作服务过程中，虽然都订有相应的协议，但基本都停留在纸面上，缺乏长效机制，不能很好协调各方的责、权、利，不能激发合作的积极性，合作服务发展动力不足。三是管理保障制度不完善。从外部来看，相应的法律、政策保障匮乏，评估保障不科学；从内部来看，合作意识缺乏及管理制度较为落后，使得合作停留在低水平层次上。

（四）合作服务对经济社会的推动作用尚未充分体现

地方高校合作社会服务旨在依托各方的优势，为了满足社会现实的需要，以服务实现双赢或者多赢，推动经济发展。通过合作、联合、联盟等方式服务社会，既是一种合作服务，也是一种创新合作，其对社会经济的推动作用将在发展中不断凸显其优势。随着发展，合作服务的资源共享优势、互补优势以及发掘新资源，创造新价值等优势会不断得以释放。

三、地方高校合作服务的优化

地方高校合作服务的修正及优化是一项系统工程，不单涉及合作各方的组织和个人，也涉及合作服务的外部环境。内部上的修正优化，主要体现在探索、建立地方高校与区域经济社会互动的组织结构、运作机制及保障制度上。外部环境优化在于对合作服务的社会结构创新改造，使其更加适应科技创新的需要，从而激发合作各方从事创新的积极性，并通过相互之间的技术竞争、技术学习和技术合作，不断提高服务社会的总体效率。核心就是优化合作服务的制度环境，培养合作服务的社会环境，消除合作交流的内部障碍。

（一）转变理念，激发合作互动的内驱力

人才支撑理念是关键，人是最关键的因素，要发挥集群效益，必须坚持以人为本，牢固确立人才是第一资源的理念，完善人才培养机制，围绕行业与社会需求培养技术型与应用型人才，实现各类人才的优势互补，鼓励合作方有效流动，打通合作各方交流通道，为合作服务提供强有力的智力支持和人才保障。开放共赢是基础，树立开放、合作的理念，坚持合作成员的大科技、大产业、大开放、大协作，在服务要素有序流动中实现互利多赢。可持续发展理念是重点，推进地方高校合作服务需要树立高层次、全方位、可持续发展的意识，坚持自主创新突破"点对点"合作，实现跨区域、跨领域的全产业链服务，立足经济社会发展实际需要，实现技术、资金、管理、市场等多形式合作，形成多元主体之间"零距离"的大联合、大协作和大创新，在更高层次、更广领域、更全面地服务社会经济发展新格局。

（二）健全合作互动的网络体系，形成参与各方协同合作的合力

优化合作主体之间相互作用的方式，构建良性、有效的互动合作机制是地方高校合作服务的核心所在。

一是密切协同合作的共享式社会网络。不仅要关注高校内部社会网络的构建，还需要关注的是协同合作中更广泛的社会网络。既有地方高校和企业之间的横向技术创新合作，也有学校与企业、科研机构之间的技术创新联系，还有学校与金融机构、中介组织、地方政府、风险投资商等之间的联系。一方面，要充分发挥高校的优势，全领域开展合作，与其他高校、科研院所、学术机构深度合作，建立面向科学前沿的协同合作网络，与企业、科研院所联合建立面向行业产业的协同合作网络，与地方政府、重点企业合作建立面向区域发展的协同合作网络，与科研院所、行业产业融合建立面向文化传承创新的协同合作网络。另一方面，要进一步拓展合作领域，以建立更为广泛的社会关系网络体系，通过网络交互叠加效应激发创新活力，全面提升人才、学科、科研三位一体的创新能力。

二是建立有效的协同合作网络联结机制。可以探索建立地方高校联合企业或科研院所建立研发中心，以联合攻关的形式解决技术难题；探索建立中小型企业采取的技术协作研究的形式，地方高校将已经取得的科研成果有偿转让给企业，并协助企业实现技术或产品的产业化，转化为现实生产力；探索采取技术入股的形式，企业以资金、实物的形式入股，共同组建实体公司，共同投资、经营，共同承担风险，共同分享利润。从更深层上理解，地方高

校要推动协同合作服务的深入开展,仅仅与企业、科研院所建立强联结是不够的,还需要与地方政府、金融机构、中介组织、风险投资商、行业协会、供应商、经销商等组织建立丰富的弱联结,以开放和包容的心态与外界进行信息和资源的交换,打破合作方之间的壁垒,提高合作服务的实效性。

三是构建高效的协同合作沟通机制。建立地方高校协同合作服务既要建立信息沟通和知识共享的文化交融体系,又要构建地方高校协同合作网络的交流机制,改善沟通方式、调整组织结构、通过信息化技术提高沟通效率。地方高校应鼓励二级学院开展深入行业企业调研工作,充分学习企业的先进做法。同时,邀请行业企业参与人才培养方案修订,强化专业内涵、优化课程体系。①

四是完善信任治理机制。在慎重选择创新合作伙伴的基础上,要积极防范合作中存在的机会主义,利用社会声誉对协同合作各方进行有效制约,并在合作互动中产生信任。另外,合作中难免出现一些利益冲突和矛盾,要建立健全利益疏导机制,及时化解合作中的风险。

(三) 创新合作服务的管理体制

一是要进一步简政放权,扩大高校办学自主权,建立与社会经济发展相适应的高校办学体系和社会服务机制。地方高校在自主招生、专业设置、经费统筹配置上要拥有更大的自主权,更利于高等教育和社会经济发展的互动,地方高校才能立足自身的优势和特点,紧密结合社会发展的实际,为地方和行业培养所需的人才、提供知识和智力支持。二是健全高校内部管理体制。要加强顶层设计,制订相配套的教学、科研、人才流动、资源共享等一系列的规章制度,激发合作的内在动力;要健全高校管理机构,注重效率,强化激励,提供合作服务的全面保障支持。三是要健全中介管理组织。中介机构是合作服务的桥梁,建立健全信息服务机构,提供成果和需求信息;加大知

---

① 张文强. 地方本科高校产学研合作存在的问题与对策探讨[J]. 河南社会科学,2018 (4).

识产权中介服务机构建设，提供法律、知识保护和评估及成果包转、企业注册一级运作等一系列服务。

（四）推动文化价值整合

一是加强地方高校校园文化和合作文化建设。由于不同的合作方具有不同的文化价值，合作服务需要通过文化建设，实现不同文化之间的共融共生。通过正式的政策法规、制度对合作方进行规范和约束，使得合作各方之间严格按照协议行事，避免失控；同时通过文化建设，为合作与沟通增加润滑剂，实现共赢。二是强化地方高校合作服务各方的身份认同。身份认同不仅表现在态度、情感和认识的内化，更意味着基于共同利益上的相互支持。产学研组织间积极创建联盟网络，相互给予对方利益性激励，形成协作一致的创新环境，可以加固产学研合作主体要素间的关系强度。① 因而，既要重视各自不同的显性文化共享与认可，更要注重相互异质的隐性文化的融合，不仅地方高校要在一定程度上接受商业文化、服务文化，也要使得合作方在一定程度上认可和接受科学文化、校园文化，实现身份上的认可，更好地服务于社会经济发展。

---

① 陈恒，初国刚，侯建. 产学研合作培养创新人才培养效果影响机理［J］. 科研管理，2018（4）.

第六章　目标追求：合作发展

随着经济全球化和知识经济化进程的加快，社会各个领域的发展更加依赖科学技术，高校承担起科研与成果转化的重任，形成了社会与高校关系"你中有我、我中有你、协同发展"的更加密切的新局面。高校积极主动地为地方经济发展服务，已经成为地方经济发展和社会进步的"智力引擎"和"加速器"。同时，高校为地方经济发展服务的过程也是高校融入社会，提高自身素质，提升自身实力，增强核心竞争力和影响力，促进自身发展的必由之路和必然选择，更是全面建设创新型国家的时代呼唤和历史责任。为此，高校、社会、政府都在以不同的方式积极探索着教育、科技与社会有机结合的合作发展模式和途径。

合作发展与本书前几章所论述的合作办学、合作育人、合作科研、合作服务是辩证统一的整体。合作办学等其他四个"合作"包含有合作发展的内涵，或者说合作发展是其他四个"合作"运作的必然结果和目标追求，是"五合作"中的最高形态。如果不为发展而来，其他四个合作就缺乏存在的必要和依据。在本章，我们将专门论述有关合作发展的问题。

第一节　高校与经济社会合作发展的现状反思

服务社会与促进社会发展是高校的使命和存在价值所在，这是现代大学共同确认的理念。《全面提高高等教育质量的若干意见》指出："增强高校社会服务能力。主动服务经济发展方式转变和产业转型升级，加快高校科技成果转化和产业化，加强高校技术转移中心建设，形成比较完善的技术转移体系。"做好社会服务，提高对社会发展的贡献率，是社会向高校提出的客观要求，也是高校自身发展的生命力所在。高校服务社会领域和路径都是多方面的。服务社会的领域有政治服务、经济服务、文化服务和科研服务等。服务社会的路径有人才培养、科技创新和文化传承等。多年来，我国高校以更好服务社会为己任，努力从多种领域和路径来为社会服务，实现自己的存在价值。但也不得不承认，截至目前，我国高校在推动社会发展和实现服务社会功能方面还有许多做得不够好的地方，还远未能达到社会发展的实际需求。但由于高校在实现服务社会功能时没有完全到位，反过来又制约了高校自身的发展。

一、高校与地方经济对接性不够理想，合作发展的默契度有待增强

大学职能包括人才培养、科学研究、社会服务和文化传承。大学四大职能，不管哪个职能的实现，最终都是为了更好地服务社会发展。但是，大学能否真正服务社会，服务社会的实效如何？关键要看大学所做的各种努力能否与经济社会发展相对接。对接性高，则有利于经济社会发展，否则，不仅不利于经济社会发展，有时甚至会起破坏作用。那么，目前我国大学与地方经济社会发展的对接性究竟如何？

不同学者分别对江苏、江西和广西等省和自治区高校的专业结构与地方经济结构的对接情况进行调研，得出的结论近乎相同。其调研结论归纳为：(1) 学科覆盖齐全，专业布点多，但各学科专业分布不合理，各学科内专业类别的构成比例不均衡，难于满足区域经济多元化发展的需要。在专业设置中紧贴市场、适应需求的一批专业没有得到充分发展。整体上，专业的综合化和国际化程度低，培养新型适用人才的专业设置不足。(2) 目录内专业覆盖不齐全，目录外新兴专业发展缓慢。新兴、交叉、综合性学科专业发展尚缺乏力度。高校的学科专业、人才培养不能及时反映新兴学科和交叉学科的

发展趋势，也未能充分发展适应市场需求的一批专业。高校内部有利于这些学科专业成长的制度和机制尚未形成，所以高校的学科专业、人才培养还不能及时反映新兴学科和交叉学科的发展趋势。（3）专业设置中还存在一定的随意性和盲目性。其中，专业设置的盲目性表现在：有些学校不研究社会需求，因人设庙，因人保庙，有什么条件就办什么专业。而有的高校不顾办学条件，看到市场需要什么就设什么，在专业设置上带有很大的随意性，有的院校在师资和教学基础设施跟不上的情况下急功近利调整专业设置，批量"制造"出某些专业的毕业生，一方面使教学质量难以得到切实保证，而另一方面随着市场供求关系的快速变化，某些专业学科市场需求的饱和，使得高校的相关专业和学校的声誉受到影响。（4）高校专业设置重复化、结构同一化现象明显。解读这些调研结论可知，目前我国高校专业结构从总体上看尚不能完全满足当地社会经济发展的需要。这是造成各地适用人才的有效供给不足以及劳动力的结构性失业共存不良局面的根源。所以，必须对高校的专业结构做出适当的调整，使之能够适应当前和未来经济发展的需要。

民盟厦门市委员会《关于进一步加强在厦高校为地方经济服务的若干建议》就厦门高校与地方经济的对接性问题指出：（1）厦门高校与厦门主导产业的关联度较低。在厦高校与本地企业的科技合作领域较窄，科技合作主要有电子元器件、通讯与软件、精细化学品与环保技术、生物技术、水产养殖、机械与控制、集成电路、模具设计、检测分析等领域，而与厦门主导产业的机械工程、电子信息、化工化纤以及作为新兴产业的生物与新医药、新材料、新能源等的关联较少。（2）高校学科专业设置与厦门市经济需求和发展方向结合不够紧密，涉及技术领域较少，致使特种材料、新能源、精密机械加工、数控机床、半导体垒晶、制药、纺织、冶金、建筑建材、工程机械、港口机械、航空机械等应用型学科及专业人才紧缺，无法保障厦门市支柱产业的人才需求。

以上这些资料虽然不能反映我国全部高校的情况，但至少反映了我国局部地区或某些领域高校办学与地方经济社会发展的情况。对接性不理想，说明相关高校在培养人才方面没有针对社会实际需求来办学，在做无用功或者说在浪费教育资源，并最终使高校对地方社会发展的贡献率大打折扣，而大学与地方经济社会合作发展的愿望与理想也就难以实现了。教育部副部长杜玉波在《高等教育要更加适应经济社会发展需要》中强调指出："高校毕业生就业难的根源在于结构性矛盾，也就是一方面毕业生就业难，另一方面区域经济社会发展最为需要的技能型、应用型、复合型人才紧缺。而存在这一结构性矛盾的深层次原因，是我国高等教育体系对经济社会的变化和科学技术的进步响应迟滞。高校'同质化'现象严重，许多高校主要精力还是放在追求学科专业'大而全'，专业陈旧雷同，人才培养方式与实际需求脱节，还有一些学校盲目追求博士点硕士点的设置数、论文发表数、国家级课题数。一些行业背景非常鲜明的学校升格或更名后，放弃了原有的应用性、技能性的传统优势。这些问题的背后，是这些学校缺乏科学定位，人才培养的类型、层次特征不清晰，办学封闭化倾向严重，缺乏与行业企业需求和区域发展需求紧密结合的机制。因此，当前要下决心推动高等教育结构的战略性调整，本质上就是根据国家和区域经济社会发展的战略需求，倒逼高等教育体制机制的深层次改革。"

二、高校与社会交流合作流畅性不够，合作发展效果有待提升

进入 21 世纪以来，高校与社会交流合作呈现越来越频繁的趋势。然而，不管从哪个领域和哪个层面来考察，高校与社会交流合作的广度深度、内涵成效以及流畅性均有不尽如人意之处。有些甚至只流于形式而没有实质内容，很难从合作交流提升到合作发展的境界。这里，我们尝试从高校对社会进行科技服务中科技成果转化这一维度的状况来检讨。

经过 40 年的改革开放，特别是近十年的积累，我国高校无论是规模还是实力都实现了跨越式的发展。高校拥有先进的科研仪器设备、雄厚的科研力量和庞大的科研队伍，汇集了一大批科研成果。据统计，国家自然科学奖的 55% 来自高校，国家技术发明奖的 64% 来自高校，国家科技进步奖的 53% 来

自高校。全国63％的国家重点实验室和35％的国家工程研究中心建在高校，近40％的两院院士在高校工作。从这个意义上说，高校是国家创新体系的主要组成部分，是建设创新型国家的重要力量。随着市场经济的发展，我国高校利用科技创新的优势，已经或正在成为区域经济的又好又快发展的永续资源和强大基础。然而，科技成果转化的有限性却大大阻碍大学科研服务职能的全面实现。发达国家高校科研成果转化率一般不低于30％，我国的情况如何？一份由清华、复旦等国内20所高校联合完成的"大学科技成果转化的探索与实践"课题研究报告显示，我国高校虽然每年取得的科技成果在6000项至8000项之间，但真正实现成果转化与产业化的还不到十分之一。

　　高校的科研成果转化能力与高校的科研创新能力明显不相符。科技的投入和运用是推动经济发展的动力。当今，不管哪个地方的经济发展都急切地需要依靠科技进步和科技创新。科技成果未能转化为现实的生产力，就意味着一个地区的经济发展仍处于滞后的局面。而高校科研成果未能转化，出现"成果多、转化少、推广难"的局面，很多科技含量很高的成果被"束之高阁"，无用武之地，则意味着高校科技服务职能未能最终实现，也意味着在服务社会上没有尽到自身的职责。高校科研成果转化率偏低，也从一个侧面折射出高校与社会交流合作流畅性有待改良。造成大学科技成果转化率低的原因很多，有社会环境的原因，也有学校内部原因。社会环境的原因有缺乏开展成果转化的外在经济载体和开展成果转化的社会投资机制不畅等因素。就大学自身原因来说，有大学发展和科技创新理念滞后以及开展成果转化缺乏内在动力机制问题，也是大学与社会合作发展的意识和理念淡薄所致。一些大学教授认为，高校科研主要不是为了给企业解决问题，而是"攀登科学高峰"，这就使高校科研往往是"技术拿东西"，而不是"市场拿东西"。大学科研不是问题导向和社会需求导向，不必与社会企业有紧密联系，学校科研人员考虑更多的是科研的技术含量，并不怎么考虑市场前景。很多教授的目标是，通过了鉴定，发表了论文，研究就到此为止了。至于下一步应该怎么做，他们觉得不是自己的事情。一些高校存在的这种重视科技成果的"技术价值"

而忽略"市场价值"的理念和倾向使高校科研活动难以更好地联系社会实际，最终也使高校与社会合作发展的效果大打折扣。

第二节 合作发展的内涵、任务、模式及意义

一、合作发展的内涵

合作发展是指通过与社会相关领域开展各种方式、各个层面的交流合作，实现高校发展社会化、国际化，提升高校社会服务能力和办学水平。高校服务社会发展，并促进社会发展，这是形成合作发展的一方面，而在服务社会发展过程中，高校同时获得自身发展和水平提升，这又构成合作发展的另一方面。它是双向的、动态的，合作的目标是为了促进合作双边的更好的发展。合作发展基本特征为：

（1）互惠共荣。高校与合作各方出于共同的利益或共同的目标，达成合作的基础，在相互需求互惠互利的利益关系推动下共同发展。

（2）优势性互补。高校与合作方具有对方所不具备或不及的特长或资源优势，各方互通有无，互为弥补，建构默契和谐的态势。

（3）市场导向性。高校与合作方以市场为引导，通过资源配置和合理分工合作，获得大于单独行动所产生的利益并实现共赢。

（4）运作过程系统性。高校与合作方的合作发展是一个系统工程，只有通过统筹规划、组织协调，才能使合作主体、合作要素之间优势互补，最终实现利益最大化。

二、高校与地方经济社会合作发展的主要任务

（一）通过与地方企业合作，促进技术创新和科研成果产业化

一是围绕地方重点发展的支柱产业、新兴产业和传统品牌产业，进行技术创新和应用高新技术改造传统产业，特别突破有自主知识产权的技术和生

产的开发应用。二是加速科技成果转化应用。三是与地方企业合作建立集研究、开发、生产为一体的工程研究中心、技术开发中心等，增强企业发展的后劲，组建股份有限公司，进行资产重组，扩大企业规模，开拓国内外市场。

（二）加强科技兴农合作，为地方农业现代化提供集成技术和高新农业技术

一是利用先进的生物工程技术，进行农产品优良品种的培育、繁殖的研究与开发，为地方提供源源不断的新品种。二是利用最新研究成果为地方提供高产、优质、高效的农产品种、养、加技术，特别是农产品无公害、工厂化、集约化的生产新技术以及农产品保鲜、贮藏、深加工和综合利用技术。三是利用高校师资力量对农民进行农业技术知识培训。

（三）加强高新技术产业化的合作

一是加强高新技术的研究与开发，改造传统产业，促进产业结构调整和优化升级。二是加强高新科技成果的推广应用，推动地方优势产业，龙头企业的发展。三是参与创办信息园、科技园等高新技术产业园和共建重点实验室，增强地方科技基础实力和技术创新能力。

（四）加强社会发展领域的文化与科技合作

一是围绕文化建设和和谐社会建设，合作开展新机制、新常态建构的对策研究。二是围绕地方环境保护、自然资源保护和持续利用，在矿产资源的勘探与开发、海洋资源开发、建立可持续发展生态系统等领域开展合作。

（五）加强人才培养与交流的合作

一是与地方共建人才培养基地特别是研究生培养基地和博士后工作站。二是把人才培养与重大科技项目的合作紧密结合起来。三是与地方互派干部挂职，加强科技人才交流合作。

三、合作发展的模式及行为方式

高校合作发展有多种合作形式和丰富的内容，以合作对象分，有国内合作发展和国际合作发展，其中每一种合作发展又可以分为学校与企业的合作发展、学校与研究单位的合作发展、学校与地方政府的合作发展以及学校之

间的合作发展等；从合作内容上分，有人才培养方面的合作发展、科学研究方面的合作发展、校办产业方面的合作发展，生源与就业市场的合作发展、教学资源的共享发展等；从合作时间上分，有长期稳定的合作发展和短期临时的合作发展等。

（一）校企合作发展

校企合作发展形式因合作路径或内容不同而呈现多种形式，主要有以下几种。

1. 以共同科研为内容的校企合作发展。以科研为内容的合作发展的基本做法有：一是大学与企业合作建立研究中心，以研究产业或生产中的重大课题、解决当地发展问题为使命，并进行长期合作。二是建立科学园区，向企业转让技术；科学园以高校为中心，以科技研发、科技成果转化为纽带，由高等院校、科研机构、行业企业三方面共同组成。三是鼓励师生以技术专利入股，兴办高新技术企业；师生通过技术专利入股创办高新技术企业是一种新兴的高校直接为地方经济社会发展服务的形式。四是建立企业孵化器，培育和扶持新建的高新技术企业；孵化器是由地方政府、高校、科研机构和企业联合建立的一种企业孕育中心，其目的在于促进各方通过提供资金、商业信息情报、技术咨询与指导、低价的办公设备租赁等途径扶持新建的高新技术企业。孵化器的出现顺应了企业家和科研人员创办高新技术企业的需要，卓有成效地提高了新建企业的成功率。

2. 以共同提供教育服务为内容的校企合作发展。这种形式的做法有：一是校企联合创办专业、开设课程。在英国、德国、美国和中国香港，高校一直对由企业赞助、双方联合创办专业或开设课程很感兴趣。据有关资料统计，西方不少国家30%以上的高等学校有过与企业联合办学的尝试，尤其是研究型大学和社区学院，这种比例均超过50%。更多的学校则直接到企业为其雇员开设课程，社区学院和研究型大学的这种比例分别高达80%和70%以上。相当多的高校直接到企业中去办学，为其雇员开设新课程。在与企业联合办学中，实现理论与实践、科学技术与生产实际相联合，双方相互促进、取长补短、互惠互利。二是校企联合培养人才。高校与企业联合培养研究生是高等教育发达国家的研究生教育发展的新趋势。这种联合培养的途径主要有两种形式。一种是由高校接受企业的委托，由企业提供经费，学校设立学院、系或研究所，为企业培养高学历人才。另一种是由企业选派技术人员到高校接受培训，并由企业提供培训经费，或由企业提供资金和场所，高校提供师资，就地设立教学点，进行人员培训。

3. 以共同开展咨询及信息服务为内容的校企合作发展。多领域、多形式的咨询服务是西方国家高校服务社会的最普遍形式。在美国和英国，几乎所有高校都设有咨询中心，且服务的方式多种多样，从教学科研水平高、实力强的大学，到办学层次较低的社区学院，都开展各类咨询服务；既有为某项产品或某个企业的个别咨询，又有对整个地方经济发展的宏观咨询。咨询的对象涉及政府、企业、公司等。咨询的内容包括政策、管理、战略决策和技术发展等。信息已成为现代社会重要的发展资源，在高新技术产业方面显得尤为突出。

信息服务主要是指信息搜集、整理、加工、传播、交流、运用等方面的服务，它在高校服务社会的总量中占有相当的比重。高校是智力密集、思想活跃的地方，是重要的信息源；它们多处于智力、知识密集区，学术交流频繁，又是重要的信息集散地。德国的各类高校都不同程度地开展了各类信息服务。美国俄亥俄州立大学建立有关地区经济、劳动力市场等数据库，为政府和本州各界人士提供信息；克库德社区学院采取了一系列的行动为地方提供全方位、全地区信息传输系统，并成立"克库德经济开发和服务"机构，旨在为当地工商业提供商业信息，使其提高生产力和竞争力。

（二）校际合作发展

校际联合发展主要是发掘高校潜力，实现优势互补，打破"小而全"的办学格局，实现资源共享或取得规模效应，如图书资料共享、试验设备共享、师资互聘、联合申报硕士点和博士点、合作培养研究生、合作进行重大课题研究开发、联合创办科技企业等。新世纪以来，中国一些高等学校积极主动地拓宽合作领域、扩大合作对象，创新合作方式、丰富合作内容，充分利用一切可以利用的国内外社会资源促进学校发展，尤其重视和加强海峡两岸和国际领域的合作，走国际化的发展道路。他们积极引进台湾地区或世界各国外资办学，通过海峡两岸合作和中外合作，培养适应时代要求的国际化人才，在人才交流、师资培养、生源互换、科学研究等领域开展与先进国家（地区）高等学校、科研机构的合作。

多年来，福州大学大力开展对外合作交流，已与清华大学、北京大学、中国人民大学等知名高校、科研院所建立了良好的校际、校所协作关系，并与美、英、日、德、意、加、澳等国家和港澳台地区的140多所高校建立了校际合作关系。在这系列校校、校院合作过程中，福州大学获得长足的发展。福建农林大学与加拿大原新斯科舍农学院的中加合作办学项目和闽江学院爱恩国际学院是国际校际合作发展的典范。这些项目积极引进国外优质教育教学资源，采用国外先进的教学理念和模式，提供通识教育和学术英语课程，并引进部分核心课程的教材，通过视频课程和外教亲临授课的形式，让学生接受纯正的国外教育，拓宽学生的思维并使其具有国际化的视野。20世纪90年代，闽江学院的前身闽江职业大学就依托福州大学、福建师范大学等老高校，充分利用老高校在师资、设备等方面的优势，开展联合办学以解决自身办学力量不足之困难。2013年，闽江学院与福州大学订立战略合作协议，两校在图书资源和实验设施共享、合作办学及联合开办硕士点、合作科研、人才交流合作等方面取得较好的合作效果。

（三）校地合作发展

校地合作发展是高校与地方政府或地方主管局开展合作办学、合作研发新技术、共同解决经济社会难题等以实现共同发展的形式。为了利用地方政府的资源和支持，为各地市提供各种实用科技信息及可转化为现实生产力的科技成果，实现科技成果的最大价值，福州大学教师积极走出校门，与厦门、漳州、龙岩、莆田、泉州、南平、宁德等地签订合作协议，有力地推动了福州大学与地方的科技合作，增进了学校、地方、企业间的交流。学校充分发挥智囊团作用,开展咨政服务,先后完成《福建科技发展报告》《福建创新型企业发展报告》《福建科普资源共建共享发展报告》《福建省循环经济发展规划》等研制工作;坚持实施"市校同发展科技合作工程",先后组织教师5000多人次深入全省各地推广科技成果,全校教师300多人长期服务企业600多家,积极服务企业科技创新工作。学校根据海西建设发展战略和福建省对文化产业人才的新需求,建设了一批高水平的文化事业人才培训基地、文化产业创新基地和文化创意产品孵化基地。成立福建省高校创新、创意、创业研究基地,建立艺术创意设计与制作实验中心、创意产业研究所,积极开展区域文化创意研发服务和交流。举办海峡两岸创意技术研讨会和各类培训班,培训社会急需的创意创新人才,努力推动区域文化产业发展。

学校积极参与福建传统文化的保护、传承和创新,组织教师开展福州"三坊七巷"、武夷山五夫镇朱子文化保护等项目的规划与设计,参与福建申遗项目"廊桥土堡"前期研究、福建省国家非物质文化遗产"两马同春闹元宵"花灯设计等,为提升地区文化服务能力,延续传统文脉做贡献。学校还注重传统漆画工艺的保护传承,学校教师创作的北京人民大会堂巨幅漆画《武夷之春》等公共艺术作品获得较高赞誉。在海西建设的热潮中,闽江学院教师积极发挥各自专业特长,为福州纺织服装业、电子信息业、旅游业、文化产业等福州市经济支柱产业领域献计献策。学校教师参与《福建省促进闽台职业教育合作条例》《福州市"十二五"文化产业发展规划》《福州市"十二五"旅游业发展规划》等省、市重大政策性文件及发展规划的起草和编制工作,参与地方政府组织的各项论证、咨询会达160场次,为福州地方政府更科学、合理地决策献计献策,为建设和谐海西做出贡献。

四、合作发展的重要性

树立合作发展理念、走合作发展的道路代表了21世纪高等教育的发展方向。合作发展是个双赢的效果。高校具有教育资源、科技资源和人才智力资源的优势,是一个巨大的人才和知识宝库,是知识创新、知识传播的重要场所，是科技事业的重要生力军。随着社会经济的迅速发展，各高校加强与地方的联系，与地方政府建立密切的合作互动关系，围绕地方经济社会发展的各个领域进行合作，将产生高校与地方良好的合作互动效应。例如2013年9月，闽江学院与晋江市政府签订合作协议，双方开展在经济、科技、教育和人才培养等方面全方位、多层次、多形式的交流与合作，建立长期、稳定的产学研全面合作关系。根据合作协议，双方将深化探索、创新校地科技合作方式。闽江学院将通过产学研结合和科技攻关，开发关键和核心技术，为晋江提供一批具有自主知识产权的科研成果和专利技术；晋江将鼓励闽江学院有重大产业带动作用的科技成果优先实现转化。双方将共建产学联盟、科技企业孵化器、服装创意设计研发及推广中心等科技创新平台；同时共建人才培养培训机制，建设晋江市人才培养中心，培养和输送应用型专业技术人才；提升晋江本地高职院校和中职学校的教学水平。两年来，闽江学院从晋江地区招收40名定向生，为晋江地区培养纺织服装人才，同时组织科研人员到晋江地区开展技术咨询服务，解决技术难题，助推晋江纺织鞋服行业的转型升级，从而实现双赢的办学效应。

（一）合作发展对地方经济社会发展的影响

1. 合作发展促进地方产业结构调整，为地方改造提升传统产业提供技术支持。高校与地方政府开展在相关领域的科技项目合作，高校科技人员参加新工艺、新品种、新技术引进，试验示范及产业化开展工作，开发大批新品种、新产品，建立一批试验示范基地和试验示范点，可加速当地产业化进程和现代化进程，提高科技整体水平。通过科技合作，围绕地方支柱产业建设中的重大技术难题，引进、开发一批高水平的技术成果，可为支柱产业的发展发挥重要的科技支撑作用。通过科技合作，共建高新技术产业中心、大学科技园等机构，引进开发一批高新技术成果，为地方发展高新技术产业提供了一批前沿性的工程化和产业化技术，可帮助提高地方高新技术产业重点领域的发展水平。地方传统产业如机械制造、化工、冶金、轻工等行业，普遍存在设备陈旧、自动化水平低、产品落后、技术含量低、市场竞争力差等问题，严重影响企业效益和制约地方经济发展，通过科技合作，引进新产品、新技术，推动传统产业的技术创新和科技进步。

2. 合作促进科技成果转化。科技成果转化为现实生产力是一个复杂的系统工程，它包含着从产品创意—实验室成果—中试样品—商品化生产—产业形成等一系列环节，大体需经过新产品概念的形成、研究开发、实验试制、中间试验、生产准备、批量生产和市场营销等几个阶段。在上述七个阶段中，一、四阶段需高校和企业共同参与；二、三阶段主体是知识产品，即高校起关键作用的阶段；五、六、七阶段主要是解决生产与市场开拓相关的问题，通常由企业完成。换句话说，现阶段我国的绝大多数高校只能相对独立完成科技成果转化七个阶段中的少数阶段，多数阶段都离不开企业的参与。原因是高校缺乏独立实现科技成果转化所必需的条件：一是对于市场的感知力比较弱，而且受学术偏好影响，与市场的对接点不够，这也就是许多科技成果无法转化的重要原因。二是多数不具备量化生产的工艺能力和生产能力，不具备产业化所必需的市场营销、开拓能力，以及形成产业规模所必需的资金实力。三是缺乏组合各种社会资源的操作能力。所以高校要提高科技成果转化率仅靠自身是远远不够，需要与市场接轨、与产业接转，通过与企业合作，获得政府的政策支持和经费支助，协同整合社会各种有利于促进成果转化的资源，如中介、金融等，合作推动成果转化。

3. 合作发展为地方经济社会可持续发展提供智力支撑。地方在实施防洪排涝、自然灾害防治工程、环境污染治理等重大项目工程的过程中，如果能吸收高校最新学术成果和高新技术成果，或依托高校的科技力量进行联合攻关，则有助于解决重大技术难题，从而促进地方经济社会可持续发展。高校与地方合作，培养一批高科技产业研究与开发人才，造就一支适应地方经济社会发展需要的科技创新队伍。同时鼓励掌握技术的高素质大学生到当地就业给当地提供良好的发展环境，以科技人才带动当地的经济发展。另外地方大批科技人员到高校进行短期学习、培训，既更新了知识，又增强了解决科研、生产技术难题的能力。

4. 合作发展有助于盘活地方科技资源，促进中小企业提升竞争力。福建省经济发展很大程度依赖于数量众多的中小企业。在过去的十多年中，福建中小企业增速与全省工业增速的相关度达 0.99，中小企业在每年新增工业总产值中的贡献占 89%，工业增加值增长贡献率达 88.3%，在福建经济发展中占据举足轻重的位置。中小企业的主要特征就是"轻、小、加、贸"。许多企业的规模和实力都不是很强大，技术开发和创新能力十分薄弱，另一方面也没有雄厚的资金和人力资本来独自承担起基础研究、风险投资。因此，合作发展可以克服中小企业的技术劣势和人才缺陷，通过合作发展可把高校的科技人才优势、科技创新优势、产品技术优势与企业、社会的市场营销优势、经营管理优势、经济实力优势以及企业家的社会资源优势等结为一体，实现创新资源的优化配置，进而提升中小企业的竞争力。

（二）高校与地方合作对高校发展的影响

1. 合作发展有助于高校转变办学理念和办学模式。

高校与社会合作发展给大学的办学理念、培养方向与发展目标赋予了崭新的内容和丰富的内涵。在办学理念上，大学通过与产业部门、科研机构等多元主体的合作，实现与社会经济、科技的具体结合，把大学同社会经济发展紧密地结合起来，并且有利于大学逐步脱离计划经济体制下形成的依赖性，转而通过引资和开放式办学，面向社会自主办学，实现自身的整体发展；在人才培养上，大学服务社会是通过市场实现的，受经济规律的支配与调节，并在市场中实现内部系统的优胜劣汰。这促使大学必须以社会需求为导向，根据地方特色和自身的专长设置专业，培养出能满足社会需要的高素质人才。

2. 通过与地方合作，有利于提高高校科研水平。

地方经济社会的发展、市场的需求给高校科研工作提出了新课题，高新技术发展及其产业化更给高校提供了创新的舞台，扩大了高校的研发领域，为高校结合自身人才、学科、技术优势选好高层次、高起点的研究课题进行攻关提供了条件，有效地促进高校科技成果转化和产业化，极大地促进高校科研水平的提高和创新团队的形成。

3. 通过与地方合作，有利于提高高校的教学质量。

一是调整和优化学科结构，建设一些对地方产业结构调整和未来产业发展起到带动效应的新兴学科。二是调整和优化了高校的专业结构，为适应高科技产业发展趋势、增设经济建设急需的专业。三是有利于强化教学队伍理论联系实际的教学能力，促使教师及时将自己的最新成果和获得的新知识应用于对学生的教学之中，从而培养出高质量的社会适用人才。

4. 通过与地方合作，有利于改善高校办学条件，提高竞争力。

一是能促使高校走出校门主动与地方经济活动相结合，将高校资源优势转化为经济优势，增加办学经费、改善高校职工待遇，使高校发展走向良性发展轨道。二是能推动高校的各项改革，以建立更适应市场经济和适合高校发展的办学环境，从而提高高校在社会的知名度和竞争力。

总而言之，加强高校与地方合作既是地方经济发展的需要，也是高校在新时期自身发展的内在需要。合作发展使企业与高校、政府之间密切结合，在优化资源配置的基础上，一方面有利于培育或增强企业的自主创新能力，加快企业技术改造步伐，促进企业技术进步，从而有助于提高企业的核心竞争力；另一方面有利于提高高校的教学和科研面向社会经济主战场，为地方按需培养高素质人才，主动结合本地区社会经济重大理论和实践问题、结合本地区生产实际，开展科学研究，有力推动本地区的社会经济发展。同时，可为高校、科研院所的科研活动提供更多的财力支持，提高资金密集度，加速高校、科研院所科技成果的商品化、产业化，增强高校自我发展的动力和能力。再者，有助于培育新科技产业，优化国家的产业结构，提高科技对经济增长的贡献率，加快经济增长方式由粗放型向集约型的转变。

第三节 合作发展模式的成效、问题及对策

一、合作发展模式的成效

多年来，福州大学、福建农林大学和闽江学院等高校对合作发展战略模

式做了许多理论和实践的探索。正是通过实施合作发展战略,这几所高校走出了一条富有特色的、与合作方互惠共荣的发展新路子。

(一)福州大学:主动服务地方经济发展,追梦"东南强校"

福州大学校长付贤智院士指出:"福州大学的强校之路只有在服务国家和海峡西岸经济发展和社会进步的同时才能够实现。"作为合作发展模式的探索单位,福州大学各级领导和广大教师干部牢固树立与企事业合作共荣、互惠互利的理念,在服务社会的过程中求得自身的发展。

开放式办学是福州大学一贯的办学传统。早在1978年,学校率先在国内闯出与原第一机械工业部、交通部、水电部、石油部、建材总局等国务院部委联合办学的新路。进入21世纪,福州大学不断更新办学理念,办学方向由教学主导型向教学研究型转变,开始了与企业和政府的新型开放式办学模式,产学研用相结合,在服务海西中求发展。

2008年初,福州大学审时度势地提出了走区域特色创业型强校的办学理念,这无疑为正在寻求建设东南强校的福大人注入了一剂强心针,也为学校科技人员产学研用结合指明了方向。创业型大学一般都是通过人才培养输出、科技成果转化和技术转移等对区域经济的振兴发挥重要作用,重视构建"大学—企业—政府"之间、大学和社区之间的互利互动关系,服务地区和国家的经济、科技、安全等利益,同时,通过获取政府、企业和各种社会机构的资助,通过介入知识资本、人力资本和社会资本的运作,使大学自身资源不断增值。围绕建设区域特色创业型强校的奋斗目标,学校推进了适应海峡西岸经济区发展需要的学科调整和布局,支撑福建支柱产业发展;推进制订和实施鼓励学校科研人员服务企业的行动方案,建设政府、企业和学校共同发展的政产学研合作机制。学校以国务院下发《关于支持福建省加快建设海峡西岸经济区的若干意见》为契机,通过深化教育教学综合改革,实施"高校服务海峡西岸经济区六大工程"和"福州大学服务海峡西岸经济区纲要",推动学校三大功能的深度融合和协调发展,促进学校与政府、企业和社会各界的良性互动。

在校企合作发展方面，福州大学分别与紫金矿业集团股份有限公司、福建省交通运输（控股）有限责任公司和福州福大自动化科技有限公司成功合作创办紫金矿业学院、八方物流学院和"福州大学新楚大学生创业助力工程"；分别与福建省特种设备检验研究院、福建省交电运输集团，石狮清源精细化工有限公司、福建新大陆通讯科技有限公司等20余家单位共建研发机构，牵头组建了特种设备安全联合研发中心、福建省功能材料技术开发基地、动漫产业基地、福建省电机行业技术开发基地、塑料管道科技产业化基地、福建省工业自动化技术开发基地、福建亚通新材料科技股份有限公司博士后科研工作站等，在合作协议的框架内共同对企业发展所需的技术难题展开联合攻关，使校企双方优势互补、互利双赢。国家大学科技园、晋江研究院、泉港石化研究院及7个学院技术转移服务平台建设取得了显著成效。2014—2016年横向到校经费超过4.3亿元；2015年获中国产学研合作创新奖、中国产学研合作创新成果二等奖和优秀奖；2016年学校产学研合作项目获中国产学研合作创新成果一等奖。

为福建省经济社会建设培养工程科技人才是福建省赋予福州大学的历史使命。建校以来，福州大学始终立足福建，不断优化学科布局，在服务区域经济社会发展需求中提升自身综合实力和办学水平。学校坚持"以服务求坚持，以贡献求发展"，着力深化校企合作，校地合作多层次铺展，全方位服务国家和区域战略需求，与晋江、泉港经济开发区等密切合作，提升科技服务含量。与福建省9地市建立了战略合作关系，形成了市校—县校—区校多层次合作格局。瞄准东部发达省市地区，与广东、山东、浙江、江苏等地市开展多方位交流与合作，为区域发展和产业创新提供了有力支持。同时，学校积极创新合作模式，多方位拓展合作空间。引导和鼓励科技人员多形式地参与国内外科技交流与合作，积极推动开放式的科技创新平台的建设，目前已经成立了福州大学福清研究院、晋江研究院等50多个集研发、中试为一体的产学研合作创新平台。有针对性有选择地加入了国家级、省级产业联合会，不断增强企业、院所之间的横向合作，有效扩大了学校的社会影响力，拓展了横向科技工作发展空间。加强新型智库建设，组建了 21 世纪海上丝绸之路核心区建设研究院和 13 个专业智库，积极开展前瞻性、战略性、政策性研究。学校组织一批学者专家参与了国家和区域重要政策研究，为国家和地方重大科学决策提供了重要的智力支撑。

随着国家一系列重大战略的实施，福州大学将充分利用福建"五区叠加"（自由贸易区、海上丝绸之路核心区、两岸经济合作示范区、福州新区、平潭综合实验区）的区位优势，积极抓住"一带一路"发展战略的契机，以及"双一流"建设的历史机遇，立足服务地方，投身区域协同创新，推进闽台教育合作，优化学科发展布局，突出做强优势学科，立足地方特色和产业需求，提升办学实力，谋求新的更大发展。

（二）福建农林大学：服务社会推动科学发展，建成有农林特色的高水平大学

面对高等教育日趋激烈的竞争形势，福建农林大学凸显开门办学和科教兴农的办学特色，全方位参与国家和区域创新体系建设，扎实推进科技成果转化，发展优势学科支持海西产业加快发展，推动跨省区农业技术合作，实现合作双赢的对台交流。在合作发展过程中，福建农林大学提升了办学内涵和实力，全面提高人才培养质量，加强学科和学位点建设，提升师资队伍水平，增强科技创新能力。

多年来，福建农林大学坚持创新驱动战略，强化与中国农业科学院、中国林业科学研究院、中国原子能科学研究院、深圳华大基因研究院、联合国粮农组织、国际原子能机构等国内外科技含量高、创新能力强的大院大所的合作，集校所双方的学科、人才、科研优势，在"杉木遗传改良及定向培育技术研究""杉木建筑材优化栽培模式研究""小菜蛾基因组破译""昆虫不育技术"等项目开展联合攻关，取得大量具有突破性的技术成果。在校企合作发展方面，福建农林大学长期坚持科学研究与生产、市场需求相结合，大力推进产、学、研、用结合，推进技术的创新发展。学校与中国农业发展集团有限公司常年保持良好的合作关系，学校作为中国农业发展集团有限公司下

属的广西格霖农业技术公司的技术依托单位,广西格霖农业技术公司申报的"国家甘蔗脱毒种苗生产与繁育基地"建设项目和"百万亩甘蔗良种繁育与技术示范基地"先后获得国家立项目支持;与福建超大现代农业集团和利农(福建)投资控股有限公司等合作共建"超大海峡研究院""福州台湾作物品种园",协同开展台湾作物新品种、新技术的引进、消化吸收再创新工作,共同承担国家科技支撑计划科研项目,合作推广应用"十字花科蔬菜主要害虫灾变机理及其持续控制关键技术"等科研成果。

在校校合作发展方面,福建农林大学与国内的南开大学、华南农业大学等高校,在作物重要害虫生态防控、作物营养生理与养分安全调控、生物农药创制、农产品贮藏保鲜、产品安全检测、细菌农药新资源等领域开展深入合作,作为合作或主持单位承担多项国家级课题,双方联合开展科技攻关,获得多项国家科技成果奖;在国际上,引进澳大利亚查尔斯特大学、美国伊利诺伊大学、荷兰瓦格宁根大学等高校的相关领域专家共同组建"基因组与生物技术研究中心",就小菜蛾基因组、外来入侵生物开展研究攻关,取得可喜成果。在校地合作方面,在国内,福建农林大学与广西地区有关部门长期保持着良好的合作关系,在甘蔗产业技术研发和推广上有着良好的合作效果。在省内,依托福建农林大学食品科学学院,与福州市共建水产品加工行业技术创新中心;依托学校现有的洋中科教基地,与尤溪县共同打造"现代农业科技特色园区",建设现代农业技术培训中心、食用菌品种改良福建分中心、食用菌科技示范创业园、万亩油茶基地等;与漳州市政府达成协议,对接漳州现代农业高新技术园区、台湾农民创业园及省级农民创业园,辐射带动水果、苗木和休闲农业等三大特色产业发展;与龙岩市联合在长汀县规划建设水土流失治理和生态文明建设示范园区等;与古田共建食用菌研究院;与安溪县合办安溪茶学院和乌龙茶创新研发基地等。

在多元化、多层面的合作发展背景下,福建农林大学办学实力大幅提升。(1)学校办学水平居全国省属农林院校前列。学校现有11个一级学科博士点,23个一级学科硕士点,11个博士后科研流动站,数量均居全国省属农林院校第 2 位。设有国家和部省级创新平台 90 个，其中国家工程技术研究中心 2 个、国家地方联合工程实验室（工程研究中心）2 个，并与安溪铁观音集团合作共建"国家茶叶质量安全工程技术研究中心"，国家级科研平台数量居全国省属农林院校第一位。（2）学校综合实力居福建高校前列。学校现有 2 个国家重点学科，24 个部省级重点学科，3 个省级优势学科平台和 9 个省级特色重点学科。在全国第三轮学科评估中，1 个学科进入全国前 5 名，4 个学科进入全国前 10 名，8 个学科进入全国前 20 名，均占福建省属高校 50% 左右，排名第一。2014 年学校到位纵向科研经费 1.58 亿元，获国家级、部省级科研项目和科研经费分别居福建省属高校第 1 位，第 2 位。获得国家科学技术三大奖 28 项，居福建省高校第 2 位，其中包括糖料界迄今唯一的国家科技进步一等奖。（3）学校师资水平居福建省高校前列。学校现有教职工 2300 多人，其中中国科学院、中国工程院院士（含双聘）10 人、全国杰出专业技术人才 2 人、国家"千人计划"专家 5 人、教育部"长江学者"5 人、国家杰出青年基金项目获得者 2 人，入选科技部中青年科技创新领军人才、国家"百千万人才工程"等各类国家级人才 140 多人次。（4）学校人才培养质量居福建高校前列。学校实施多样化人才培养模式，开办"创新实验班"，每年选拔 220 名左右学生，开展拔尖创新人才培养；列入教育部首批"卓越农林人才教育培养计划"试点高校，涵盖 8 个本科专业，积极探索构建多层次、多类型、多样化的高等农林人才培养体系；积极鼓励学生参加国家级、省级大学生创新创业计划项目和各类学科竞赛，连续 11 年"挑战杯"成绩均居全国高校前列，福建高校第一。（5）学校社会服务水平居福建高校第一。学校建有国家级新农村发展研究院，服务覆盖福建省 73 个县区和全国 32 个省市 370 个县区。参加中国·福建项目成果交易会，连续 13 年对接并获资助项目数居所有参会高校和科研院所第一，创造了巨大的效益，其中学校发明的菌草技术推广到 80 多个国家和地区；育成的甘蔗品种占全国甘蔗种植面积的 85%；育成的麻类品种占全国的 2/3 并覆盖全国种植面积 1/2 以上；选育了全国推广范围最广的甘薯和花生新品种。当前，学校正全面推进高水平大学建设，朝着建设更具特色、更为开放、更加和谐的国内一流农林大学的奋斗目标阔步迈进，积极打造福建农林大学"升级版"，努力为国家和新福建建设做出更大贡献。

（三）闽江学院：按社会需要培养人，努力建成东南地区知名的综合性应用型大学

多年来，闽江学院作为一所新办本科院校，树立"合作发展"办学新理念，认真贯彻国务院《关于支持福建省加快建设海峡西岸经济区的若干意见》和省市有关服务海西建设的文件精神，坚持按社会发展需要培养人，紧扣时代脉搏，在服务海西建设中求得自身的特色发展。

闽江学院紧密围绕海峡西岸经济区的宏观经济环境，主动为企业提供科技服务和智力支持，帮助企业解决技术难题，提升企业创新能力，在服务中寻求支持和发展，创造校企双赢的良好格局。学校组织科研能力较强的教师充分发挥产学研用合作中的桥梁和纽带作用，探索多种服务方式，推动项目、技术、资本、人才等各类创新要素向企业集聚，积极参与企业的技术提升诊断和关键技术攻关，帮助企业在产品开发、工艺优化、装备改造等方面进行技术攻关，促进企业运用高新技术改进生产技术和工艺，加快产品升级。学校有计划地组织教师到企业调研，了解企业的技术需求和技术难题，引导教师在选题和立项时应以企业需求为导向，提高科研的针对性和实用性。"十一五""十二五"期间，闽江学院为地方企业解决技术难题100多项，有"风力发电机用漆包扁线的研发""车辆保险丝测熔断试系统的设计制备""并网太阳能电站产业化关键技术研究""MJ6离型剂产业化""移动通信工程一体化勘察智能终端""大型复杂铝合金压铸离型剂产业化"等300多项项目成果，与有关企业建立横向合作研发关系，为地方行业的关键性和共性技术的突破做出贡献。

闽江学院历史系与福州市政协、市委宣传部、市文明办、福州文物管理局等部门共建"闽都历史文化研究会""福州市民俗文化研究所"和"闽都历史文化研究中心"，致力于开展闽都历史文化研究，出版了《福州民俗文化述

略》《闽台民俗述论》《闽台民俗散论》《〈垂涎录〉评注》《闽都民俗风情画》《闽都文化述论》《闽都民俗文化述略》《闽剧与闽都民情风俗》《闽都民间文学》《林森年谱》《林森传》《福州漆艺术》《漆艺·脱胎技艺》等论著十余部，发表关于福州船政文化、福州民俗文化、福州历史名人、福州政治文化等方面的研究论文一百多篇，为闽都文化研究与发展奠定学术基础，推动了福州城市精神的确立。参与组织策划了"王审知公祭大典"等大型文化活动，向福州市政协提出了加强闽都文化建设措施等诸多建议，为传承地方历史文化做出了积极贡献。

2010年4月7日，闽江学院服装学院与福州市科协、福州市经委、鼓楼区科技局等单位共同主办的"在榕高校与纺织服装（创意设计）行业对接会"。2011年5月27日，闽江学院服装学院又与福建省经贸委、福建省科技厅联合举办福建省纺织服装及创意设计专场对接会。专场对接会的活动内容包括高校发布科研成果信息、企业发布技术需求以及高校与企业签订合作协议等，促进了高校与行业的对接、高校科研成果与地方企业对接。企业与高校就建立实训基地、人才需求、技术服务、项目合作等达成合作协议，促进了双边长期合作与发展。2011年10月，闽江学院服装学院、化学系分别与商务部、福建省外经外贸干部培训中心合作举办涉外"发展中国家服装制作技术培训班"和"食品安全检测技术培训班"，帮助来自发展中国家的学员掌握相关技术，同时传播了中华文化。

闽江学院扎实开展服务地方经济社会发展工作，不管对本校发展，还是对合作的政府部门及企事业单位均产生多赢互利的良好效应。对于本校，提高了教师的教学业务水平和研发能力，为学生架设了解社会和提高实践能力的有效平台。对于合作的政府部门及企事业单位，则帮助他们解决许多现实难题，提高工作效率和经济效益。（1）人才培养质量进一步提高。学校在产学研结合过程中通过校企联合制订人才培养目标、培养方案、培养大纲，明确应用型人才培养目标，改革课程体系和教学内容，充分整合实践教学环节，探索、完善了应用型人才培养方案，使闽江学院培养的人才更能适应地方经济和社会发展的需要，为地方经济和社会发展做出了应有贡献。（2）促进了教师队伍的稳定与发展。服务地方的办学实践，为学院教师搭建了为社会做贡献，施展才华的舞台，一批教师在服务地方中找到了自己的位置。有的教师长期潜心教书育人，积极开展科学研究，为区域经济社会服务，成长为教学名师；有的致力于区域现实问题的研究，为地方解决管理或技术问题，取得重大成果，成为学术骨干和学科带头人；有的教师长期关注地方经济社会发展的宏观问题并有独到见解，多项建议被地方政府采纳，成为政府部门或企业顾问。许多教师的事业、成就、价值都在服务地方中得到了实现。在服务地方的平台上，学校的教师队伍得到健康成长。（3）提升教师创新研发与服务社会能力。闽江学院积极扶持和建设旨在促进地方经济社会发展的创新研发平台。目前闽江学院已拥有3个省级科研创新平台、4个省高校研发平台、4个福州市研发机构、5个校企共建研发中心，以及10多个校级科研机构。闽江学院为这些研发平台配置较完善的设备设施、设立专项经费和提供科研活动场所、建设具有较高创新服务能力的研发队伍，出台相应政策扶持鼓励教师为地方经济主导产业提供技术创新、市场创新、管理创新服务。这些平台具有较强的社会服务能力和研发实力。

二、高校与社会合作发展的阻碍因素

尽管福州大学、福建农林大学、闽江学院等一批高校在极力推进合作发展模式，并取得可喜效果，但总体上说，我国高校与社会的合作发展还不够理想，有时甚至是存在一定的阻碍。这集中体现为高校与地方的合作发展深度广度不够，合作内容有待开发，合作发展效果有待提升等方面。

高校与社会合作发展的阻碍因素有多方面。有来自高校自身的问题，也有来自社会方面的问题。高校自身问题包括办学理念的偏差、缺乏服务意识和机制保障、社会服务能力不足等。社会方面问题有政府部门政策扶持不够和财力物力支持不足等。

合作发展意识及观念淡薄，很大程度上也反映在学校管理者身上，尤其是较高层次的管理者，只注重教师的校内教学科研，不允许教师把精力投到校外，甚至用行政处罚来控制教师的校外教学科研行为，这极大限制了教师主动联系校外的积极性。高校教师职称评聘存在着过分强调学术性成果考察，而忽视甚至不把社会服务的成就纳入评价体系的问题，这又进一步打击教师参与社会服务的积极性和自觉性。高校是社会公益事业，大部分经费是由国家投资的。教授们的工资是国家划拨的，且是旱涝保收，科研立项很大一块也是国家拨款，这种做法是世界各国通行的。但也很容易使一些高校和高校的教师滋生一种"象牙塔"心态。他们缺乏危机意识和合作发展意识。国家给工资，生存和发展有了保障，也就不需要来自社会企业方面的支持。他们不会为获取社会地方的项目而竭尽努力，更没有想到要通过促进地方社会的发展来保障自身的发展。由于评价机制的欠缺，一些高校教师科研有明显的唯评职称的目的倾向。"象牙塔"心态的结果是高校与外部世界脱节，缺乏高校与地方合作发展的需求和动力。只关注自己的发展需要，而未考虑社会的实际需要，最终高校科研成果只能"束之高阁"，而不能转化为现实生产力。

（一）过于功利的办学目的观的阻扰

大学为社会服务职能的产生，是大学对社会开放并走向社会的结果，是为了满足和适应社会发展的需要。但现在越来越多的大学服务社会的目的是为了自身建设的需要，因此带有很强的功利性。服务内容上着重科技对经济的拉动作用，一定程度上忽视了文化引领和人文价值取向。[①] 正是功利性的社会服务目的，严重阻碍大学拓展社会服务领域和削弱社会服务的社会性效益。其实，大学职能主要是强调"服务性"，而不是"功利性"。大学通过教学和科研，培养大量人才，创造新的知识，最后把成果回报给社会，这才是社会需要的，是大学服务社会的最终目的。对于大学自身来说，不能抱有功利的想法，单纯是为了盈利才去服务社会的，这样有损于大学一直以来具有的高

---

① 赵哲，姜华，杨慧等. 责任与使命：大学服务社会的历史渊源与现实诉求 [J]. 现代教育管理，2011，（5）.

度声望和享有的崇高地位。大学生命力的长久与兴盛在于它对文化的创新与传播，社会需要的就是这样的大学。对于那些唯利是图的大学，根本不能称其为大学，而应称为营利性组织。

（二）地方政府没有发挥其应有的作用

区域高校一般包括中央直属或中央地方共建或地方院校三种形式。对前二者区域政府因不为所管，也较少过问，更无从把有限的资金给以投入。一些地方政府也因财力所限，不能够很好地为地区高校提供经费和物质支持，从而使区域高校的改革、发展以及社会服务的开展受到一定影响，加之地区政府长期多关注于基础教育和职业技术教育，对地区高校也较少过问和关注，导致区域政府及教育管理部门对地区高校的协调管理、引导功能滞后，不善于利用经济杠杆、行政手段等多种途径引导、激励当地高校为当地社会经济发展服务。政府"管理"职能过度而"服务"意识淡薄，不能很好地充当高校与地方行业企业合作联系的中介和"红娘"，结果导致高校与地方行业企业合作发展步伐缓慢。

（三）高校促进社会发展能力不足

对于大多数高校来说，他们更擅长于教学型的办学目标定位。在服务社会上，它们不仅有观念上的阻扰，而且有能力不足的问题。新建本科院校在建设过程中通常非常注重与区域地方的互动合作，强调服务地方的服务面向，但由于其处于"新建期"，服务地方的组织协调能力、学科专业结构与地方的契合度、科研力量较弱、服务地方的人才力量和物质技术基础皆不充足，地方院校大多为教学型或教学研究型高校，科研能力相比一流院校而言比较弱，科研成果的转化能力也较弱[1]，他们服务地方的层次较低，难以为地方产业结构调整、升级做出引领性贡献。而一些老高校也有发展不平衡的问题。出于历史原因，有些学科专业发展很强，而有些学科专业偏弱，对于地方经济社

---

[1] 黄水香. 地方高校服务区域经济社会发展的路径选择 [J]. 黑龙江教育（高教研究与评估），2017（10）.

会发展中新兴产业和新行业也有许多爱莫能助或服务难以到位的地方。

三、未来高校推进合作发展的核心策略与思路

（一）遵循高等教育发展规律，推动高校更好适应经济社会发展需要

大学始终与国家发展和民族振兴同向同行，这是大学发展的规律，也是世界一流大学建设的经验。作为社会的子系统，教育不可能离开一定的社会环境和社会条件而存在。同时，教育的一切活动都要适应社会发展，为社会发展服务，这是教育发展的外部规律。当前，我国正处在加快转变经济发展方式、推动产业转型升级的关键时期。无论是制造业的转型升级、战略性新兴产业的振兴、现代服务业的发展、全球资本和金融竞争、对外贸易方式的转变，创新是最核心的动力，人才是最核心的资源。为经济转型升级提供高层次人才和高水平科研的支撑，是大学最重要的历史使命和战略任务。然而，多年来不论是遵循教育规律还是履行高等教育使命，我国高校都存在许多不尽理想的地方。今后，要推进高校与社会更好合作发展，其根本对策还是聚焦遵循高等教育发展规律来办学以更好适应经济社会发展的需要。

1. 根据国家和区域经济社会发展的战略需求，推动高等教育结构的战略性调整。

高校的同质化没有发展空间，多样化才是方向。调整优化高等教育结构，必须要合理定位，坚持有选择性发展。通过职业教育培养大量高素质的技能型人才，是实现经济转型升级最重要的基础，也是解决就业总量矛盾、缓解就业结构性矛盾最有效的手段。高等职业教育要大力发展，以培养高技能人才为重点。要坚持以服务为宗旨，以就业为导向，发挥企业重要办学主体作用，建立专业标准和职业标准联动开发机制，走校企结合、产教融合、突出实战和应用的办学路子。

本科教育在稳定规模的基础上，以培养应用型、复合型人才为重点。要培养适量的基础型、学术型人才，但更重要的是要加大力度培养多规格、多样化的应用型、复合型人才。要引导高校改变"三重三轻"的现状，做到

"四个更加注重"：即改变重理论轻实践、重知识轻能力、重专业轻人文的现状，在专业设置上更加注重以社会需求为导向，在课程设置上更加注重科学知识、思想品德、人文素养和实践能力的融合，在教学方法上更加注重发挥学生的主体作用，在社会合作上更加注重用人单位的参与，着力培养具有较强岗位适应能力的面向地方、面向行业企业的高素质人才。研究生教育要从严从紧、保持稳定，以培养高层次创新型人才为重点。发展方式要从注重规模发展向注重质量提升转变，培养类型结构从以学术学位为主向学术学位与专业学位协调发展转变，培养模式从以注重知识学习为主向知识学习和能力培养并重转变，人才质量评价方式从注重在学培养质量向与职业发展质量并重转变。在培养模式上，学术学位研究生培养更多地要以提高创新能力为目标，而专业学位研究生培养更多地要以提升职业能力为导向，大力推进校所联合、校企对接、跨学科联合培养。在结构布局上，要建立以经济社会需求为导向的招生计划管理体制，逐步取消招生计划"双轨制"，统筹发展全日制与非全日制研究生。

高校调整优化学科专业结构，要坚持适应社会需求的导向，突出办学特色。在新设置学科专业时，要坚持增量优化，也就是要瞄准战略性新兴产业的发展、瞄准传统产业的改造升级、瞄准社会建设和公共服务领域对新型人才的需求等，主动调整优化学科专业。对现有学科专业格局，要坚持存量调整。高校设置学科专业不在多、不在全，而在特、在强。学科专业建设不只是"人无我有"，更重要的是"人有我优"或"人优我新"。要围绕办学定位和市场需求，制订学科专业建设与调整规划，构建与本校办学定位和办学特色相匹配的学科专业体系和人才培养结构，聚焦重点和优势，压缩"平原"，多建"高峰"，集中建设好优势特色学科专业群，打造并不断增强集群优势，克服专业设置的"功利性"和"多而散"。

2. 深化教育教学改革，创新高等教育人才培养机制。

创新高校人才培养机制的基本思路，就是要在科学的人才培养理念指引下，通过深化教育教学改革，激发高校人才培养的潜力和活力，特别是通过创新应用型、复合型、技能型人才的培养机制，着力突破实践能力这个薄弱环节，同时要处理好人才培养系统的内外部关系，合理配置资源，健全人才培养质量的保障机制。首先，要把更新人才培养理念作为基本前提。只有现代的、科学的教育理念才能培养出适应"五位一体"总体布局、"四化同步"发展新要求的人才。要引导高校摒弃唯考试评价、唯分数论的观念，真正树立起人人成才、多样化人才、终身学习、系统培养的理念；摒弃拼规模、比数量的观念，真正树立起以人才培养为中心、以适应社会需要为检验标准、以学生为本、以学生评价为先的理念。

其次，要把深化教育教学改革作为主要手段。教育教学改革是人才培养机制改革的核心。要着力推动教学内容的改革，建立高校教学内容充分反映学科专业研究新进展、相关实践新经验、人的全面发展新需要的长效机制。要着力推动教学方法的改革，鼓励更多地采用参与式、讨论式、交互式的教学方法，同时加强现代信息技术在教学过程中的应用，引导学生自主学习，促进教师丰富教学手段、提高教学效果。要着力推动教学管理机制的改革，建立有利于推进教师互聘、课程互选、学分互认、自主选学、弹性学制的长效机制，建立更加灵活管用的学籍管理制度，进一步放宽修业年限，允许学生分阶段完成学业。要着力提升教师的教学能力，确保教师把主要精力投入教学。要改进对教师的科研评价办法，强调科研对人才培养的贡献度，引导教师把科研成果转化为教学内容，构建科研反哺教学的长效机制。

再次，要把构建协同育人机制作为重要突破口。高校不能关起门来办学，让学生钻进"象牙塔"，而是要充分利用社会资源，把社会资源转化为育人资源。所谓协同育人，就是集聚各种资源投入人才培养，创立高校与有关部门、科研院所、行业企业联合培养人才的新机制，实现强强联合、优势互补。要引导高校遵循协同育人的理念，通过改革形成可持续发展的协同机制来促进创新要素的深度融合，形成一批优秀创新团队，培养一批拔尖创新人才，产出一批标志性的创新成果。

（二）牢固树立"政产学研用"相结合理念，在深化合作中共同发展

1906年，美国辛辛那提大学工程学院教务长赫尔曼·施奈德开创了产学

研合作模式。日本在产学研合作的实践中又提出产、学、官、民合作模式。20世纪80年代，产学研合作被引入我国并被广泛重视。产学研即产业、学校、科研机构等协同合作，发挥各自优势，形成研究、开发、生产一体化的三重螺旋系统并在运行过程中实现各方资源优势最大化。产学研的实质就是促进社会发展所需的各种生产要素的有效组合。国内外学者从国家创新理论、三重螺旋理论、协同理念、博弈理论等论证了产学研相结合的作用机制和机理。产学研结合是当今世界各国科技与经济相结合的成功经验。

随着技术发展和创新形态演变以及政府在创新平台搭建中的作用，产学研不仅包括了产业、学校和科研机构这三大主体，还包括政府、中介机构、金融服务等相关主体按照市场规则和社会机制展开合作，进行知识的传递、消化和转移，从而实现技术创新、人才培养、社会服务、产业发展、经济进步等等。也就是说，在知识经济时代下，产学研相结合呈现一种更为多元复杂的系统活动。这里也有政府和市场在其中发挥着极为重要的作用。因此，知识社会环境下的创新2.0形态正推动科技创新从"产学研"向"政产学研用"，再向"政用产学研"协同发展转变。未来要进一步拓展高校与地方社会合作发展，不单是产学研三方的结合，而要进一步树立政产学研用相结合理念，推动政产学研用结合内容更为丰富化、模式更灵活，在拓展深度广度上做文章。

（三）提升高校的服务能力和创新能力，建设"服务型"和"创业型"大学

1. 提升高校服务能力，建设"服务型"大学。

服务型高校是相对传统的、单一的以人才培养方式间接服务社会的高校而言的，其主要的核心阐释有如下几个方面。第一，服务型高校的服务理念。在办人民满意的高校思想指导下，在机制创新和制度保障的基础上全面推行开放式办学，既坚持培养高质量人才服务社会的信念，又充分利用高校教育资源直接做好社会服务，追求教育服务社会效益的最大化。第二，服务型高校的服务机制。针对教育服务社会的特定性、针对性和引领性，服务型高校

的办学机制是"政产学研用一体化"。"五位一体"就是将高校的教育服务行动与政府的发展及改革战略相结合,在攻难克艰的社会实践中发挥高校各种优势做好服务;"五位一体"也是政府(政)、社会(产、用)、学校(学、研)职能的重组与整合,相对一般的"产学研"扩展了社会面,加大了社会市场的融入度,这也是服务型高校有别于一般高校显著特征。另外,"五位一体"是一个完整机制的构建,并非一项活动相关元素的简单排列,政府意志、生产和市场诉求与高校教育、科研有着密切的内在联系,政策导向与教育服务行动相互依存,它从根本上改变了教育间接服务机制下的封闭型的高校办学模式。第三,服务型高校的服务途径是多元的,但又是特殊的。其"多元",主要体现在高等教育服务既有"显性服务"又有"隐性服务",既有文化层面的又有物质层面的,其服务价值的追求不仅重视经济效益更要重视社会效益。其"特殊"就是表现在教育服务型高校是基于高校的"文化力"提升"服务力",基于科学"巧实力"促进"和谐力"。服务型高校服务社会的"秘密武器"是"文化力",这区别于一般的社会服务,高校服务载体虽然很多,如技术服务、新产品开发、新员工培训等,究其本源,高等教育服务总会深深烙上"文化"的印迹。因此,政产学研用一体联动,注重发挥高校文化高地的作用,注重文化自觉和文化反思,注重文化内涵建设,高校首先要立足于文化力的品质打造,才能提升服务力。"巧实力"一词最早由美国安全与和平研究所高级研究员苏珊尼·诺瑟提出。它既不是硬实力(硬件),也不是软实力(软件),而是综合了硬实力和软实力的一个整体的战略。"和谐力"既是"力"的一种分解其实也是教育服务的终结目标,是检测的标准。"文化力""服务力""巧实力"的效能性都要反映到相互的认同和融入的变量关系上,把地方经济发展、学校发展与个人发展结合起来,和谐相处,共谋发展。建设服务型大学应从以下几个方面来努力。

(1) 更新高校服务地方观念。

①重新审视大学使命,明确与地方的互动共生性。高校服务社会职能的凸显和强化,是社会发展的必然产物。高校与社会具有互动共生性,社会发

展越是依赖技术进步,高校与社会的联系就越紧密,其服务社会的职能发挥得越好。因此,高等学校不能简单地将服务社会、服务地方当成解决经费困难的权宜之计,而应将服务社会、服务地方当作自身神圣的历史使命,充分认识高校与地方的互动共生性。

②明确服务地方的总体思路和高校的办学定位。高校服务地方,要根据自身特点和优势,明确定位,认真分析地方的需求,坚定服务地方的大方向,充分利用高校与地方的"文化落差",扬长避短、"错位"服务。当前,尤其要重视高职类院校和新建本科高校服务地方作用的发挥,以"应用型"和"地方性"为总体思路,将校地互动发展作为学校"错位"发展、快速发展的主要抓手。

③充分整合高校资源,寻找高校服务地方的突破点。高校应充分整合人才、智力、信息、技术、装备等方面的资源,充分利用其地缘、成本、信息等诸多便利和优势,主动参与建设以企业为主体、以市场为导向的产学研相结合的技术创新体系和各具特色和优势的区域创新体系,努力成为区域创新体系的骨干力量,力争成为服务地方经济社会发展的"人才培养培训中心、哲学社会科学研究中心、地方咨询决策中心和应用型科技成果研发中心"。

(2)深化高校内部制度改革。

高校服务社会职能的有效展开,离不开内部的制度保障。高校应将服务社会的体系构建纳入现代大学制度的范畴,建立与服务社会职能相适应的管理机构,配备专职和专业的管理人员。应制订相关的分配机制、激励机制,以鼓励教职工积极参与科技成果转化、产业化和文化服务等社会服务工作。要优化高校科技成果评价机制,鼓励科研人员长期持续跟踪研究,产出高水平的科研成果,增大可转化、可应用的可能性。① 在评价体系中增加市场需求性、经济效益、社会效益等指标的比重,减少成果理论价值的分值,同时加

---

① 杜德斌. 全面客观认识我国高校科技成果转化问题[N]. 光明日报,2015-12-12,(07).

强职称与社会服务工作的关联度,切实把是否推动经济发展与社会进步作为评价科研水平高低的一项重要指标,把科研成果产业化、社会化作为衡量科研质量的重要标尺。

(3) 提升高校服务能力。

①优化调整高校学科专业。高校应全面深入地分析、了解区域地方的经济、政治、文化的特点和需求,结合自身实际,有针对性地调整、优化学科和专业布局结构,使学科专业结构与地方的产业结构有效对接。这既有利于提升高校服务地方的能力,也有利于学校学科、专业获得生长和可持续发展的资源、动力。为此,必须强化相关学科、专业的师资力量建设,加大专职教师的引进和培养力度,合理利用地方的高层次人才,采用各种兼职形式使其"为我所用",共同推进人才培养水平的提升。

②强化高校应用研究。高校的科学研究要直接面向地方、面向社会、面对市场。要及时了解地方政府和行业企业的技术需求,结合学科建设,利用自身的区位优势,积极开展各种形式的应用研究。如申报各种横向研究课题,承担政府部门和企事业单位的委托课题等。要加强高校与地方、企业的深度合作,重视并努力促进研究成果的转化和应用,深入开展产学研合作,将教学、研究和服务紧密地结合起来。

③拓宽高校服务领域。高校服务地方应善于发掘合作领域,可以借鉴英国开放大学的模式,开展各种形式的教学服务,如成人教育、职业教育、函授教育等,为地方人才素质提升、人力资源培训贡献力量。科研服务除了科技服务、决策咨询服务外,还可以提供各种信息服务、硬件资源服务等。在文化服务方面,应自觉增强对地方的文化辐射,全面参与地方文化建设,研究、整理、保存、开发、弘扬地方的文化资源,提升地方的文化层次和品位,推进地方文化的传承与创新。

高校图书馆作为公共文化资源的重要组成部分,应充分发挥人才优势、资源优势和技术优势,为传承和弘扬地方文化,加强地方文化建设,为地方社会经济文化发展服务。拓展高校图书馆与地方合作发展的广度与深度,首先，建立良好的反馈机制，全面系统地搜集服务对象的反馈意见，通过分析这些意见从中找出目前服务中存在的不足之处，然后有针对性地改善服务方式方法，提高服务质量。其次，要建立快速反应机制，根据服务对象直接或间接的反馈信息，图书馆相关部门要快速做出反应，及时进行相应的调整。在此基础上，通过研究构建高校图书馆与地方合作发展的良性互动机制的途径，实现高校图书馆与地方合作单位的双赢。具体可以从启动和构建学习（培训）支持系统项目、政府信息服务中心项目、企事业信息服务项目、地方特色研究服务项目、特殊人群服务项目和个性化信息服务项目来服务地方社会，并在服务地方社会的过程中，促进高校自身发展。①

2. 提升高校创新能力，建设"创业型"大学。

创业型大学是对欧美一些大学成功发展历程总结、提炼而形成的一种办学理念。它发端于美国麻省理工学院，斯坦福大学加以传承与发展，进而在全美乃至世界范围内产生了巨大影响。可以说，美国的创业型大学通过建立"大学—企业""大学—政府"公共关系纽带，具备学科相对优势的大学越来越多、越来越深地介入区域经济发展，介入国家利益、国家安全和国防军事科技。大学以研究成果加上商业和资本运作，产生出社会资本、智力资本和人力资本，成为推动区域经济发展的发动机，同时获得大学自身资源的不断增值。建设"创业型"大学所带来的大学价值观和社会职能的演变，被称为"第二次学术革命"。这种变革推动了大学传统职能的重大转变并对经济发展和社会进步产生了巨大推动作用。建设"创业型"大学应从以下几方面来寻求突破。

首先，学科建设和科技工作必须确立"服务社会"的理念，走出"象牙塔"，主动关注并参与地区经济社会发展，能够认同把提升对区域经济的贡献度作为学科建设和科技工作的首要目标和主要价值取向，并为此适时调整建

---

① 张静茹，高金英. 高校图书馆与地方合作发展机制研究［J］. 科技信息，2013（04）.

设坐标和方向。积极主动地通过对组织的重新安排、多学科交叉与融合、多主体交互协作等方式，冲破学科间的壁垒，搭建多学科交叉融合平台，提升其科研及创新能力。① 学校人力资源的组织配置和建设理念也要相应改变，教师工作与学术服务的内容需要重新界定，建立旨在激励师生员工创新创业的业绩评定和考核机制也成为紧迫任务。

其次，创业型大学需要有强有力的学术心脏地带——学院和学系，因此，学校管理重心应下移，使学院成为相对自主的办学实体。创业型大学要有强有力的资源拓展渠道和网络，需要专业化的校外办事机构，因此对诸如校友工作除了传统联络沟通感情之外，更赋予其拓展办学资源的战略意义。

再次，在教育教学方面，除了加强创业教育以外，更要重新审视我们整个教育教学体系。以人为本，助人成功，使每一个学生都能体验成功的喜悦和成长的快乐，而不是失败的挫折感，应该成为整个教育教学制度设计和教师教学行为的价值追求，教育者要平等地、主动地关心每位学生的成长和学业进步，尤其需要帮助所谓的"差生"，而我们现行的选拔性很强的教育体系除了造就少数尖子生外，给相当部分的学生造成"失败"的体验，因而要求我们转变教学观和教学管理观念。

最后，创业原意是指在艰苦或恶劣环境条件下求生存求发展的状态，引申开来，至少有两层含义，一是要消除安于现状、知足常乐的心理，提倡首创精神，奋发进取，不断追求事业发展的空间并且做大做强；二要提倡勤俭办学，艰苦奋斗的精神永不过时。这两点构成了创业文化的核心价值。

（四）营造有利于高校与地方合作发展的优良环境和平台

1. 营造有利于高校与地方合作的政策环境。加强高校与地方合作，其实质是进一步促使人才与产业、科技与经济更好地双向互动，更有效地紧密结合，实现高校与地方有效资源组合和优势互补，促进高校科研与地方经济共

---

① 刘鹤，郭凤志. 基于多方互动的创业型大学发展路径分析 [J]. 中国高校科技，2018（3）.

同发展。地方政府要立足长远，着眼全局，制订和完善有关优惠政策，采取有力措施为高校与地方合作互动营造宽松的创业环境，强化政府的服务功能，运用税收、金融、外贸、物资、土地等各种服务政策，把高校大批专家成果和技术信息吸引过来。一是要从法律的层面理顺高校与政府的关系，实行管办分离。二是改革高等教育管理制度，建立宏观调控与自主办学的平衡机制，赋予高校在招生、专业设置、机构设立、人员聘任、经费使用等方面更多的自主权，使高等院校能够自主、有针对性、适切地融入区域社会并推动区域社会的经济发展与进步。三是改革对高等学校的评估导向。在对高等学校进行评估时，将高校对地方经济社会的影响和贡献纳入对高校的评估体系，使内部学术评价与外部社会评价结合起来，并将其作为资源配置的依据之一。四是根据我国高等教育管理体制的现状，积极推进省部共建、省市共建高校的机制，通过共建的形式拉近高校与地方的距离，加强高校与所在区域的联系、互动。作为高校要完善人才机制和科技管理体制，采取措施鼓励科研单位、教学单位主动投入到科技合作当中去，充分发挥他们的技术专长。

2. 建立与完善有利于高校与地方合作的管理制度。要建立健全高校服务地方的相关体制，在高校与地方之间建立起有效联系渠道、形成长效机制。地方政府及其所属机构可以直接与高校协作、联合，可以支持或推动高校与产业"联姻"，可以通过经济手段推动高校提升科技服务水平，可以通过对科技管理体制的重大改革引导高校服务社会，可以建立重大决策咨询制度。高校与地方合作互动能否正常开展并持久深入下去，还必须遵循"双向选择、互惠互利、优势互补、共同发展"的合作原则，通过签订长期合作协议的形式，对合作范围、合作领域和合作模式加以约定，设立合作协调联络机构和专项经费，建立领导互访和科技干部交流等制度，使合作的管理步入科学化、规范化和制度化的轨道，使全面、长期合作的多边关系得到健康发展。

3. 办好有利于高校与地方合作的载体。地方经济发展和市场竞争对技术的需求，为高校与地方合作提供了强大的动力。地方政府必须根据自身的产业优势与高校结成对子，通过政策上的扶持，产业上的引导，依托高校的人才和技术优势开发和建立一批高科技孵化基地、大学科技园、专家创业园，使技术密集的科技攻关成果较快地实现产业化，这种联合基地对地方经济能产生先导效益、集聚效应、辐射效应、整合效应和示范效应，有效地实现"互动双赢"的目标，即地方经济与高校科技产业同时发展。

4. 搭建有利于高校与地方合作的平台。加强高校与地方合作，必须构建起人才、技术和信息与产业、经济沟通交流的平台。举办人才创业论坛与科技成果洽谈会就是推动人才与产业、科技与经济双向交流、合作互动的一个大平台。通过各类技术交易会、科技招商会、研讨会直接展示和宣传高校先进的实用技术、高新技术、科技新产品，地方企业通过洽谈或投标就能获得所需的技术和人才，从而形成高校与地方合作的互动关系，更有效地促进地方经济发展。

结 论

高等院校、科研单位是科技创新和知识创新的源头。高校的科技创新，归根到底是要为地方经济社会服务，要提供创新驱动、引领未来发展。当然这个支撑发展不仅仅是支撑地方的发展，还要承担国家前沿科学技术的研究、国防的研究。不仅要支撑现在的发展，更要引领未来可持续的发展。这是衡量高校科技创新能否与经济社会发展相结合的关键。在新的形势和环境下，特别是在产业结构升级的背景下，如何进一步促进高校与地方发展更好结合，实现良性互动和合作共赢，是政府、高校、企业面临的共同课题，需要在认真总结经验的基础上，继续大胆探索，改革创新。提高认识，形成地方和高校合作共赢的理念，高校与地方是密切相关、互为一体的。地方发展需要高校的服务，高校发展也离不开地方的支持，这两者是不可分离的整体，地方积极支持高校的发展，能获得人才、智力、科技的支撑，这是地区经济社会发展竞争力的根本所在。本研究通过福建省三所不同类型高校"合作"发展之路研究，探索未来地方大学"合作"发展的必由之路，即合作办学、合作育人、合作科研、合作服务，最终是实现"合作发展"。本研究得出以下几点研究结论。

1. 合作是未来高等教育的趋势，全方位合作尤其在分层分类定位明晰后，是高等院校自我提升的必经之路，是高等院校发展模式转型后的又一发展模式。

面对知识社会的纵深性、复杂性、多样性发展，当今科技与经济发展的重要途径是开展广泛的合作。合作办学是顺应现代社会发展要求，是在政府的宏观调控下，面向社会依法自主办学、实施民主管理、全面落实大学作为法人实体和办学主体所应具有的权利和责任相统一的管理制度的要求，很好地反映了大学与政府和社会关系的治理模式、制度规范和行为准则。实际上，在"五合作"办学中，合作各方只有进行有效的知识共享和交流才能实现知识的耦合，达到知识的创新。合作各方在追求自身利益的同时，也充分考虑其他合作方的追求，在异质性的交流与碰撞中生产、传播和应用知识，推进地方经济的快速发展。其动力来源于竞争激烈的市场驱动，合作各方都需要扩大自己的发展空间，需要更多的资源；来源于政府的调控，通过行政、法律手段和经济手段对高校、企业、科研院所进行政策性调控，促进各种知识的有效耦合；来源于合作各方面的发展原动力；更是来源于各种异质文化的吸引力。

合作办学不仅加强了高校与区域经济社会的联系，而且使政产学合作发挥作用，让高校成为地方政府重大决策的智囊团，良好的合作办学模式可以提升地方大学内部管理机制的活力。正确处理大学和社会关系是现代大学制度的重要内涵。在合作办学过程中，地方高校把学科和专业建设与地方经济社会发展结合起来，带动地方经济的支柱产业发展，培育地方新的经济增长点，形成院校发展与地方发展的紧密联系。高校立足地方，利用自身所处的地缘优势，把学科和专业建设与区域经济结构、产业结构结合起来，瞄准区域经济社会发展重点，进一步凝练学科和专业方向，大力发展与区域主导产业、支柱产业和新兴产业密切相关的应用学科和专业，进一步突出学科和专业的地方特色，为地方经济社会服务。同时，地方政府在制订产业发展规划和发展地方产业的过程中也能充分考虑引导和培育地方高校的优势与特色，使之更好地服务地方经济社会发展。开展合作办学，高校能进一步明晰培养为地方服务的人才，为地方经济发展提供持续稳定的人才资源。地方政府能与高校共同创造有利条件，引导和鼓励更多的优秀毕业生面向地方就业，让更多的优秀人才投身到地方经济社会发展中来。

合作办学是大学内部管理机制创新路径选择，随着市场经济体制改革的深入，大学走入了社会中心，市场竞争意识和法则逐步渗透到高等教育领域。在大学组织面临发展资源稀缺的今天，大学与外部社会之间的互惠合作对于大学本身来说显得越来越重要。适应社会经济发展需要，推行合作办学，改革高校办学模式，既是建设现代大学制度的重要内容，又是大学内部管理机制的创新路径。

合作办学的产生和快速发展，推进了我国教育改革和对外开放，满足了人民教育需求，整合学校与境外高校、产业企业及地方政府的优质资源，改善现有的办学条件，提高师资队伍水平，形成多渠道、多模式发展教育的办学形式起到了积极的推动作用。同时通过合作办学，在搭建地方高校和境外高校、产业企业和地方政府的交流平台，促进地方高校教育的国际化、区域化，推动我国高等教育的深化改革方面也发挥了重要作用。当前国家实施"一带一路"建设战略为我国高校"走出去"开展多层次海外办学提供了难得的历史机遇。地方高校要充分利用地缘优势，在扩大吸收沿线国家留学人员的同时，还应利用好自身的各种资源和渠道，加大同国外名校合作的力度，扩大中国高校的影响力。

完善地方高校学科结构，培养紧缺人才，通过校地校企合作办学，调整和完善学科专业结构。学科布局及其发展水平是高校办学特色、办学水平特别是服务社会能力的主要标志和重要体现，学科建设、专业设计是高校发展战略中的主体内容，要坚持在合作中寻找区域经济建设的需要，调整和优化学科结构布局，努力形成特色、重点和优势学科地位突显的学科体系。增加地方高校办学自主权和开放度，在合作办学中，地方高校进一步更新内部管理理念，积极与国际合作教育接轨，引进先进的办学理念，突破传统办学体制束缚，加强开放办学，创新办学模式和办学机制，促进了我国高等教育的改革和发展。中外合作办学作为国家和区域高等教育国际化的一种新的办学形式，直接目的是引进学校外部优质教育资源，为区域经济社会发展培养出专业精深或具备国际视野的高质量应用型人才。

2. 合作不是否定大学传统职能，而是对大学职能的最好实现，是适应新时代发展的产物。

大学的产生源于社会的需要，是社会的组成部分，同时，社会的发展与需求也推动着大学的变革与发展。大学成为社会经济中心主轴并发挥社会服务职能，具有历史必然性。大学职能是逐步发展形成的，是随着社会的发展不断完善和丰富的，社会服务是高等学校的派生功能，与教学功能和科研功能有着一定的派生关系，是教学和科研功能的延伸。高等教育合作是高等教育机构之间为实现共同目的或共同价值追求而展开的一种合作主体间身份独立，自愿、平等、自利或互利的相互活动。大学社会服务功能是高校成为社会经济发展"轴心"的重要"杠杆"，是社区或者"周围社会"的"源泉"。高校不仅要传播和传递知识，更要创造和发展知识、应用知识直接为社会服务。

高校与地方之间积极依靠与主动服务关系的形成，是实现高校与地方双赢，共同发展的重要问题。一方面，地方经济社会的发展越来越需要地方高校的人才和智力支持。地方经济社会要实现转型发展，提高效益，必须要善于依靠地方高校的智力资源。另外一方面，地方高校要在有限的教育资源中实现发展，必须融入地方经济社会建设的大战场，通过对地方社会提供服务，从而聚集资源，拓展发展空间，增强高校的社会功能和社会价值，在地方社会经济的发展过程中扮演着助推器的作用。未来高校不能只满足于培养人才，更要以崇高的责任感和使命感融入地方社会，来为社会做出直接的贡献，实现社会需求与高校发展的双向互动，发挥优势，多方面、多渠道、多层次地融入到地方社会经济的发展中。

在国外，高校与社会经济更加紧密结合的趋势影响下，知识经济推动社会经济对高校人才和智力的依赖趋强，以及高等教育的综合改革的深化等因素的推动下，大多高校对履行社会服务职能的认识有很大的提高。

面对新形势，高等教育国际化、大众化发展，高校也被时代赋予了新的历史使命。为了适应这种变革，地方高校服务社会职能也必须有所超越，这种超越也是高校遵循其内在发展逻辑的必经之路。地方高校社会服务职能的历史性超越，就要求高校社会服务集群化，走向合作。高校只有依托自身的教学、科研以及人才等优势，以满足社会现实的需要为导向，服务社会、推动经济发展为目的，不断创新，通过合作、联合、联盟等方式服务社会，才能使得社会服务成为高校的本体性职能，才能更好为社会服务，并在服务中收获竞争优势。

随着中国经济社会的进一步转型和高等教育改革的进一步深入，高等教育事业取得了长足发展，但国家及区域对高等教育人才数量、质量和多样性需求的日益增加，要进一步调整高等教育层级、结构和类型，为社会和经济发展、产业结构优化与调整提供丰富的人力资本，依靠稀缺的高等教育资源特别是单个高校的有限资源难以实现。面对内、外部深刻变化的发展环境，以及高等教育的生源市场、资金市场以及就业市场严峻的挑战，中国高等教育系统逐渐结束单枪匹马的对抗性竞争发展，向合作战略转变，以探索增强高等教育可持续发展的有效路径，在激烈的竞争中谋求生存和发展。

3. 合作本身是个系统工程，相互依存相互区别，交叉发展共同推动，共生共赢。

"合作即是指为了共同的目的，一起工作或共同完成某项任务。"它着重强调完成某项任务，是要有共同的奋斗目标；同时是一起或者共同完成的，是各合作方协调一致，共同完成任务，一般没有主次之分。

形成共同认知，承担共同责任是影响"五合作"办学成败的关键因素；在合作办学中，相关利益分享机制构建是另外一个决定性要件；"五合作"办学实践是一个系统过程，该过程必然要有相应的投入，这也体现合作各方对于"五合作"办学的重视程度；最后，制度安排也是影响合作的主要因素，体现了合作各方组织文化、环境、组织间关系等多重因素的影响。

高校"五合作"办学是基于合作方不同的特点的异质性而存在"共同需求"，恰恰这个异质性有助于合作关系的建立而非其需要克服的弱点。合作天然需要合作各方的异质性。高校"五合作"办学合作方是平等共在的，而非一方牺牲自我成全另外一方，也非放大一方缩小另一方的。是合作各方共生互动中，使得每个"自我"得以充分的展开与其他同在的关系，并且在与其他方相互作用中得以建立与自身的关系、实现"自我"价值。高校"五合作"办学合作是互惠共赢的，且是按照一定的合作运行机制规范开展的。

"需求"的驱动是个人和社会发展前进的动力。合作办学的相关主体从需求来看，都具有交叉部分。高校作为满足该公共需求的主体，其办学属于满足学生求知需求、企业用人需求以及社会发展需求，政府是以满足社会发展需求为本位。政府与学校主体之间除了有自己的需求外，存在"共同需求"；企业合作的成本、收益决定企业的合作意愿，其需求在于能否从合作中获得利益满足企业的需要。"共同需求"是"五合作"办学思想构建和践行的原动力，是相关利益主体长效合作行为的前提条件。

"共同需求"是高校"五合作"办学实践的动因，存在于大学与大学之间，大学与科研院所之间、大学与企业之间以及大学与地方政府之间等，践行"五合作"办学，利益相关者从意识到客观的"共同需求"，到主观上的"共同的认知"，既要对自身的条件有明确认识，也必须要明确对方的情况，还要能清楚地认识和估计与合作目的的差距，才能最后达成认识上的"行动意向的一致"。行动意向的一致是共同行动的必要条件，只有相关合作主体共同认识达成才可能实现资源整合，共赢发展。

各相关合作主体达成行动意向的一致，并不意味着他们会进行共同的行动，还需要各相关合作主体共同承担相应的责任。高等学校作为"公共品"，其职责主要是通过高质量人才培养来服务学生和服务社会，这就需要学校积极主动地与社会外界加强联系，挖掘合作潜力，与各合作主体要不断地平等协商，达成共同行动。

各相关主体基于不同的利益诉求而参与到"五合作"办学中来，因此，根据各相关主体参与程度和贡献程度建立有效的利益分享机制就直接影响合作的深入开展。利益分享机制是基于利益分享经济观的制度设计，根据参与"五合作"办学主体的贡献率以获得相应的收益，具有激励和约束的功能。通过利益共享机制能使积极参与的各相关主体获得相应的收益,保障了合作的持续性。

在高校"五合作"办学思想中,各合作方因为共同目标而形成共同体,共享资源、信息、权利和义务,共同行动,以实现单个合作方无法实现的目标。

其中,合作育人是根本。大学的本质是求真育人,合作办学是基于不同层次人才的要求而进行的,合作科研的最终目标也是为了培养人才服务的,合作服务是通过高素质人才来实现的,从而实现合作各方的多赢,各自发展。

合作办学是基础。合作办学是对高校办学层次的拓展,是基于社会需求,遵循高等教育办学规律,或是高校发展的战略需求,通过各类办学方式实现的。合作办学是高校结合新形势发展的需要,从自身发展出发,进一步发展的表现,它是增强高校育人能力的需要,是服务地方经济,促进发展的重要途径,也是强化高校科研优势的方式之一。

合作科研是支撑。高校正逐步成为国家知识创新的中心和推动科技成果向现实生产力转化的重要力量。特别是在科技高度发达的当代,高校应当在发展中扮演知识创新的中心、知识企业的孵化器、高新技术的辐射源和高新技术开发区的智力支柱等多重更重要的角色。合作科研是支撑高校育人、服务地方经济的重要力量。

合作服务是使命。"五合作"办学思想下的高校合作育人、合作科研都是为社会服务的,只不过合作服务是直接的,而合作育人、合作科研是间接的。高校作为教学中心和科研中心,充分利用优质资源为社会提供全方面的服务,成为社会服务中心,是高校的一项神圣的使命。

合作发展是目标。无论是哪些合作主体,合作内容是什么,合作模式怎么样,通过什么方式进行合作,其最终目的是实现各合作方的共同愿景,满足"共同需求",实现多方互惠、多赢,实现自身发展。

总的来说,合作育人、合作办学、合作科研、合作服务和合作发展是统一的,它们共同构成了一个有机的整体,贯穿于高校办学的全过程。首先,它们的目标是一致的，都是为社会发展服务；其次，它们的手段互补，合作育人虽然是以培养高素质人才为主，但人才的培养需要与科研育人、实践育人、环境育人和创业育人等多种形式相辅，才能培育出企业需要，能够推动社会发展的综合型人才，同样合作育人、合作办学和合作发展也有助于发展科技和服务社会。

4. 合作是理念，但不同类型高校有不同侧重点，与分层分类高等教育理念相契合。

高校合作理念的提出是基于高校办学实践的具体社会事实，是主体思维认知与情感、追求的结果，不同类型的高校应从其内在的规律以及所处的社会时代环境出发，综合运行逻辑和相应条件变化关系形成其自有的发展模式。

纵观合作教育的发展历程，产学研合作教育在不同的国家都有着不同的发展模式和进度，优势和问题。由于各地经济发展、教育资源、社会文化环境等因素的差异，每个高校所采用的合作模式也应该根据高校自身和社会的实际来设计、实施，从而提高合作模式的针对性和结果效益。

合作教育在美国国家合作教育委员会看来，是一种独特的教育形式，它将课堂学习与在公共或私营机构中有报酬、有计划和有督导的工作经历结合起来；它允许学生走出校门，到现实世界中去获得基本的实际技能，增强学生确定职业方向的信心。[①] 事实上，合作教育分与外部进行合作，是校内校外的结合；内部各因素的进行协同，通过人才培养模式改革，科研创新支撑等途径，培养高素质的综合人才。之后，"联合培养"概念的诞生、类型、种类、范畴及其内涵也随着高等教育和经济社会的发展而不断拓宽，不断涌现出校所、校企联合科研育人，校企、校地合作实践育人，校校、校企、国际合作环境育人，校企、校地合作创业育人等合作模式。

"五合作"办学的模式主要有中外、境外合作办学，校企合作办学，校地合作办学，主要涉及专利许可、技术转让、建立科技园区和企业孵化器、合

---

① Dale Williams. *Learning from Working* [M]. Southwest Publisher, 1967.

作开发，在这些过程中实现双方或者多方的利益，达到互利共赢。这些模式或者途径可以看作是参与各方的一种交易契约，是一种以知识流通为特征，实现多赢的交易活动。从实践过程中看，合作各方在各自领域都有各自的优势，但是进入了不熟悉的领域就会发现其不足，这时候就需要扬长避短，降低交易成本，形成规模效应。

目前我国高校的合作特别是校企合作和校研合作大多在工程领域开展，通过联合攻关（集合作方学科、人才、科研优势）或项目参与（接船过河、高位嫁接），与企业联合攻关或者申报课题，解决产业发展的重大问题，或与地方政府就发展中重大问题开展合作或政府主导建立科技园区，形成科研聚集优势等的合作科研，服务企业、行业、地方政府、国家，服务对外交流，实现在合作育人中，多方共赢，共同发展。但国外很多高校的合作已从最初的工程领域延伸到其他各个领域，合作在人文社科类的专业中的实施，使学生可根据本学科的特色和优势开展社会调查，从中发现教育、经济或社会问题，从而为学校、雇主和政府的决策提供一定的依据。与此同时，也可以对人文社科类学生的综合素质起到提升作用。

当前，我国的大学特别是研究型大学学科门类齐全，学术水平高、科研人才密集，实验设施先进，研发成果技术含量较高，市场竞争力较强，特别是在基础研究领域。但与此同时，研究型大学的科研工作也存在着忽视市场价值，有的大学单纯追求学术价值和地位，或单纯以"计划为导向"，遵循"先有成果，再推广"的运作思路，导致科技与生产严重脱节。而企业是典型的以营利为取向的组织，企业最大的优势就是紧密对接市场，掌握第一手的市场信息，可以保障各种合作科研模式以市场为导向，可使合作各方能以市场需求为选题方向，使其科研立项有较强的针对性。

在合作服务方面，高校可根据办学特色，有侧重地加强与政府企业等主体的合作。高校与地方政府签署各种长期、全面合作协议，与地方政府在科学研究、技术转移和人才培训等方面广泛开展合作。从技术创新角度来看，大学不单是高新技术的发源地，更是科技成果的推广者，以独特的视角，通过研究中心，特别是工程中心，实现与相应产业链的对接，在区域经济社会发展中发挥独特的作用。或是主动开展调查研究、咨询论证、科技服务等工作，破解区域发展难题，成为政府的智库。高校发挥学科优势，特别是高级智力人才资源，对政府政策决策提供参考。为企业合作合作提供科研服务，提供人才培训，提供信息服务等，社区合作提供社会服务，开放共享资源，提供知识服务，提供咨询服务等。

在合作发展方面，结合高校与地方经济社会合作发展的主要任务，利用不同类型高校的优势资源，通过多方面的合作促进共同发展。通过与地方企业合作，促进技术创新和科研成果产业化。围绕地方重点发展的支柱产业、新兴产业和传统品牌产业，进行技术创新和应用高新技术改造传统产业，特别突破有自主知识产权的技术和生产的开发应用。加速科技成果转化应用。与地方企业合作建立集研究、开发、生产为一体的工程研究中心、技术开发中心等，增强企业发展的后劲，组建股份有限公司，进行资产重组，扩大企业规模，开拓国内外市场。加强科技兴农合作，为地方农业现代化提供集成技术和高新农业技术。利用先进的生物工程技术，进行农产品优良品种的培育、繁殖的研究与开发，为地方提供源源不断的新品种。利用最新研究成果为地方提供高产、优质、高效的农产品种、养、加技术，特别是农产品无公害、工厂化、集约化的生产新技术以及农产品保鲜、贮藏、深加工和综合利用技术等。利用高校的师资力量对农民进行农业技术知识培训。

加强高新技术产业化的合作。加强高新技术的研究与开发，改造传统产业，促进产业结构调整和优化升级。加强高新科技成果的推广应用，推动地方优势产业、龙头企业的发展。参与创办信息园、科技园等高新技术产业园的建设和共建重点实验室，增强地方科技基础实力和技术创新能力。加强社会发展领域的文化与科技合作。围绕文化建设和和谐社会建设，合作开展新机制、新常态建构的对策研究。围绕地方环境保护、自然资源保护和持续利用，在矿产资源的勘探与开发、海洋资源开发、建立可持续发展生态系统等领域开展合作。加强人才培养与交流的合作。与地方共建人才培养基地，特别是研究生联合培养基地和博士后流动工作站。把人才培养与重大科技项目的合作紧密结合起来。与地方政府互派干部挂职，加强科技人才的交流与合作。

参 考 文 献

一、专著类

1. ［美］L. 科塞. 社会冲突的功能［M］. 孙立平，等译. 北京：华夏出版社，1989.

2. 刘仲林. 跨学科学导论［M］. 杭州：浙江教育出版社，1990.

3. ［美］亨利·埃兹科维茨. 大学与全球知识经济［M］. 夏道源，等译. 南昌：江西教育出版社，1999.

4. 辞海（上册）［M］. 上海：上海辞书出版社，1999.

5. 朱国仁. 高等学校职能论［M］. 哈尔滨：黑龙江教育出版社，1999.

6. 刘京焕. 公共需求研究［M］. 北京：中国财政经济出版社，2000.

7. ［美］伯顿·克拉克. 高等教育新论［M］. 王承绪，徐辉，译. 杭州：浙江教育出版社，2001.

8. 何自力. 比较制度经济学［M］. 天津：南开大学出版社，2003.

9. 王剑波. 跨国高等教育与中外合作办学［M］. 济南：山东教育出版社，2005.

10. 陈解放. 合作教育的理论及其在中国的实践［M］. 上海：上海交通大学出版社，2006.

11. 张立文. 和合学［M］. 北京：中国人民大学出版社，2006.

12. 龚思怡. 高校中外合作办学模式与运行机制的研究［M］. 上海：上

海大学出版社，2007.

13. 顾建新. 跨国教育发展理念与策略［M］. 上海：学林出版社，2008.

14. 胡亮才. 国际合作办学模式创新［M］. 长沙：湖南师范大学出版社，2008.

15. 孙福全等. 产学研合作创新：模式、机制与政策研究［M］. 北京：中国农业科学技术出版社，2008.

16. ［英］安东尼·史密斯，弗兰克·韦伯斯特. 后现代大学来临？［M］. 侯定凯，赵叶珠，译. 北京：北京大学出版社，2010.

17. 麦可思研究院. 2012年中国大学生就业报告［M］. 北京：社会科学文献出版社，2012.

18. 张康之，张乾友. 共同体的进化［M］. 北京：中国社会科学出版社，2012.

19. 贺金玉. 地方新建本科院校协同创新与协同育人模式研究［M］. 济南：山东大学出版社，2013.

二、报刊论文类

1. 陈解放. 合作教育本质与特征浅析［J］. 教育发展研究，1999（素质教育特辑）.

2. 张蕾. 中外合作办学实践中的法律问题及法律建议［J］. 高等教育研究，2001（03）.

3. 董秀华. 上海中外合作办学现状与未来发展透视［J］. 教育发展研究，2002（09）.

4. 胡焰初. WTO《服务贸易总协定》与中外合作办学的立法［J］. 武汉大学学报（社会科学版），2002（02）.

5. 胡鞍钢，熊义志. 大国兴衰与人力资本变迁［J］. 教育研究，2003（04）.

6. 朱桂龙，彭有福. 产学研合作创新网络组织模式及其运作机制研究[J]. 软科学，2003（04）.

7. 肖地生，顾冠华. 全球化视野下的中外合作办学[J]. 黑龙江高教研究，2003（05）.

8. 徐洁. 我国中外合作办学的现状及其存在的问题[J]. 中国高教研究，2003（10）.

9. 李抒望. 解读新的发展观[J]. 中共石家庄市委党校学报，2004（01）.

10. 李桂红. 我国大学内部管理体制改革的问题与对策[J]. 理工高教研究，2004，（02）.

11. 冯伟哲. 中外合作办学风险管理的特点[J]. 黑龙江高教研究，2004（03）.

12. 陈志刚，王青. 教育与区域经济发展差异——基于江苏和江西的实证分析[J]. 中国人口·资源与环境，2004（04）.

13. 许圣道. 以市场手段规范中外合作办学行为[J]. 大学教育科学，2004（04）.

14. 刘缨，胡赤弟. 高校产学研合作教育模式探析[J]. 黑龙江高教研究，2004（08）.

15. ［美］帕特丽夏·J. 加姆波特. 大学与知识：重构智力城[J]. 李春萍，译. 北京大学教育评论，2004（10）.

16. 张炼. 美国合作教育最新发展与面临的问题[J]. 职业技术教育，2004（16）.

17. 许长青，马玉女. 高等教育发展的经济地理学分析[J]. 辽宁教育研究，2005（01）.

18. 曾令奇. 合作教育的运行机制初探[J]. 中国高教研究，2005（03）.

19. 刘艳辉，胡宝民. 产学研合作运行机制的机理分析——兼论河北省产学研合作的现状及应对策略 [J]. 河北学刊, 2006 (01).

20. 王雪原, 王宏起, 刘丽萍. 产学研联盟运行机制分析 [J]. 中国高校科技与产业化, 2006 (03).

21. 庞资胜, 孙强. 教育产业与经济增长关系实证分析 [J]. 云南大学学报, 2006 (S1).

22. 柳洲, 陈士俊等. 跨学科科研团队建设初探 [J]. 科技管理研究, 2006 (11).

23. 易顺明等. 关于产学研合作模式的探讨 [J]. 沙洲职业工学院学报, 2007 (01).

24. 张婕. 地方高校与区域经济发展的关系及政策取向——对全国111所地方高校校长的问卷调查报告 [J]. 国家教育行政学院学报, 2007 (07).

25. 吴平. 我国高校产学研合作教育模式探析 [J]. 高校教育管理, 2008 (03).

26. 童靓瑛. 浅论高职院校产学研合作的新发展 [J]. 商场现代化, 2008 (05).

27. 陈国荣等. 关于产学研合作模式的探讨 [J]. 重庆科技学院学报（社会科学版）, 2008 (09).

28. 张继华. 美国高等教育经费筹措经验及我国高等教育筹资体制的完善 [J]. 河北师范大学学报（教育科学版）, 2008 (12).

29. 张美书. 科研创新团队——高校提升科研水平的战略选择 [J]. 科技管理研究, 2009 (05).

30. 李巨光. 基于科研团队特点的绩效评价体系初探管理观察 [J]. 管理观察, 2009 (06).

31. 王金凤, 卜祥云. 高校创新型科研团队建设路径选择 [J]. 河南科技, 2009 (07).

32. 何银海, 张勇. 校地合作共建视野中政府与高校的角色定位研究 [J]. 中国高教研究, 2009 (09).

33. 于建朝，胡宝民. 高校科研团队共生演化过程与机制探讨［J］. 商业时代，2009（12）.

34. 李元元，邱学青，李正. 合作教育的本质历史与发展趋势［J］. 高等工程教育研究，2010（05）.

35. 王宾齐. 迷失在大众化进程中：中国高校趋同化原因探析［J］. 中国高教研究，2010（07）.

36. 张陈，崔延强. 现代大学的基本功能：人才培养、科学研究、服务社会［N］. 人民日报，2010-12-31.

37. 陈·巴特尔，陈益林. 校地合作定位与区域教育竞争力提升策略研究［J］. 成人教育，2011（04）.

38. 赵哲，姜华，杨慧等. 责任与使命：大学服务社会的历史渊源与现实诉求［J］. 现代教育管理，2011（05）.

39. 张密丹. 现代大学制度是高教改革的关键［N］. 光明日报，2011-7-11.

40. 陈涛，王贤芳. 就业市场双重主体对大学生就业问题的认知比较［J］. 理论探索，2012（20）.

41. 张功员. 高校内部管理"去行政化"改革思路探讨［J］. 河南社会科学，2013，（01）.

42. 吴文清，高策，王莉. 地方高校学科建设与区域经济转型适配性研究［J］. 清华大学教育研究. 2013（01）.

43. 林金辉. 中外合作办学：现状、问题与发展对策［J］. 教育研究，2013（04）.

44. 胡海青. 产学合作培养人才政策与实践的国际经验与启示［J］. 高等工程教育研究，2014（01）.

45. 索凯峰，盛玮. 校企合作育人困境分析：基于组织社会学的阐释［J］. 高校教育管理，2014（01）.

46. 郭立. 地方高校区域协同效应的运行机制及策略［J］. 黑龙江高教

研究，2014（02）.

47. 郭丽君，李慧颖. 中外合作办学质量保障：制度与文化分析视角［J］. 高等教育研究，2014（05）.

48. 彭蕾. 试论高校科技成果转化为生产力机制创新［J］. 生产力研究，2014（06）.

49. 邱峰. 协同创新视角下的大学生创业教育研究［J］. 教育探索，2014（09）.

50. 赵庆典. 适应经济社会发展需求 改革高等学校办学模式——国家教育体制改革试点调研报告［J］. 中国高教研究，2014（09）.

51. 柴玥，刘趁，王贤文. 我国高校科研合作网络的构建与特征分析——基于"211"高校的数据［J］. 图书情报工作，2015（02）.

52. 陈杰，徐吉洪. 高等教育强省视阈下的地方高水平大学建设［J］. 国家教育行政学院学报，2015（11）.

53. 杨红梅，陈畅子，姜海翔. 新建地方本科院校校企合作育人机制探讨［J］. 高教学刊，2015（16）.

54. 杜德斌. 全面客观认识我国高校科技成果转化问题［N］. 光明日报，2015-12-12（07）.

55. 季亚明. 欧美产学合作培养人才机制及其借鉴研究［J］. 人力资源开发，2015（24）.

56. 卓泽林，王志强. 构建全球化知识企业：新加坡国立大学创新创业策略研究及启示［J］. 比较教育研究，2016（01）.

57. 薛卫洋. 质量建设进程中的高等教育中外合作办学——基于《高等教育第三方评估报告》的思考［J］. 中国高教研究，2016（02）.

58. 周社育，黄晶. 网络治理视野下美英高校社会服务途径研究与启示［J］. 宁波工程学院学报，2016（02）.

59. 杨善林，吕鹏辉，李晶晶. 大科学时代下的科研合作网络［J］. 西安交通大学学报（社会科学版），2016（05）.

60. 苏先娜, 谢富纪. 产学合作技术创新策略与收益分配博弈分析 [J]. 研究发展与管理, 2016 (06).

61. 邹晓东, 王凯. 区域创新生态系统情境下的产学知识协同创新：现实问题、理论背景与研究议题 [J]. 浙江大学学报（人文社会科学版）, 2016 (06).

62. 付八军. 创业型大学的学术资本转化 [J]. 中国高教研究, 2016 (08).

63. 杨体荣, 卓泽林. 创建新美国大学：亚利桑那州立大学创新创业策略研究 [J]. 比较教育研究, 2016 (09).

64. 王富平. 地方高校内涵发展的模式与路径——基于社会服务模式有效性的思考 [J]. 教育现代化, 2016 (19).

65. 张虎, 杨柳, 何为. 高校科技成果转化的现状与症结 [J]. 科研管理, 2017 (S1).

66. 王凯, 胡赤弟, 吴伟. 基于"学科—专业—产业链"的创新创业型大学：概念内涵与现实路径 [J]. 清华大学教育研究, 2017 (05).

67. 梁彦. 地方高校服务区域经济社会发展的途径探索 [J]. 内蒙古师范大学学报（教育科学版）, 2017 (06).

68. 刘笑, 陈强. 产学合作数量与学术创新绩效关系——基于面板分位数回归模型的研究 [J]. 科技进步与对策, 2017 (20).

69. 刘鹤, 郭凤志. 基于多方互动的创业型大学发展路径分析 [J]. 中国高校科技, 2018 (03).

70. 陆珂珂, 龚放. "双一流"建设背景下创业型大学发展的若干思考 [J]. 江苏高教, 2018 (11).

71. 王江哲, 刘益, 陈晓菲. 产学研合作与高校科研成果转化：基于知识产权保护视角 [J]. 科技管理研究, 2018 (17).

72. 张艺龙, 明莲, 朱桂龙. 科研团队视角下我国研究型大学参与产学研合作对学术绩效的影响 [J]. 科技进步对策, 2018 (23).

73. 迟晶. 美国研究型大学社会服务职能的历史演进及其因素分析 [D]. 长春：吉林大学硕士学位论文，2005.

74. 李燕. 共生教育论纲 [D]. 济南：山东师范大学博士学位论文，2005.

75. 洪俊. 斯坦福大学社会服务职能研究 [D]. 石家庄：河北师范大学硕士学位论文，2007.

76. 胡志超. 大众化教育背景下地方高校人才培养研究 [D]. 武汉：华中师范大学硕士学位论文，2008.

77. 周朝成. 当代大学中的跨学科研究——学科文化与组织的视域 [D]. 上海：华东师范大学博士学位论文，2008.

78. 程妍. 跨学科研究与研究型大学建设 [D]. 合肥：中国科学技术大学博士学位论文，2009.

79. 顾正萍. 适应与选择——我国高校办学模式趋同的分析与思考 [D]. 上海：复旦大学硕士学位论文，2010.

三、外文类

1. Gulbrandsen M, Smeby J C. Industry funding and university professors' research performance [J]. Research Policy, 2005, 34 (6).

2. Motohashi K, Yun X. China's Innovation System Reform and Growing Industry and Science Linkages [J]. Discussion Papers, 2005, 36 (8).

3. Xianwen Wang, Shenmeng Xu, Zhi Wang, Lian Peng, Chuanli Wang. International scientific collaboration of China: collaborating countries, institutions and individuals [J]. Scientometrics. 2013 (3).

4. Pu Han, Jin Shi, Xiaoyan Li, Dongbo Wang, Si Shen, Xinning Su. International collaboration in LIS: global trends and networks at the country and institution level [J]. Scientometrics. 2014 (1).

5. Zehui Ge, Qiying Hu, Yusen Xia. Firms' R&D Cooperation Behav-

ior in a Supply Chain [J]. Prod Oper Manag. 2014 (4).

6. Maria Vaz Almeida, António Lucas Soares. Knowledge sharing in project-based organizations: Overcoming the informational limbo [J]. International Journal of Information Management. 2014 (6).

7. Cardamone Paola, Pupo Valeria, Ricotta Fernanda. University Technology Transfer and Manufacturing Innovation: The Case of Italy [J]. Review of Policy Research. 2015 (3).

8. Patarapong Intarakumnerd, Peera Charoenporn. Impact of stronger patent regimes on technology transfer: The case study of Thai automotive industry [J]. Research Policy. 2015 (7).

9. Virginie Marie Lefebvre, Douglas Sorenson, Maeve Henchion, Xavier Gellynck. Social capital and knowledge sharing performance of learning networks [J]. International Journal of Information Management. 2015.

后 记

改革开放40年来，我国高等教育事业获得了长足发展，取得了令人瞩目的成绩，实现了历史性跨越。随着创新日益成为经济社会发展的主要驱动力，知识创新成为提升国家竞争力的核心要素。在这种大背景下，各国为掌握国际竞争主动权，纷纷把深度开发人力资源、实现创新驱动发展作为战略选择。高等学校要提升创新能力，就必须通过协同创新的纽带，带动人才培养、科学研究、社会服务和文化传承创新等各项事业的全面发展。

《国家中长期科学和技术发展规划纲要（2006—2020年）》提出："建设科研院所与高等院校积极围绕企业技术创新需求服务、产学研多种形式结合的新机制"，"促进科研院所之间、科研院所与高等院校之间的结合和资源集成。"《国家中长期教育改革和发展规划纲要（2010—2020年）》也强调："探索高等学校与行业、企业密切合作共建的模式，推进高等学校与科研院所、社会团体的资源共享，形成协调合作的有效机制，提高服务经济建设和社会发展的能力。"这些纲领性文件都为高校参与协同创新打下了坚实的基础、指明了前进的方向。高校作为"研究高深学问的机构"，作为促进社会发展的"动力站"，参与协同创新并成为主体不仅是时代发展赋予高等教育的历史使命，也是高等教育实现跨越式发展的现实要求。高校积极参与协同创新对提高高等教育质量、推动"双一流"进程、建设创新型国家等均具有重要战略意义。高等学校既是高层次创新人才培养的重要基地，又是基础研究和高技术领域创新成果的重要源泉，是国家创新战略体系的重要组成部分。

大科学、大技术时代的来临，要求多种主体进行深度的跨学科整合，实现科学技术发展和社会进步的双赢。地方高校具有鲜明的地域特征，依赖地方财政支持而发展。在长期的办学的过程中，地方高校具有"办在地方、管在地方、服务地方"的办学特点，其呈现的"地方性、大众性、特色性、多样化"特征决定了它成为区域创新体系不可或缺的主体要素，并发挥着不可替代的作用。但由于发展历史、学科特点、资源条件等的不同，地方高校存在着学科基础薄弱、办学水平整体偏低等问题，因此，如何根据自身优势和特点，密切结合所处地域实际和需要，充分发挥比较优势，通过开展产学研协同创新，服务地方经济社会发展，凝练和发展地方文化，并形成自身的区位特色和文化特色。在建立现代大学制度的内驱要求中，找到自己的转型之路，从而产生地方承托学校，学校引领地方的互动、双赢式的文化模式，正在成为地方高校在改革发展中亟待破解的重大课题。

随着高等教育改革发展的不断深入，高校内外部的交流、融合、合作、发展的趋势日益明显。以"合作办学、合作育人、合作科研、合作服务和合作发展"为内涵的"五合作"办学思想中，各合作方为共同目标而形成共同体，共享资源、信息、权利和义务，共同行动，以实现单个合作方无法或者实现不是最优的目标。"五合作"也是地方高校在本轮大学自我革新的浪潮中，积极主动将知识的产、学、研、用高度糅合，发挥教学、科研以及社会服务等功能，通过与外部主体开展深度协作，共享创新资源和要素，增强自身核心竞争力的发展之路。

合作是未来高等教育的趋势，全方位合作尤其在分层分类定位明晰后，是高等院校自我提升的必经之路。本研究以福州大学、福建农林大学和闽江学院为基本案例，分析三所地方大学在实现服务社会职能的过程中，如何根据学校的特点寻求合适的合作伙伴，在合作办学、合作科研、合作育人、合作服务和合作发展五个方面各自的发展轨迹和特点，能够使本研究更加贴近实际，在国家政策愈加引导和强调大学服务职能的顶层设计上，不同类型学校如何"立地"实践，以此为我国地方高校实现办学模式转变提供更多的思考。

　　本书编写分工如下：绪论，由陈永正、吴雪撰写；第一章由陈永正、江潮炳、陈伟撰写；第二章由张英玉、林中燕、陈兴明撰写；第三章由钟春玲、陈兴明、牛风蕊撰写；第四章由吴雪、陈慧敏、陈伟撰写；第五章由陈伟、江潮炳、郭艺撰写；第六章由张庆守、牛风蕊撰写；结论由陈永正、吴雪撰写。全书由陈永正、吴雪、牛风蕊统稿。

　　本书的研究工作得到了福建省教育厅高等教育处时任处长、现任福建农林大学副校长练晓荣研究员的大力支持，书稿的付梓，得到了福建教育出版社领导和许多同仁的热心支持与鼓励，编审成知辛先生认真细致的帮助，在此一并深表感谢！